프랑스의 지역문화콘텐츠
: 역사야외극, 에코뮤지엄, 송에뤼미에르

프랑스의 지역문화콘텐츠
: 역사야외극, 에코뮤지엄, 송에뤼미에르

2018년 6월 25일 초판 인쇄
2018년 6월 30일 초판 발행

지은이 송희영·배은석·임동욱
교정교열 정난진
펴낸이 이찬규
펴낸곳 북코리아
등록번호 제03-01240호
주소 [13209] 경기도 성남시 중원구 사기막골로 45번길 14
우림2차 A동 1007호
전화 02-704-7840
팩스 02-704-7848
이메일 sunhaksa@korea.com
홈페이지 www.북코리아.kr

ISBN 978-89-6324-522-5(93300)
값 18,000원

* 본 연구는 2014학년도 서울예술대학교 교내 학술연구 지원금으로 수행되었습니다.

프랑스의 지역문화 콘텐츠

송희영
배은석
임동욱
지음

역사야외극, 에코뮤지엄, 송에뤼미에르

북코리아

영국
벨기에
룩셈부르크
독일
Chartres
샤르트르
파리
Paris
Rennes
렌
스트라스부르
Strasbourg
Le Puy Du Fou
퓌뒤푸
앙부아즈
Amboise
샹보르
Chambord
스위스
르크뢰조
Le Creusot
페모로
Faymoreau
미그롱(코냑)
Migron(Cognac)
대서양
이탈리아
Les Baux-de-Provence
레보드프로방스
Labastide-Rouairoux
라바스티드루에루
스페인
지중해

차례

머리말

우리는 평소 패션, 가구, 장식품 등 애착을 갖는 물건이나 술, 음식 같은 기호품을 구매할 때 원산지가 어디인가를 선택의 가장 중요한 기준으로 삼곤 한다. 그것은 산지(産地)가 어디냐에 따라, 생산자가 누구냐에 따라 품질에 대한 신뢰는 물론 독특한 풍미를 보증해주기 때문이다. 물건마다 보유하고 있는 이러한 천차만별한 개성과 특징의 근거는 그 상품 속에 내재된 '정체성'에서 찾을 수 있다. 최근 관광, 공연예술, 여가오락물 등 소비자의 심미적 욕구 충족을 중시하는 문화상품의 생산과 기획 과정에서도 정체성에 대한 관심이 높아지고 있다.

정체성이란 무엇인가? 슈텐에 따르면 정체성이란 "세계 속에서 자신이 속해 있는 장소를 표현하는 일(Shouten, 2007)"이다. 에드워드 렐프는 "사람은 곧 자신이 살고 있는 장소이고, 장소는 곧 그곳에 살고 있는 사람이다(Relf, 1976)"라고 주장한 바 있다. 이처럼 장소는 개인이나 집단의 정체성 형성과 깊은 연관성이 있다. 우리나라 지역문화콘텐츠 기획에서 정체성을 살리는 방안은 무엇일까? 이 책에서 저자들은 해당 문화콘텐츠가 태동된 지역의 문화를 탐색하는 일에서 시작되어야 한다는 견해를 제시한다. 그 이유는 지역문화가 보유하고 있는 각각의 독특한 지역성(locality)이 지역문화콘텐츠가 추구하는 창의성과 독창성의 근원지이기 때문이다.

이 책은 최근 수년간 지역문화콘텐츠의 생산 · 제작 과정에서 장소성, 즉 지역의 정체성에 대한 중요성을 인식하고 그와 관련된 방법론 탐색에 공통된 학문적 관심을 갖고 있는 세 명의 필자가 모여 논의한 결과를 펴낸 것이다. 그 직접적인 계기는 우연히도 서로에게 공통점이 많다는 인연에서 출발했다. 첫 번째 공통점은 재학 시기는 서로 다르지만, 세 사람 모두 학부에서는 프랑스어를, 대학원에서는 문화콘텐츠학을 전공했다는 사실이다. 두 번째 공통점은 문화콘텐츠학 전공자로서 학문적 관심사가 특별히 지역문화에 집중되어 있다. 마지막 세 번째 공통점은 인문학적인 배경을 갖고 있는 전통적인 예술장르에 현대 첨단기술을 접목한 새로운 형태의 문화콘텐츠 탄생 과정에 깊은 관심과 흥미를 갖고 있다는 점이었다. 이 세 가지 공통점을 바탕으로 필자 세 사람은 지난 3~4년에 걸쳐 때로는 각자, 때로는 함께 '지역사 기반의 공연예술콘텐츠', '생활공동체 기반의 에코뮤지엄', 그리고 '지역상징물 기반의 조명·영상쇼' 등 각 개인의 전공별 관심사에 따라 프랑스의 여러 지역과 도시를 방문한 현지답사 경험을 토대로 상세 연구를 진행했다.

제1부에서 송희영은 '지역사 기반의 공연예술콘텐츠'로서 프랑스의 역사야외극을 탐색한다. '스펙타클 이스토리크(Spectacles historiques)'라 불리는 프랑스의 역사야외극은 지역의 역사자원과 첨단 공연양식을 융합한 창의적인 문화콘텐츠기획 사례를 보여준다. 프랑스의 역사야외극은 인물, 역사, 전설, 설화 또는 자연경관 등 지역 고유의 문화자원을 연극·음악·춤 등 다양한 공연 양식을 응용한 스토리텔링 기법으로 구현하여 조명, 음악, 음향, 영상 같은 첨단 무대

기술 효과를 접목한 독특한 융복합 공연콘텐츠의 한 유형을 구축하고 있다. 역사야외극의 가장 큰 특징은 지역마다 채택된 이야기 소재는 다르지만 과거 찬란했던 문명이 꽃피었거나 애달픈 역사의 흔적이 남아 있는 건축물이나 자연경관의 옥외 공간을 무대로 활용하고 있는 점을 들 수 있다. 이로 인해 프랑스 여러 지역의 역사야외극은 같은 프랑스 문화권이면서도 오직 그 지역에서만 접할 수 있는 희소성을 보유하고 있는 점이 가장 큰 매력이라 할 수 있다. 사례연구로서, 프랑스의 루아르 계곡 유네스코 세계문화유산지구에 위치해 있는 앙부아즈(Amboise) 왕성과 중서부 방데 데파르트망의 소도시 레제페스(Les Epesse)에 위치한 역사테마파크 퓌뒤푸(Puy du Fou) 두 곳을 탐방하고 그곳에서 제공되는 세 가지 역사야외극을 소개한다.

첫 번째로 소개하는 역사야외극은 15~16세기 프랑스의 왕들이 기거했던 아름다운 성으로 유명한 앙부아즈성에서 1976년부터 현재까지 40여 년간 선보이고 있는「프랑수아 1세의 궁정에서(A la Cour du Roy)」다. 이 역사야외극은 프랑스의 르네상스 문화를 꽃피운 프랑수아 1세의 치적을 중심으로 프랑스 왕실의 숨은 이야기들을 다루고 있다.

두 번째와 세 번째 사례로, 방데 지방의 중세 및 르네상스 문화유적지인 퓌뒤푸 고성 터를 무대로 펼쳐지는 역사야외극 두 종류를 소개한다. 그중 하나는 중세시대 맹금류 사육장으로 사용된 퓌뒤푸 고성의 문화적 흔적을 추적하는 역사야외극「유령새들의 무도회(Le Bal des Oiseux Fantôme)」다. 또 다른 하나는 중세시대부터 20세기 제2차 세계대전에 이르는 수세기에 걸친 방데 지방의 역사를 서사적으로 표현한 역사야외극「시네세니(Cinéscénie)」다. 시네세니는 프랑스 역사야외극 가운데 가장 규모가 방대하고 화려할 뿐 아니라 상업적으로도 대단한 성취를 거두고 있는 프랑스의 대표 지역문화콘텐츠로 유명하다.

제2부에서 배은석은 주민주도의 지역공동체 '에코뮤지엄'을 탐구한다. 에코뮤지엄은 '생태'를 의미하는 에콜로지(ecology)와 '박물관'을 의미하는 뮤지엄(museum)이 합쳐져서 이루어진 합성어다. 이는 인간과 자연 생태와, 산업을 포함한 문화유산을 모두 아울러서 특정 유산지역을 뮤지엄의 범주로 지정하고, 지역 전체가 유기적으로 구성되며, 주민이 자발적으로 운영에 참여한다는 특징을 갖고 있다. 에코뮤지엄이 태동하여 용어로 정리되고 실험적 모험이 시도된 나라는 프랑스다. 이 장에서는 프랑스의 지역문화자원을 활용한 사례로 에코뮤지엄을 소개했다.

첫 번째 사례는 에코뮤지엄의 창시자인 리비에르와 바린이 젊은 날 창조적 모험을 시도한 크뢰조-몽소 에코뮤지엄이다. 두 번째 사례는 방데의 페모로에 위치한 광산센터를, 세 번째 사례는 브랜디 생산으로 명성이 높은 코냑에 위치한 코냑 에코뮤지엄, 마지막으로 미디피레네의 섬유산업 유산인 텍스타일뮤지엄의 사례를 탐색했다. 이들 모두 프랑스의 근현대 산업화 물결 속에서 지역의 역사와 문화적 정체성을 보존하면서 지속 가능한 발전을 추구하는 지역문화콘텐츠로서 높은 가치를 보유하고 있다.

제3부에서 임동욱은 조명과 영상을 이용해 한밤의 볼거리를 만들어내는 송에뤼미에르(Son et Lumière)의 발전 과정을 우리나라 최초로 소개한다. 우리말로 '빛과 소리의 축제', 영어로 '사운드 앤 라이트 쇼(sound and light show)'로 번역되는 송에뤼미에르는 랜드마크가 되는 건물에 조명을 설치하거나 영상을 투사하는 미디어 파사드(media façade) 장르를 가리킨다. 프랑스는 역사적인 기념물과 거대한 건축물이 많고 19세기 후반부터 전기 조명 시설을 도입한 덕분에 미디어 파사드의 출발지가 될 수 있었다. 역사유적을 활용한 제1

세대 송에뤼미에르는 인간과 건축물을 결합한 제2세대 타블로비방(tableau vivant), 지역민의 자발적인 참여를 이끌어낸 제3세대 역사야외극(spectacle historique), 고해상도 영상 투사 기술을 적용한 제4세대 프로젝션 파사드(projection façade)로 이어지고 있으며 문화예술과 테크놀로지의 결합물이자 프랑스를 대표하는 문화콘텐츠로 평가받는다.

첫 번째 글에서는 1900년과 1937년의 파리 만국박람회부터 1952년 샹보르에서 최초의 송에뤼미에르가 탄생하는 과정을 거쳐 오늘날의 몰입형 전시(immersive exhibition)로 변화해가는 전체 역사를 추적한다. 두 번째 글에서는 지역의 정체성을 그래픽 이미지로 표현해 송에뤼미에르를 제작하고 구도심 곳곳을 빛내는 도시재생형 축제로 안착시킨 프랑스의 도시 르망의 '키메라의 밤(La Nuit des Chimères)' 사례를 소개한다. 세 번째 글에서는 송에뤼미에르를 이용해 지역의 특징을 적극적으로 홍보하는 사례들을 소개한다.

이 책에서 살펴본 프랑스의 지역문화콘텐츠 사례들은 주민에게는 지역공동체의 단합과 자부심, 그리고 나아가 지역의 경제 활성화에도 적잖은 영향을 끼치고 있으며, 이곳을 찾는 외부 방문객에게는 다양한 문화체험 기회를 제공하고 있음을 발견할 수 있다. 또한, 자신들이 속해 있는 지역의 자연과 역사, 문화유산 등 문화자원에 대한 애정과 관심을 갖고 그것을 기반으로 각각 역사야외극과 에코뮤지엄 그리고 송에뤼미에르 같은 장소성에 기반을 둔 문화콘텐츠로 승화시켜 지역의 정체성을 상징하는 문화유산 관광상품으로 발전시켜 나가는 과정을 상세히 보여주고 있다.

이 책에 실린 내용들은 프랑스의 극히 한정된 몇몇 지역의 문화콘텐츠 사례를 살펴보는 데 그친 한계점이 있을 것이다. 그러나 단순히 이론을 나열하거나 전달하는 데 그치지 않고 직접 현장답사를 통한 체험과 조사를 바탕으로 같은 프랑스 문화권에 속해 있으나 수도인 파리 혹은 다른 지역에서는 볼 수 없는 "지극히 프랑스적이되, 지극히 지역적인" 프랑스의 다양한 지역문화콘텐츠를 소개하게 된 점을 기쁘게 생각한다. 이를 계기로 우리나라 전국 방방곡곡에 퍼져 있는 이야기와 역사, 사람살이 모습이 고스란히 들어 있는 지역문화콘텐츠가 왕성하게 만들어지고 널리 보급되는 데 유용한 배움의 기회로 삼고자 한다.

마지막으로, 한국적 예술혼의 세계화와 예술, 과학의 융합을 통한 예술창작 활동과 학문적 관심을 독려해주신 서울예술대학교 유덕형 총장님께 깊은 감사의 말씀을 드린다. 또한 이 책이 나오기까지 많은 도움을 주신 황두진 · 김재하 교수님을 비롯한 서울예술대학교의 여러 동료 교수님들, 그리고 새로운 개척 분야인 문화콘텐츠학 연구의 토대를 만들어주시고, 끊임없는 학문적 자극과 격려를 보내주신 한국외국어대학교대학원 글로벌문화콘텐츠학과 여러 교수님들께도 이 자리를 빌려 세 명의 필자를 대신하여 감사드린다. 이밖에도 필자들의 늦은 원고 작업을 인내해주시고 번거로운 출판 작업을 기꺼이 맡아주신 북코리아 이찬규 사장님과 편집부의 송새롬 선생님의 노고가 있었기에 이 책이 무사히 세상에 나올 수 있었음에 진심어린 감사의 뜻을 전한다.

2018년 6월

저자를 대표하여 송희영

I

역사야외극, 문화유산 공간과 공연예술의 만남

송희영

1. 프랑스의 역사야외극과 함께하는 문화여행
2. 루아르 계곡 앙부아즈성의 역사야외극
-「프랑수아 1세의 궁정에서」
3. '퓌뒤푸' 고성의 역사야외극

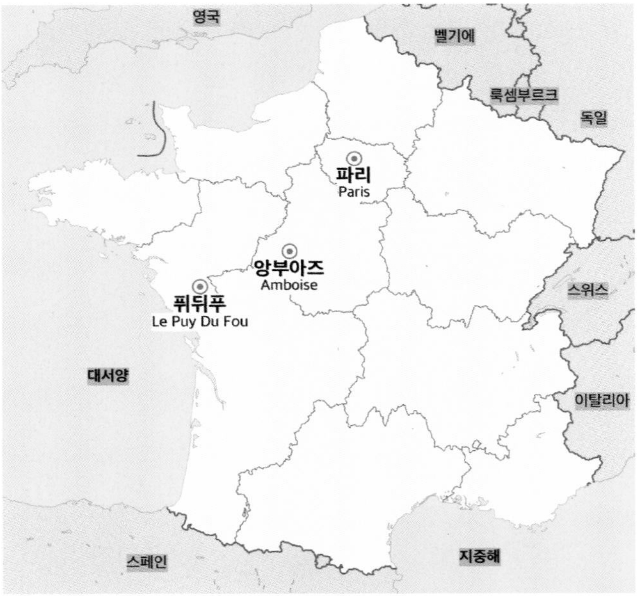
영국
벨기에
룩셈부르크
독일
파리
Paris
앙부아즈
Amboise
퓌뒤푸
Le Puy Du Fou
스위스
대서양
이탈리아
스페인
지중해

1. 프랑스의 역사야외극과 함께하는 문화여행*

1) '스펙타클형 축제'의 등장

프랑스의 지역축제와 스펙타클형 축제

누구나 마음속에는 그리움을 품은 여행지가 있다. 처음 방문한 곳인데도 무엇인지 모를 매력에 이끌려 언젠가 꼭 다시 한번 찾아오리라 다짐하게 되는 그런 도시들 말이다. 여행지마다의 매력 포인트는 방문객의 취향과 관심사에 따라 각양각색일 터다. 어떤 이들은 그곳의 수려한 자연경관에 매료되어 직접 탐색에 나서는 모험을 즐기기도 하고, 여행지의 향토 음식과 후한 인심에 빠지기도 한다. 또 어떤 이들은 콘서트홀이나 오페라하우스, 혹은 미술관이나 박물관 같은 문화명소를 방문해서 현지의 예술작품을 감상하는 삼매경에 빠지기도 한다. 이밖에도 많은 여행자가 선호하는 여행코스를 꼽는다면 문화유산공간을 빼놓을 수 없다. 특히 낯선 해외 도시로의 여행길이라면 한 시대를 풍미한 역사문화의 흔적이 남아 있고, 세계사에 이름을 남긴 위인들의 전설이 전해오는 고색창연한 건축물들을 찾게 될 것이다. 예를 들면 고성(古城), 왕궁, 대저택, 사찰, 그리고 종종 이들 문화유산공간을 경내에 품고 있는 풍광이 아름다운 공원은 전 세계 어디를 가든 공통적으로 많은 여행객의 발길을 끌어들이는 명소들이다.

일 년 내내 전국 각 지역에서 축제가 끊이지 않는 나라, 프랑스. 실제로 프랑스의 지방을 여행하다 보면 '축제의 나라'라는 명성을 증명이라도 하듯 각 지역색이 담긴 다양한 축제를 만나는 즐거움이 있다. 우리의 읍 · 면에 해당하는 작은 마을 단위로 열리는 지역축제들은 다른 곳에서는 볼 수 없는 각기 독특한 모습을 띠고 있어 여행자들에게 더욱 비상한 관심을 끈다. 그런데 그 축제들은 다른 데서 익히 보아온 평범한 형태가 아니다. 그것들은 대개 왕궁, 저택, 성당, 그리고 오래된 성터가 있던 숲속 등 유서 깊은 문화유적지의 안마당이나 너른 공터에 마련된 무대를 배경으로 열리는 야간 공연 형태를 띤 공통점이 있다. 그 마을에 전해 내려오는 옛날 옛적 이야기에 흥겨운 음악과 춤, 신기한 놀이와 다양한 퍼포먼스, 그리고 현란한 빛과 음향이 조화를 이룬 화려한 볼거리가 한밤중 자정이 가까운 시각까지 이어진다. 또한, 그것들은 화려한 볼거리에 그치지 않고 그것을 구경하는 사람들에게 그 지역의 역사와 문화에 대한 호기심을 불러일으킨다. 낯선 여행지의 문화유산공간에서 만나는 독특한 공연예술 관람 체험은 타지에서 온 나그네에게 강렬한 인상과 함께 잊지 못할 기억을 남겨준다.

프랑스어에서 '축제'를 의미하는 용어에는 '카니발(Carnival)', '페트(Fête)', '페스티발(Festival)'이 있다. 이들 세 단어 모두 우리말로 '축제'로 번역된다. 그러므로 다소 혼란스런 일면이 있다. 그러나 문화사적 맥락을 참조하여 자세히 살펴보면 이들은 소재와 유형, 그리고 프랑스인의 관습에 따라 각자 고유의 특성과 의미가 있고, 서로 다르게 활용되고 있음을 알 수 있다. 먼저 '카니발'은 중세시대의 종교적 규

율에서 유래된 민중의 축제로, 가톨릭교의 연중 달력 중 매년 2월 혹은 3월 즈음에 돌아오는 사순절을 기해 벌어지는 가장행렬 형태의 축제를 일컫는다. 그리고 '페트'는 주로 농경사회를 중심으로 오랫동안 전승되어온 세시풍속의 맥을 잇고 있는 전통적인 유형에 속하는 축제로서, 지역공동체적 특성이 짙은 문화행사라고 할 수 있다. 마지막으로 '페스티발'은 카니발이나 페트에 비해 뒤늦게 출현한 용어인데, 보통 전문성이 높은 문화예술 행사를 의미한다. 예를 들면, '아비뇽 페스티발', '몽펠리에 댄스 페스티발', '칸 필름 페스티발' 등의 용례에서 보듯이 페스티발은 주로 특정 예술장르를 집중적으로 진흥시킬 목적으로 수행되는 문화기획 이벤트를 지칭한다.[1]

1986년에 창립된 FFFSH(Fédération Française des Fêtes et Spectacles Historiques, 프랑스 전국 축제 및 역사극 총연맹) 자료에 따르면 프랑스 전역에 총 108여 개의 축제가 분포되어 있다.[2] 이곳 FFFSH의 회원사 분류체계를 들여다보면 축제 용어로서는 다소 생소한 '스펙타클(Spectacle)'이라는 단어가 우리의 관심을 끈다. 즉 아래 [그림 1-1]의 FFFSH에 등록된 전국 축제 분포도에서 보듯이 FFFSH에는 '페트'형 축제와 '스펙타클'형 축제로 양분되어 있고, 정규 회원사로 등록된 108개 축제 중에서 '페트'가 52개, '스펙타클'이 56개로 명시되어 있다(그림 1-1 참조). 이것은 카니발, 페트, 페스티발 등 기존의 축제 용어군(群)에 스펙타클형 축제가 프랑스 축제의 한 유형으로 등장하여 자리매김하고 있음을 보여준다.

프랑스에서 스펙타클형 축제가 번성한 것은 1980년대 중반 프랑수아 미테랑 대통령의 집권시기와 맞물린다. 그 배경에는 미테랑 정부에서 국가 사업으로 대대적으로 추진한 프랑스혁명 200주년 기념행사와 깊은 관련이 있다. '프랑스대혁명 200주년 기념사업추진단(La Mission du Bicentenaire de la Révolution française et de la Déclara-

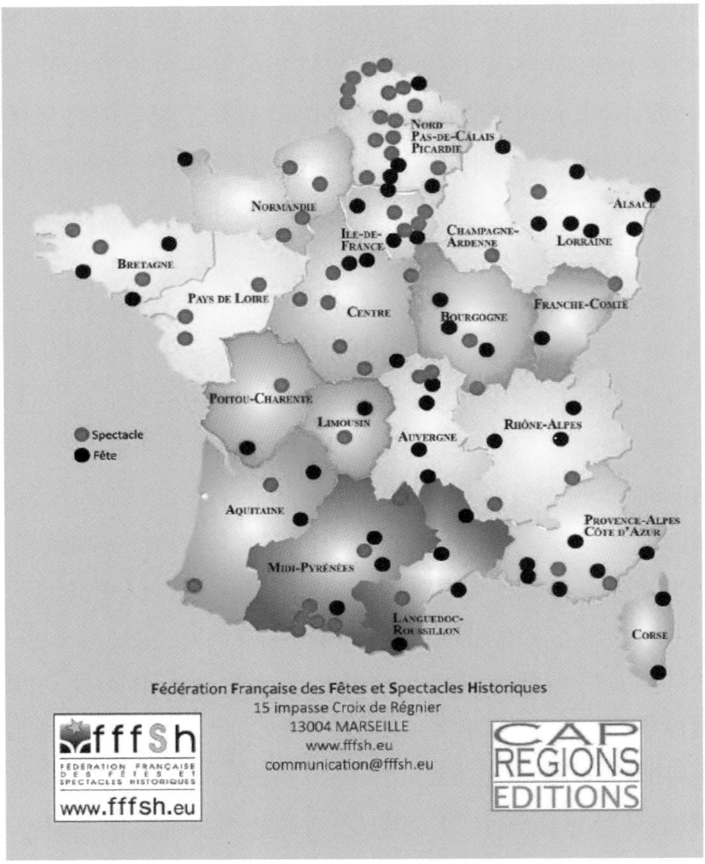

[그림 1-1] FFFSH(프랑스 전국 축제 및 역사극 총연맹)에 등록된 전국 축제 분포도
(출처: www.fffsh.eu)

tion des droits de l'homme et du citoyen)'의 3대 회장으로 지명된 장-노엘 장느네(Jean-Noël Jeanneney, 1942~)가 기념사업의 지역분산정책을 장려하면서 전국적으로 스펙타클형 축제가 급격히 증가했다.[3]

이처럼 프랑스대혁명 200주년 기념사업으로 인해 프랑스의 스펙타클형 지역축제가 번성했다고 볼 수 있다. 그러나 모든 지역이 그

에 해당하는 것은 아니다. 제2장과 제3장에서 탐색하게 될 사례연구에서 보듯이 앙부아즈 고성과 퓌뒤푸 고성의 경우, 이들은 국가정책이 개입되기 이전 시기인 1976년(앙부아즈)과 1977년(퓌뒤푸)에 이미 해당 지역민의 자발적 의지로 축제가 시작되었음을 보여준다.

프랑스의 대부분 지역축제들이 그러하듯이 스펙타클형 축제 또한 지역주민 스스로 축제의 설립자요 주최자다. 지역민은 공연기획 및 제작을 위한 단체를 조직하고, 자신들의 도시(지역)에서 보유하고 있는 역사적 장소, 즉 문화유적지와 관련된 이야기를 발굴하는 데 자율적인 노력을 기울이는 양상이다. 그 결과 지역마다 독특한 스펙타클형 축제가 탄생하여 지역의 역사와 문화를 상징하는 지역 브랜드로 자리잡고 있다. 또한 지역주민 행사의 범주를 벗어나 일반 대중을 상대로 한 문화유산 관광상품으로 한층 세련된 모습으로 가공되어 장기 흥행을 이어가고 있으며, 그중에는 문화기획 활동에 좀 더 효율적인 조직과 체제를 갖춘 전문 문화기업 형태로 발전된 지역들도 다수 발견되고 있다. 그렇다면, 페트형 축제와 차별성을 갖는 스펙타클형 축제는 무엇일까? 먼저, '스펙타클'이라는 용어의 뜻부터 알아보기로 하자.

'스펙타클형 축제'의 개념

'스펙타클'은 라틴어 스펙타쿨룸(Spectaculum)에서 유래한 것으로, 넓은 의미의 '퍼포먼스(Performance)'를 뜻한다. 즉 우리말의 '연행(演行)', '연희(演戱)' 혹은 '연극'의 범주에 속하는 개념이다.[4] 부연하자면 스펙타클은 연희(또는 연극)의 3대 요소인 배우(연희자), 관객(구경꾼), 대본(구경거리)을 기본적으로 갖춘 대중적인 오락물 혹은 여흥거리쯤으로 풀이할 수 있다. 그런데 프랑스의 축제 용례에서 스펙타클은 일반명사가 아니라 '스펙타클 이스토리크(Spectacles Historiques)'의 준말이라는 사실을 주시할 필요가 있다.

프랑스어 Spectacles Historiques는 '공연물'과 '역사'라는 두 단어를 조합한 용어다. 이를 직역하자면 '역사극' 또는 '사극'으로 옮길 수 있다. 따라서 위에서 언급한 FFFSH(프랑스 전국 축제 및 역사극 총연맹)의 축제 분류체계에서 나타난 스펙타클은 일반적인 스펙타클이 아니라 '역사적인 내용을 다루는 스펙타클'이라는 의미를 담고 있다. 이런 맥락을 고려할 때 스펙타클형 축제란 전통적인 축제의 개념을 담고 있는 '페트형 축제'와 대비하여 '공연예술형 축제' 혹은 좀 더 세부적으로 '역사극을 테마로 삼고 있는 축제'라는 해석이 가능하다.

이해의 폭을 넓히기 위해 제2장과 제3장의 사례연구에서 프랑스에서 실제 상연되고 있는 스펙타클형 축제의 면면을 살펴볼 예정이다. 미리 몇 가지 특징을 요약하자면, 프랑스의 스펙타클형 축제는 지역의 역사문화자원에서 소재와 주제의 영감을 얻어 연극·음악·춤 등 공연예술 장르로 구현한 사례들이 주종을 이룬다. 여기에 조명, 음악, 음향, 영상 같은 첨단 무대기술 효과를 가미하여 관람객에게 화려한 볼거리를 제공한다. 이러한 점들을 종합해볼 때 스펙타클형 축제는 기존의 전통축제와 지리적 · 문화적 기반을 공유하고 있으면서 화려한 볼거리가 있는 공연예술 요소를 가미하여 관람의 즐거움을 한 단계 발전시킨 형태라 하겠다.

스펙타클형 축제의 정의

스펙타클형 축제는 각 지역마다 지리적 · 문화적 특성은 달리하고 있으나 공통적으로 발견되는 매우 독특한 한 가지 특징이 있다. 그것은 '야외공간'이라는 공연장소의 일치성이다. 즉, 지역마다 채택된 이야기 소재는 다르지만 한때 찬란했던 문명이 꽃피었거나 애달픈 역사의 흔적이 남아 있는 지역의 문화유적지 건물 바깥에 마련된 무대에서 공연을 펼친다. 때로는 건축물이 아닌 자연경관을 배경으로 상연하는 경우도 있다. 이처럼 문화유산공간의 야외무대에서 선뵈는 스펙타클형 축제는 공연무대를 실내에 조성한 일반극장용 공연예술 콘텐츠와는 다른 특성과 차이점을 보유하고 있다. 결론적으로 스펙타클형 축제는 "지역의 문화 정체성을 상징하는 기념비적 장소에 얽힌 역사적 사건과 그에 관련된 인물의 이야기를 스토리텔링하여 일정한 시간 동안 특정 공간에서 상연하는 공연예술 형태의 지역축제"로 정의할 수 있다. 이러한 특징을 지닌 프랑스의 스펙타클형 축제를 지역문화콘텐츠 상품으로 분류해도 좋을 것이다. 왜냐하면 지역에 존재하는 역사적 장소에서 그 장소에 얽힌 지역사를 극적 소재로 다룬 연극을 지역 공동체 주관으로 상연함으로써 타 지역에서는 찾아볼 수 없는 고유성과 유일성을 보여주기 때문이다.

우리말로 스펙타클형 축제를 달리 부를 방법은 없을까? 이와 관련하여 극(劇) 형식을 띤 공연예술 장르를 지칭하는 용어 선정 과정에서 '연극(Théâtre)'이나 '드라마(Drama)' 같은 유사 용어를 제쳐두고 굳이 '스펙타클(Spectacle)'이라는 단어를 선택한 배경이 무엇인지 생각해볼 필요가 있다. 앞서 우리는 스펙타클을 넓은 의미의 'Performance', 우리말로 '연희(演戱)', '연극'의 범주로 파악했다.

스펙타클의 사전적 정의를 찾아보면, "시각적으로 깊은 인상을 남겨주는 공연 또는 쇼, 볼거리가 풍부한 구경거리"를 의미한다.[5] 스펙타클이 행해지는 장소가 언제나 반드시 실외공간일 필요는 없지만, 일반적으로 스펙타클이라 함은 "고대 로마시대 야외경기장의 전통을 잇는 대규모 관중동원이 용이한 오픈된 공간에서 벌어지는 비교적 큰 규모의 공연 형태, 다시 말해 시각적인 즐거움을 극대화한 화려한 구경거리"로 통용된다. 이런 점을 종합하여 'Spectacles Historiques'를 열린 공간, 즉 "야외에서 라이브로 상연하는 역사극"의 개념으로 접근할 수 있다. 이렇듯 스펙타클형 축제에서 재현되는 공연 콘텐츠를 지칭하는 우리말 용어를 필자는 '역사야외극'이라 부를 것을 제안한다.

이 책의 제1부에서는 프랑스의 역사야외극을 중심으로 역사야외극은 어떤 특징을 가지고 있으며, 역사야외극에 담긴 의미와 가치는 무엇인가, 그리고 한국적인 상황에서 역사야외극이 전해주는 시사점은 무엇인가에 대해 구체적인 사례를 가지고 살펴보기로 하자.

2) 역사야외극에 대하여

역사와 만난 공연예술

지금까지 우리는 프랑스어 '스펙타클 이스토리크(Spectacles Historiques)'를 "역사성이 발견되는 건축물이나 자연환경의 옥외공간을 활용하여 수행되는 공연물"로 정의하고, 우리말로 '역사야외극'으로 부를 것을 제안했다. 그런데 왜 하필 역사야외극인가? '사극' 또는 '역사극'이라는 용어도 있고, 역사야외극 대신 '야외역사극'이라고도 부를 수 있지 않을까? 이런 이견도 있을 것이다. 당연히 불가능한 제안은 아닐 터다. 다만, '스펙타클 이스토리크'라 불리는 장르의 특성에 대해 좀 더 깊이 이해하기 위한 차원에서 다음과 같이 '역사야외극'이라는 명칭을 둘러싼 논의를 해보기로 하자.

첫째, 우리나라에서 '사극'이라는 용어는 TV 드라마의 한 부류로 친숙해진 'TV사극'으로 고착된 경향이 있다. 따라서 우리가 스펙타클 이스토리크를 '사극'이라고 부를 경우 그에 대한 이해의 폭이 한정될 우려가 있다. 그뿐만 아니라 단순히 '사극' 또는 '역사극'이라는 말 속에는 지역 문화유적지의 옥외공간을 공연무대로 활용하고 있는 스

[그림 1-2] 루아르계곡 문화유산지구 '앙부아즈 고성'의 야간 역사야외극 「프랑수아 1세의 궁정에서」

펙타클 이스토리크의 특성이 누락될 소지가 있다.

둘째, 프랑스어 원어 표기에서 'Historique', 즉 '역사적인'이라는 단어가 채택된 것에 주목해볼 때, 스펙타클 이스토리크의 극적 특성을 결정하는 요소로서 지역의 역사문화유산을 중요시하고 있는 점이 주목된다. 이를테면 공연장소가 단순히 실내를 벗어난 실외(야외)라는 공간적 구분만을 강조하려 했다면, 야외라는 뜻의 'plein air'를 써서 'Spectacles de plein air (야외공연)'이라고 명명할 수도 있었을 것이다. 그런데 그렇게 하지 않고 'Historique(역사적)'라는 형용사를 사용한 사실은 지역의 역사문화자원이 함유하고 있는 가치와 의미를 공연기획의 취지 및 목적의 핵심가치로 추구하고 있음을 시사한다. 즉 단순히 일시적으로 공연장소를 야외로 옮긴 여타 공연들, 예를 들자면 '국립오페라단의 올림픽파크 오페라 갈라쇼', '뉴욕 필 센트럴 파크 야외 오케스트라 공연' 등의 예에서 보듯이 무대를 야외로 옮겨 벌이는 일반적인 형태의 야외공연들과 역사야외극은 뚜렷이 구별된다. 이에 근거하여 우리는 프랑스어 'Spectacles Historiques'를 뜻하는 우리말 표현을 "역사를 주제(소재)로 다룬 야외극"이라는 뜻이 함축된 '역사야외극'으로 불러도 큰 무리가 없을 것이다.

야간에, 옥외공간에서

한편, 프랑스에서 역사야외극은 '스펙타클 녹튄느(Spectacles Nocturnes)'라는 별칭으로도 불린다. 스펙타클 녹튄느란 영어로 '이브닝쇼(Evening Show)'라는 뜻으로, 공연시간이 야간으로 설정되어 있다는 의미다. 본문의 사례연구에서 소개될 퓌뒤푸 테마파크의 그랑파르크에서 소개되는 공연물들과 같이 낮에 열리는 역사야외극도 더러 있으나 대부분의 역사야외극은 야간에 옥외공간에서 실행된다. 이외에도 역사야외극은 흔히 공연제목 앞에 '송에뤼미에르(Son et Lumière)'라는 수사어를 동반하여 소개되기도 한다. 일례로, 「시네세니」라는 역사야외극을 "송에뤼미에르 시네세니"라고 표기하는 방식이다. 그렇다면, 송에뤼미에르와 역사야외극은 동일한 것일까?

송에뤼미에르는 영어 'Sound and Light show'에 해당하는 프랑스 단어로, 우리말로는 '야간 조명음향쇼'라고 번역할 수 있다. 이처럼 역사야외극이 송에뤼미에르와 연관을 갖게 된 것은 역사야외극이 보유하고 있는 야간 그리고 옥외라는 시·공간적으로 특수한 공연 실행 조건이 송에뤼미에르에서도 발견되는 공통점 때문이다. 그러므로 역사야외극 앞에 야간극을 의미하는 '스펙타클 녹튄느'라든가 '송에뤼미에르'라는 단어를 병기하는 것은 역사야외극이 조명, 음향 등 시청각적 효과를 중시하는 특성이 있음을 암시하고 있다. 송에뤼미에르에 대해서는 아래 제3절 본문 및 이 책의 제3부 송에뤼미에르 편에서 따로 자세히 살펴볼 기회가 있을 것이다.

3) 역사야외극의 특성

공연예술 장르로서의 특성

다음으로, 공연예술 장르로서의 역사야외극은 어떤 특성과 차이점이 있을까? 역사야외극은 공연양식적인 면에서 다음과 같은 두 가지 큰 특성을 가지고 있다. 첫째, 역사야외극을 주관하고 있는 해당 지역에서 발생한 역사적 사건이나 인물과 연관된 문화유적지의 옥외 공간을 무대화한다는 점이다. 여기서의 장소는 건축물일 수도 있고, 때로는 과거에 해당 건물들이 있었으나 현재는 흔적만 남은 폐허인 경우도 있다. 실제 예를 들면, 역사야외극의 공연장소는 왕실문화가 꽃피었던 왕궁을 배경으로 하기도 하고, 역사에 족적을 남긴 지역 출신의 저명한 인물이 거주했던 저택의 정원을 무대화한 예가 있다(그림 1-3 참조). 또한 한때 위용을 자랑하던 성이 있던 자리였으나 지금은 황폐해진 장소와 연관된 역사적 사건을 극화한 공연을 제작하여 선보이기도 한다. 구체적인 예를 들자면, 뒤이어 소개할 루아르 계곡에 위치한 앙부아즈 왕성 마당에서는 15세기 프랑스의 르네상스 시대를 꽃피운 프랑스 왕실의 이야기를 역사야외극으로 재현한다. 또한 루아르 인근의 작은 마을 상블랑세에서는 상블랑세에서 배출한 저명한 정치가인 자크 드 본(Jacque de Baune)이 소유했던 저택을 무대로 천여 년에 걸친 지역사를 극으로 풀어낸다. 또 다른 지역인 방데 퓌뒤푸 고성 터에서는 18세기 프랑스 혁명기에 이 마을에 불어닥친 불행한 역사를 스토리텔링한 역사야외극 「시네세니」를 40년째 상연하고 있다.[6]

역사야외극에서 발견되는 공연 장르상의 두 번째 특징은 빛과 조명을 활용하는 무대기술 분야에 테크놀로지와 예술의 조화로운 융합을 중시하고 있는 점이다. 역사야외극의 공연제작 과정에 기술

[그림 1-3] 루아르 인근 작은 마을 상블랑세의 역사야외극「세노페리」공연장면
프랑수아 1세의 섭정기에 재무장관을 역임한 자크 드 본의 저택을 공연무대로 활용하고 있다.

의존도가 점점 높아지는 배경에는 다음과 같은 두 가지 요인이 작용한 것으로 생각할 수 있다. 첫 번째 요인은 역사야외극의 수행 과정에서 부딪치는 옥외와 야간이라는 공간적 · 시간적 제약을 테크놀로지를 도입하여 극복하려는 적극적인 대처 방안이다. 두 번째 요인은 오픈된 공간에서 보통 수백 명에서 수천 명에 이르는 대규모 관람객을 상대로 펼쳐지는 야외공연의 특성상 관중의 시선과 감정몰입을 유도하는 효과적인 연출기법이 절실히 요구되기 때문이다. 여기에 관람객의 오감을 자극하는 첨단 디지털 테크놀로지를 적극적으로 도입함으로써 관람객의 관람만족도를 향상시키고 감동을 이끌어내는 유용한 장치로 활용하고 있다.

역사야외극과 송에뤼미에르

지금까지 살펴본 것과 같이 역사야외극은 대부분 야간에 역사적 건물의 옥외공간에서 기술을 활용한 쇼(공연)를 대중에게 선보이는 특성을 보유하고 있다. 이 같은 점은 송에뤼미에르와 일치되는 부분이 있어 역사야외극과 송에뤼미에르(Son et Lumière)는 동일선상에서 다뤄지기도 한다. 실제로 프랑스에서 역사극을 홍보하는 자료나 문구에서 '○○○ 지역의 송에뤼미에르'라는 표현이 사용되고 있음을 흔히 볼 수 있다. 역사야외극과 송에뤼미에르 양자 모두 역사와 관련된 특정 장소를 공연장소화하고 있는 공통점이 있는 것은 사실이다. 그러나 역사야외극은 공연형식과 수행방법적인 면에서 송에뤼미에르와 확연히 구별된다. 그러므로 송에뤼미에르와 역사야외극을 동의어로 취급하기는 어렵다는 생각이다.

여기서 잠시 프랑스의 대중적인 지역문화 관광상품의 하나로 널리 유포되고 있는 '송에뤼미에르'와 역사야외극의 차이점을 짚어보기로 하자. 그 첫 번째 차이점은 이야기 전개 방식에서 찾을 수 있다. 송에뤼미에르는 건물 외벽에 조명과 음향효과를 곁들인 어떤 이미지나 상징물들을 투사하여 이야기를 이끌어가는 일종의 미디어쇼 형태에 속한다. 반면에 역사야외극은 기승전결을 갖춘 뚜렷한 플롯이 있으며, 이를 전달하기 위한 별도의 입체화된 무대장치가 요구된다.

[그림 1-4] 앙부아즈성에서 펼쳐진 '송에뤼미에르'적 표현 장면.「프랑수아 1세의 궁정에서」의 2016년도 새 버전으로 선보인「앙부아즈의 예언」공연의 한 장면
(출처: http://www.renaissance-amboise.com/)

두 번째 차이점은 송에뤼미에르가 배우들의 실연 대신 미리 녹음한 음성, 즉 내레이션으로 스토리를 이끌어가는 데 비해 역사야외극은 배우로 분장한 등장인물이 무대에 실제로 출연하여 연기와 춤, 노래, 악기 연주 등 생생한 움직임을 보여준다. 또한 역사야외극에는 사람뿐만 아니라 살아있는 동물과 가축들이 무대에 출연하기도 한다. 또한 자전거, 마차, 수레, 자동차 등 다양한 일상의 물건들도 무대소품으로 등장하는 이채로움을 전해준다.

지역정체성과 역사야외극

역사야외극이 지역의 역사문화유산 공간을 무대화하고 있으며, 그러한 역사적 장소가 역사극 성립의 핵심 조건이라는 사실은 무엇을 의미하는가? 역사야외극의 실질적인 배경이 되는 장소는 지역주민의 공통된 기억이 서린 곳이다. 그곳은 또한 공통된 기억의 공유를 통해 서로 간의 유대감을 지켜주는 지역주민만의 특별한 장소다. 문화지리학자 존 앤더슨의 주장에 따르면 그곳은 다른 지역 사람들과 '경계를 지어주는 곳'이다.[7] 지역공동체의 기억이 깃든 특정 장소는 장소 고유의 정체성을 띠고 있는 동시에 지역민의 자아정체성을 대변하는 상징적 공간이다. 앤더슨은 이를 가리켜 '장소감'이라고 지칭한다. 특정 장소를 향해 지역주민이 느끼는 장소감은 그들에게 소속감과 애착심을 불러일으키는 중요한 지점이 된다. 역사적으로 실제 사건이 발생했던 특정 건물이나 장소, 역사유적지를 공연무대로 삼는 특징이 있는 역사야외극은 지역마다 독특한 지역사를 극적 소재로 다루고 있다는 점에서 서로 차별성을 갖는다. 이런 관점에서 우리는 "역사야외극은 지역정체성을 공연예술 매체로 구현한 것"이라는 결론을 얻을 수 있다. 다시 말해, 하나의 공연예술 장르로서의 역사야외극의 핵심은 지역민의 집단기억이 체현된 '장소성'에서 찾을 수 있다.

역사야외극이 행해지는 특정한 공간은 지역민의 정체성을 경계지어 주는 특별한 장소로 전환된다. 평범했던 한 공간이 공동체의 문화적 가치 부여 행위를 통해 공동체 구성원들 간의 친밀감과 애착을 드러내주는 특별한 장소로 거듭난다. 역사야외극은 이러한 특정 지역의 장소성을 표현해주는 공연매체라고 할 수 있다.

지금까지 살펴본 공연예술 장르로서의 역사야외극의 특징은 지역의 오랜 역사와 문화 속에서 지역주민의 정체성을 대변해온 역사문화유산 공간을 무대화하고 있다는 점, 그리고 공연제작 과정에 첨단 테크놀로지와의 융합을 매우 중시하고 있다는 점의 두 가지로 정리할 수 있다. 위의 두 가지 요소는 관람자에게 감동을 불러일으킴으로써 창작자와 관객 사이의 상호 소통을 추구하는 공연예술 매체로서의 역사야외극을 구성하는 데 매우 중요한 기능을 발휘하고 있다 (그림 1-5 참조).

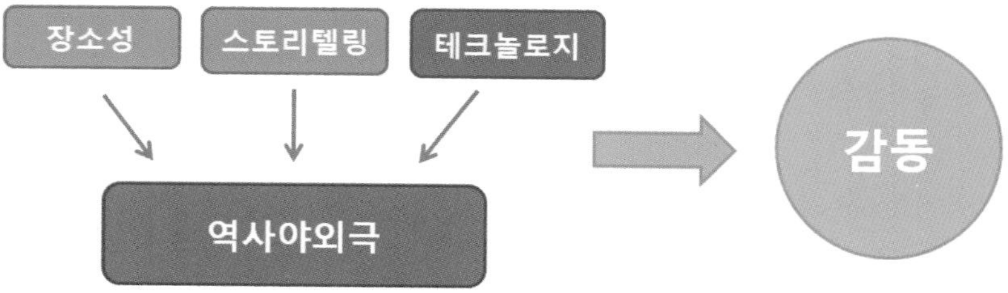

[그림 1-5] 역사야외극의 구성요소

역사야외극의 비영리 예술경영적 특징

마지막으로, 프랑스 역사야외극의 예술경영적 측면을 탐색해보기로 하자. 프랑스의 역사야외극은 지역잔치나 주민만을 위한 행사에 그치지 않고 하나의 공연상품으로 운영되고 있다는 점에서 예술

경영 활동으로 분류할 수 있다. 실제로 역사야외극을 주최하고 있는 프랑스 지역사회의 면면을 살펴보면 오로지 역사극을 제작하고 경영하기 위한 목적으로 설립된 지역자치단체가 널리 분포되어 있음을 알 수 있다. 프랑스어로 'L'Association'이라 불리는 이 단체는 보통 비영리 경영 형태를 취하고 있다.[7]

역사야외극에서 발견되는 예술경영적 관점의 첫 번째 특징은 이와 같은 지역결사체를 중심으로 축제기획 전 과정이 관리된다는 점이다. 이야기 구성 아이디어를 찾는 사전 기획 단계에서부터 공연실행에 필요한 구체적인 계획 수립 및 현장 운영에 이르기까지 모든 기획과정에 지역결사체가 깊숙이 관여한다. 이와는 별도로 일반 지역주민은 자원봉사단을 구성하여 극중 배우로 출연해서 직접 연기를 하고, 공연 진행 스태프로서 공연 제작 및 홍보, 운영에 참여한다. 이들 자원봉사단은 관객의 안내와 서비스에 이르기까지 실질적인 공연 운영의 총체적인 면을 주도하는 큰 힘이 되고 있다. 이 모든 것이 중앙정부의 지시나 지자체의 개입 없이 주민이 자발적으로 조직하여 활동하고 있는 점은 프랑스 역사야외극만의 독특한 특성이다. 이것은 우리나라의 지역축제 기획 분야에서 관심 있게 지켜볼 부분이 아닌가 생각된다.

예술경영 관점에서 바라본 역사야외극의 두 번째 특징은 지역의 문화유산자원을 활용한 문화유산 관광상품적 접근에 의한 경영시스템을 공식적으로 갖추고 있다는 사실이다. 일례로, 역사야외극은 여느 공연장의 시즌 프로그램과 마찬가지로 매년 같은 시기에, 같은 장소에서 정례적으로 개최된다. 또한 관광객을 상대로 유료입장권을 판매하여 수익을 창출하는 상업적 시스템이 운영되고 있다. 따라서 해당 단체의 온라인 홈페이지를 통해 고객 유치를 위한 최신정보를 제공하고 있고, SNS를 통한 홍보에도 매우 적극적이다. 좌석 예매

시스템도 홈페이지나 SNS를 통해 쉽게 연동된다. 실제로 좌석이 조기에 매진되는 경우도 다반사다. 그러므로 필자의 경험에 따르면 공연관람을 위해서는 여행을 떠나기 전에 한국에서 온라인 사이트에 접속하여 예매하는 것이 바람직하다.

역사야외극 운영이 이윤을 추구하는 것으로 해석될 소지가 있다. 또한 역사야외극 운영을 위해 설립된 비영리단체의 취지와 상충되는 것으로 보일 수 있어 혼란을 야기할 수도 있을 것이다. 그러나 이것은 기우에 불과하다. 비영리단체의 상업적 활동은 다른 각도에서 이해할 필요가 있다.

공연예술 경영에서 상업성을 추구한다는 것은 작품의 완성도와 관객서비스 차원에서의 전문성을 중심에 둔다는 것을 의미한다. 프랑스의 역사야외극은 관객에게 판매되어 소비되는 하나의 서비스 상품으로 접근하는 상업적 행위의 범주에 포함하고 있음은 분명하다. 그러나 실질적으로 지역문화유산의 가치를 발견하고, 과거의 역사와 전통문화를 계승하여 지역민의 예술 참여를 높이는 공공성을 지향하는 사업 수행의 기본 목적과 원칙을 엄격히 고수하고 있다. 다시 말해, 사업활동 면에서는 수익성과 상업성을 추구하고 있으나 그 결과 발생하는 수익은 특정 개인이나 집단이 취득하지 않고, 역사극을 위해 설립된 지역결사체의 본래 사업취지를 충족하는 용도로만 사용되는 비영리단체의 수칙을 고수하고 있다.

역사야외극은 지역적 단합과 자부심 함양에 기여하며 지역홍보 전략으로도 활용되고 있다. 또한 동시에 지역마다 경영 성과별 차이는 있으나 지역의 고용창출 및 경제발전에 적잖이 기여하고 있다. 이런 배경에서 프랑스의 역사야외극은 사업 목적은 비영리성을 추구하되, 경영시스템 차원에서는 철저한 상업적 접근방식의 운영을 표방하고 있다.

예술경영 관점에서 본 프랑스 역사야외극의 세 번째 특징으로 같은 주제와 내용의 공연을 몇십 년간 일관성 있게 지속적으로 상연하고 있는 점을 빼놓을 수 없다. 이 책에서 소개할 앙부아즈와 퓌뒤푸의 예를 보더라도 모두 35~40년의 공연 역사를 갖고 있다. 실제로 이 공연들이 30~40년 동안 똑같은 공연이 반복되고 있으려니 생각하거나, 한 번 봤으니 안 봐도 될 것이라 생각하면 오판일 가능성이 크다. 왜냐하면 주제나 줄거리의 큰 틀은 동일하게 유지하면서도 매년 장면구성과 조명, 음향 및 무대미술 등 무대장치를 지속적으로 수정·개선해나가면서 한 번 다녀간 관객을 재방문으로 이끄는 노력을 전략적으로 실행하고 있기 때문이다. 이는 지자체장이 바뀌거나 여타 정치사회적 상황에 따라 왕왕 지역의 문화행사가 하루아침에 변형되거나 자취를 감추는 우리나라의 사정과 비교해볼 때 사뭇 부러운 면이 아닐 수 없다.

4) 역사야외극과 함께하는 문화여행

지금까지 프랑스 역사야외극의 이모저모를 심도 있게 탐색해보았다. 이제 역사야외극이 열리는 현지로 떠날 차례다. 첫 번째로 찾아갈 곳은 유네스코 세계문화유산지구로 지정돼 있는 앵드르에루아르 데파르트망 루아르 계곡에 있는 앙부아즈(Amboise) 왕성이다. 앙부아즈성은 15~16세기 프랑스의 왕들이 기거했던 아름다운 성으로 유명하다. 앙부아즈성에서는 그곳에서 거주하며 프랑스 르네상스 문명의 씨앗을 뿌리고 꽃을 피운 샤를 8세와 루이 12세, 그리고 역사극의 실질적인 주인공인 프랑수아 1세 등 세 명의 왕의 생애를 중심으로 프랑스 왕실의 숨은 이야기에 바탕을 둔 역사야외극 「프랑수아 1세

의 궁정에서(À la Cour du Roy)」가 여름 시즌 프로그램으로 40년째 공연되고 있다.[8]

[표 1-1] 프랑스의 역사야외극을 찾아서

공연명	시대배경	위치	공연장소	공연역사
프랑수아 1세의 궁정에서	15세기	앵드르에루아르 데파르트망 루아르 계곡 인근	앙부아즈 고성	1976~
유령새들의 무도회	12세기	방데 데파르트망 레제페스 역사테마파크 '퓌뒤퓨'	퓌뒤퓨 고성터 -중세 맹금류 사육장	2003~
시네세니	13~20세기	방데 데파르트망 레제페스 역사테마파크 '퓌뒤퓨'	퓌뒤퓨 고성터 -호숫가 야외무대	1978~

두 번째로 찾아갈 곳은 중서부 방데 데파르트망 레제페스(Les Epesse)에 위치한 역사테마파크 퓌뒤퓨(Puy du Fou)다. 퓌뒤퓨에서는 방데 지방의 중세 및 르네상스 문화유적지인 퓌뒤퓨 고성 터를 무대로 펼쳐지는 두 종류의 역사야외극을 소개한다. 퓌뒤퓨성은 중세 때 봉건요새로 처음 건립된 이후 수세기에 걸쳐 많은 풍파를 겪고 사라진 성이다. 퓌뒤퓨성은 백년전쟁을 치르면서 크게 파손되어 수세기 동안 방치된 역사가 있다. 그 후 15세기 들어와 퓌뒤퓨의 새 영주들의 손으로 르네상스시대를 대표하는 출중한 건축물로 재건축되어 전성기를 이루었으나 프랑스 대혁명이 일어난 18세기 후반 무렵 소멸 위기를 맞는다. 퓌뒤퓨성은 1783년에 발생한 방데의 반혁명 농민군과 공화파 정부군 사이에 벌어진 방데 전쟁의 여파로 완전히 소실되어 20세기 중반 무렵까지 폐허로 버려져 있었다.

퓌뒤퓨성터에는 현재 역사극만으로 이루어진 여흥 프로그램을 제공하는 역사테마파크 '퓌뒤퓨'가 설립되어 있다. 이 책에서는 중세시대 맹금류 사육장으로 사용된 퓌뒤퓨 고성의 문화적 흔적을 추적

[그림 1-6] 관람객으로 들어찬 중세시대 맹금류 사육장을 재현한 퓌뒤푸의 역사야외극「유령새들의 무도회」공연장

하는「유령새들의 무도회(Le Bal des Oiseux Fantôme)」와 중세시대부터 20세기 제2차 세계대전에 이르는 방데의 수백 년 역사를 서사적으로 표현한「시네세니(Cinéscénie)」등 두 편의 역사야외극과 만날 수 있다.

* 이 글은 기 발표된 필자의 아래 논문을 원전으로 하여 원고 내용을 일부 수정, 새로 작성했음.
[원문 출처]
송희영, 「프랑스 역사야외극의 구성 요소와 지역정체성」, 『문화경제연구』 제19권 제3호, 2016.

1 송희영, 「프랑스 역사야외극의 구성 요소와 지역정체성」, 『문화경제연구』 제19권 제3호, 2016, p. 87.

2 http://www.fffsh.eu/lelivre/flyer.pdf

3 L. Kaplan, Steven, *Farewell, Revolution, Disputed Legacies France, 1789/1989*, Cornell University Press, 1995, p. 347-353.

4 정근식 외, 『지역민주주의와 축제의 관계』, 도서출판 중원문화, 2012, 134쪽.

5 옥스퍼드 사전. https://en.oxforddictionaries.com/definition/spectacle

6 이런 사례들을 고려해볼 때, 역사적 장소는 역사야외극이 성립하는 매우 중요한 조건이 되고 있음을 알 수 있다.

7 우리나라 말로는 이들을 '결사체' 혹은 '협회'로 번역할 수 있다.

8 이 공연의 프랑스어 제목은 「À la Cour du Roy」다. 여기서 Roy는 프랑수아 1세를 지칭한다. 1976년에 처음 시작되어 앙부아즈를 대표하는 문화상품으로 40년 동안 공연되었으나 2015년을 끝으로 「À la Cour du Roy」는 막을 내리고, 2016년 여름 시즌부터 「앙부아즈의 예언(La Prophétie d'Amboise)」이라는 새 타이틀로 단장한 뉴 버전을 선보이고 있다. 본문에서 사용한 공연내용과 자료는 필자의 2014년도 현지 방문 답사를 토대로 작성한 것이다. 2016년부터 시작된 「앙부아즈의 예언」 공연과 종전의 「프랑수아 1세의 궁정에서」 공연이 어떤 차별점이 있는지 궁금하여 필가가 주최 측에 문의해본 결과, 주제와 이야기 구성은 동일하나 한층 화려한 기법의 송에뤼미에르 요소를 가미하고 일부 연출을 보완한 것이라는 답변을 받았다.

2. 루아르 계곡 앙부아즈성의 역사야외극

「프랑수아 1세의 궁정에서(À la Cour du Roy)」

1) 앙부아즈성에 깃든 르네상스의 꿈과 영광

루아르 계곡의 문화유산과 앙부아즈성의 역사

앙부아즈성(Château d'Amboise)은 앵드르에루아르 데파르트망 상트르 레지옹에 소속되어 있는 루아르 계곡 세계문화유산 고성 밀집지대에 자리하고 있다. 프랑스 르네상스시대의 건축미를 대표하는 가장 아름다운 성으로, 15세기 중엽부터 16세기 후반까지 프랑스 발루아(Valois) 왕조에서 애용한 궁성 중 하나로 널리 알려져 있다. 그러나 앙부아즈성은 프랑스 역사상 최초로 건립된 르네상스풍 왕궁이라는 건축사적인 가치뿐 아니라 프랑스의 르네상스 문명이 발아되어 결실을 맺은 기념비적 의미가 깃든 장소다.

앙부아즈성이 처음부터 왕실 소유 재산은 아니었다. 최초의 앙부아즈성은 앙주 백작 가문에서 건립한 중세 봉건 요새였다. 1431년 앙부아즈의 영주 루이(Louis)가 왕실 반란사건에 연루되어 심판대에 오르자 당시 왕권을 쥐고 있던 샤를 7세(r1422~1461)[1]가 그의 목숨을 살려주는 대가로 성을 강제로 몰수했다고 전해진다. 왕실 재산으로 귀속된 이후 샤를 7세부터 앙리 2세(r1547~1559)까지 여섯 명의 발루아 왕이 이곳에서 거주하며 국사를 보았다.

[그림 1-7] 역사야외극이 열리고 있는 앙부아즈성의 야경

루아르 계곡 최초의 이탈리아식 왕성. 고딕 양식과 르네상스 양식의 아름다움을 동시에 보여주는 16세기 프랑스의 대표적인 건축물이다. 샤를 8세가 건축에 착수한 후 루이 12세를 거쳐 프랑수아 1세까지 3대에 걸쳐 27여 년 만에 완성되었다(왼쪽이 샤를 8세가 지은 고딕 양식, 오른쪽은 루이 12세와 프랑수아 1세가 완성한 르네상스 양식).

르네상스풍의 앙부아즈성이 건립된 계기는 1492년 루이 11세의 뒤를 이어 왕위에 오른 샤를 8세의 의지에 따른 것이다. 당시 이탈리아의 선진문명을 흠모해온 샤를 8세(r1483~1498)는 앙부아즈성에 남아 있는 중세 봉건 요새형의 흔적을 허물고 르네상스식 재개축 사업에 착수했다. 샤를 8세가 단명함에 따라 보위를 이어받은 루이 12세가 공사를 재개했다. 루이 12세 역시 자신의 재위기간 동안 건축을 완성하지 못한 채 세상을 떠나고 그의 뒤를 이어 왕위를 승계한 프랑수아 1세(r1515~1559)가 1591년에 완공했다.

루아르강 유역에는 앙부아즈성 외에도 블루아, 샹보르, 쉬농소, 아제르리도 등 수많은 성이 분포되어 있다. 그러나 이들 여러 왕성 가운데 고딕 양식과 르네상스 양식이 절묘하게 융합된 앙부아즈성은

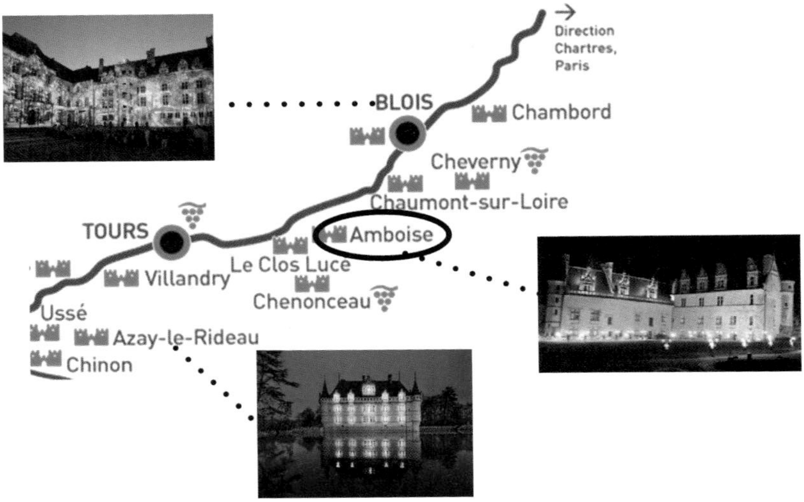

[그림 1-8] 루아르 계곡 고성 밀집지역 왕성 분포도와 앙부아즈성의 위치
이곳은 베르사유궁이 설립되기 전까지 발루아 왕조가 거처하던 왕궁도시였다.

동 시대에 건축된 건물 가운데 아름답기로 첫손에 꼽힌다. 그뿐만 아니라 루아르강 전경이 한눈에 내려다보이는 경관이 수려한 곳에 위치해 있어 루아르를 찾아오는 관광객이면 누구나 들르는 명소 중 명소다. 현재는 중앙에 있던 건물은 사라지고 북쪽의 주 건물과 예배당, 성벽, 탑 정도만 남아 있으나 성 내부는 비교적 잘 보존되어 있다. 우아하고 섬세하며 품격 높은 르네상스 스타일의 가구를 비롯하여 플랑드르풍의 타피스리[2]와 장식품들로 단장된 국왕의 접견실을 위시한 성의 내부는 그 시절의 화려함을 손색없이 보여주고 있다.

루아르 계곡 유역은 '프랑스 문화유산의 보고(寶庫)'라 불린다.

이곳은 17세기 초 부르봉(Bourbon) 왕조의 2대 왕 루이 13세가 파리 근교 베르사유 숲속에 새 왕궁을 신축하고 '베르사유 시대'를 열기 전까지 프랑스 왕실의 심장부 역할을 하던 왕궁도시였다. 루아르강 유역 요소요소에 중세시대 요새와 르네상스식 왕궁, 성당과 대저택, 숲과 공원 등 방대한 규모의 문화유산들이 셀 수 없을 만큼 들어서 있다. 2000년에 이 지역 전체가 유네스코 세계문화유산에 등재되어 루아르 계곡 유역은 프랑스 최대의 문화유적지임을 입증했다.

앵드르에루아르 관광청이 공개한 통계자료에 따르면 루아르 계곡 문화유산 지구에는 굵직한 것만 꼽아도 무려 376가지에 이르는 관광자원을 보유하고 있다. 또한 이곳을 찾는 관광객은 연간 347만 6천 명, 이들로부터 거둬들이는 관광수입은 802만 유로(한화로 약 99억 2,500만 원)로 집계되고 있다(아래 [표 1-2] 참조). 이 중 관광객의 발길이 가장 많이 닿는 곳은 단연 프랑스 왕족들의 생활상을 담고 있는 고성(古城)지구로 알려져 있다. 구체적인 예를 들면, 루아르 고성지구의 연간 방문객은 통산 약 100만 명 이상으로 추산되고 있으며 루아르 지역의 최다 방문객 유치 순위 10대 명소 가운데 앙부아즈, 클로뤼세(Clos Lucé), 아제르리도(Azay-le-Rideau), 쉬농소(Chenonceau), 시농(Chinon), 랑제(Langeais), 위세(Ussé), 빌랑드리(Villandry), 로체(Loches) 등 고성이 90%를 차지한다. 참고로 나머지 한 곳은 투르의 가티엥 대성당(Cathedral St Gatien in Tours)이 포함되어 있다.[3]

루아르 계곡을 찾아오는 관광객이 앙부아즈성 방문길에 지나칠 수 없는 또 하나의 명소가 있다. 그곳은 앙부아즈의 부속 건물인 클로뤼세성이다. 클로뤼세성이 유명세를 타게 된 이유는 클로뤼세성 정원 한편에 건립된 생위베르 성당(Chapelle Saint-Hubert) 안에 르네상스의 거장 레오나르도 다빈치의 무덤이 조성되어 있기 때문이다. 다빈치의 묘소를 참배하기 위해 매년 35~38만 명의 관광객이 찾아온

[표 1-2] 루아르 계곡 문화유산지구의 주요 관광자원(2014년 기준)

루아르 계곡의 주요 관광자원		연간 방문객 수	연간 관광수입
고성(古城)	39	347만 6천 명	802만 유로
성당, 수도원 등 종교시설	75		
저택, 풍차, 탑	6		
박물관, 전시관	62		
와이너리	106		
정원, 숲	19		
테마파크 및 놀이공원	16		
관광열차 노선	4		
산업기술 시찰	49		
총계	376		

(자료출처: http://www.economie-touraine.com/tourisme_indre_et_loire)

다고 한다. 그런데 당대 이탈리아 최고의 예술가이자 철학자요, 과학자였던 레오나르도 다빈치의 묘소가 고국 이탈리아가 아닌 프랑스의 앙부아즈성에 마련된 데는 어떤 숨은 사연이 있는 것일까?

2) 앙부아즈 고성에서 만나는 프랑스 왕실 이야기

「프랑수아 1세의 궁정에서」

여기 르네상스풍의 아름다운 성 앙부아즈의 실경을 무대로 펼쳐지는 야간 역사야외극 「프랑수아 1세의 궁정에서」가 있다. 「프랑수아 1세의 궁정에서」는 앙부아즈성이 목격한 르네상스시대의 역사를 공연 콘텐츠로 재현한다. 앞서 언급했듯이 앙부아즈성에는 15세기 초반부터 16세기 후반까지 100여 년에 걸쳐 모두 여섯 명의 왕이 기거했다. 그러나 이 역사극은 프랑수아 1세의 어린 시절부터 보위에 오르는 과정, 그리고 이후의 치적을 중심으로 샤를 8세와 루이 12세, 프랑수아 1세 등 세 명의 왕과 그들을 둘러싼 왕실 여인들의 이야기에 집중한다. 그 이유는 이들 세 명의 왕의 노력으로 루아르 강물에 비친 백합꽃 같은 하얀 광채를 띤 아름다움에 비교되는 앙부아즈성이 르네상스풍의 건물로 재탄생했고, 이들의 재임기간 동안 이탈리아의 르네상스 선진문명을 수용하려는 노력과 활약이 왕성하게 이루어진 때문이리라.

「프랑수아 1세의 궁정에서」는 '르네상스의 실현'이라는 과업을 달성하기 위해 역동적인 삶을 살았던 프랑수아 1세가 주인공이다. 주인공 프랑수아 1세는 누구인가? 그는 1515년 프랑스 발루아 왕조의 아홉 번째 왕으로 추대되어 32년간 프랑스를 통치했다. 왕위에 오르자마자 영토 확장을 비롯한 국력 신장에 열정적으로 도전하는 한편, 인문예술을 숭상하는 문화정책을 왕성히 펼쳤다. 이런 까닭에 프랑수아 1세는 오늘날 문화강국으로서 프랑스의 기틀을 다진 성왕(聖王)으로 평가받고 있다. 프랑스어 공연 제목 'À la Cour du Roy'를 사전적으로 풀이하면 '왕의 궁정에서'라고 해도 무방하다.[4] 하지만 사실상 이 극의 주인공은 프랑수아 1세다. 그러므로 여기서 왕을 가리키는 'Roy'는 프랑수아 1세를 지칭하는 만큼 공연명은 「프랑수아 1세의 궁정에서」로 이해하는 것이 옳다.

이 역사극은 "옛날 옛날에, …… 여기 앙부아즈성에는 프랑수아 1세라는 왕과 아름다운 왕비가 살고 있었는데 ……. 그러던 어느 날 ……" 이렇게 시작하는 옛날이야기라고 생각하면 좀 더 친근하게 다가갈 수 있다. 지금부터 「프랑수아 1세의 궁정에서」와 함께 16세기 프랑스, '르네상스의 꿈과 영광'이 깃들어 있는 장엄하고 아름다운 성 앙부아즈의 이야기 속으로 들어가 보자.

「프랑수아 1세의 궁정에서」의 이야기 구성

석양이 아름다운 루아르의 일몰이 차츰 빛을 잃어가는 으스름, 고색창연한 앙부아즈 왕성의 석조문 앞에는 성에서 열리는 역사극을 보기 위해 찾아온 관람객이 모여들기 시작한다. 궁성 안마당 한쪽에 반원형의 스탠드식 관람석이 마련되어 있다. 지나간 영광의 시대를 들려줄 채비를 마친 앙부아즈 고성은 마치 지금도 성 안에 왕과 왕비가 살고 있는 듯 창마다 환하게 불을 밝힌 채 고고한 침묵에 잠긴 모습으로 관객을 맞이한다.

극의 첫 장면은 1492년 샤를 8세의 섭정시대부터 시작한다. 새 시대의 열망에 가득한 젊은 왕 샤를 8세는 이탈리아에서 초빙해온 3명의 건축사를 직접 진두지휘하며 르네상스식 성 건립 사업에 몰두한다. 앙부아즈 궁성은 새로운 변화의 물결로 활기찬 모양새다. 하지만 샤를 8세의 갑작스런 죽음으로 궁성은 이내 어두운 추모 분위기로 변한다. 선왕의 장례식과 새 왕(루이 12세)의 즉위식이 엇갈리는 혼돈의 시기, 루아르 강가 성문 밖으로 난 대로를 따라 먼 길을 달려온 마차 한 대가 성문 앞에 멈춘다. 검은 상복으로 예를 갖춘 한 귀부인이 마차에서 내려 어린 두 남매, 네 살박이 외아들 프랑수아와 여섯 살짜리 딸 마가렛의 손을 잡고 궁정 안에 들어서며 본격적인 이야기가 펼쳐진다. 이 귀부인은 앙굴렘 백작의 미망인 루이즈 드 사부아(Louise de Savoie, 1476~1531). 훗날 프랑스 르네상스의 꿈을 완성한 성왕(聖王) 프랑수아 1세의 모후다.

「프랑수아 1세의 궁정에서」는 12개의 플롯으로 이루어져 있다. 르네상스의 꿈을 실현하기 위해 분투한 왕들의 업적을 둘러싼 당대의 프랑스 사회상을 1시간 30분가량의 역사극에 축약하여 보여준다. 시대 배경은 1492년 샤를 8세가 이탈리아 르네상스 문물에 관심을 쏟는 시점에서 시작하여 프랑수아 1세가 즉위식을 마친 재임 초기

[그림 1-9] 앙부아즈성의 역사야외극 「프랑수아 1세의 궁정에서」 공연 장면

(1515~1516년) 무렵의 앙부아즈성에서 일어난 사건들을 순차적으로 전개한다.

아래 전체 플롯에서 보듯이 앙부아즈의 역사극 「프랑수아 1세의 궁정에서」는 프랑수아 1세와 관련된 에피소드 중심이다. 이는 프랑수아 1세가 주인공인 만큼 당연한 현상이라고 할 수 있다. 그러나 이밖에도 프랑수아 1세에게 유독 스토리텔링에 유용한 이야깃거리가 풍부하게 남아 있는 것도 한몫을 했을 것이란 추측이다. 그도 그럴 것이 샤를 8세는 재위 15년 만에 28세의 젊은 나이로 요절했고, 루이 12세는 36세라는 비교적 늦은 나이에 왕위를 승계하여 17년간 통치했다. 이에 비해 20세 젊은 나이에 왕이 된 프랑수아 1세는 32년이라는 긴 재임기간에 국내외적으로 방대한 일들을 벌이며 수많은 업적을 쌓았던 만큼 그에 대한 전설과 기록이 많이 전해져 내려오고 있다. 이에 더하여 정사(正史)에서는 대놓고 논할 수 없는, 구전으로 내려오는 왕실의 야사(野史)를 적절히 혼합한 이야기 전개 방식은 보는 이들의 흥미와 관심을 고조시킨다.

1515년 방년 20세의 나이로 성대한 즉위식을 마친 프랑수아 1세는 왕위에 오르자마자 이웃나라 이탈리아를 침공하여 마리냥(Marignan) 전투에서 대승을 거두고 금의환향한다. 젊고 용맹스런 새 왕이 성취한 승전보와 함께 이탈리아에서 초빙된 레오나르도 다빈치라는 진객을 맞이하는 경사를 얻은 앙부아즈 궁성은 '빛의 시대'를 향하는 축포가 터지며 극의 대미를 장식한다. 다음으로는 역사극에 묘사된 플롯상의 주요 사건을 중심으로 앙부아즈에 살았던 세 명의 왕 샤를 8세, 루이 12세, 프랑수아 1세 그리고 그들 주변의 왕실 여인들의 삶 속으로 들어가 보기로 하자.

앙부아즈 고성의 역사야외극 「프랑수아 1세의 궁정에서」 이야기 구조[5]

- 제1막 1492년, 샤를 8세의 르네상스식 왕궁 신축사업 착수
- 제2막 1498년, 샤를 8세의 급서, 그리고 루이 12세의 등극
- 제3막 루이즈 드 사부아(앙굴렘 백작 부인)와 어린 두 자녀의 앙부아즈 입성
- 제4막 어린 프랑수아의 놀이터, 앙부아즈성의 이모저모
- 제5막 프랑수아의 첫사랑
- 제6막 루이 12세와 영국의 메리 공주의 혼인
- 제7막 1515년 1월, 프랑스의 왕이 된 '앙굴렘 도령, 프랑수아'
- 제8막 앙부아즈성에서 열린 프랑수아 1세의 성대한 즉위식
- 제9막 인문학과 예술을 사랑한 왕, 프랑수아 1세
- 제10막 사냥

제11막　이탈리아 원정에서의 승리
제12막　피날레: 프랑수아 1세의 궁정에서……

[그림 1-10] 「프랑수아 1세의 궁정에서」 공연 포스터

'앙굴렘 도령'에서 앙부아즈성의 '동궁마마'가 된 어린 프랑수아: 제1막~제3막

프랑스 왕조사에서 프랑수아 1세는 흔히 '천운을 타고난 사나이'로 회자된다. 처음부터 왕이 될 운명이 아니었던 어린 왕손이 국왕으로 등극하는 행운을 거머쥐었기 때문이다. 프랑수아의 아버지 샤를 앙굴렘 백작은 샤를 6세의 동생의 손자로, 당시 보위에 있던 샤를 8세와는 7촌간의 친인척 관계였다. 그는 한때 왕위 승계 서열 2위까지 오른 적이 있었으나 20대 초반의 나이로 세상을 떠났고, 부인과 두 자녀는 왕궁이 있던 루아르를 벗어난 앙굴렘성에서 기거해왔다. 이처럼 왕위 계승 서열에서 멀리 떨어져 있던 '앙굴렘 도령 프랑수아'가 어떤

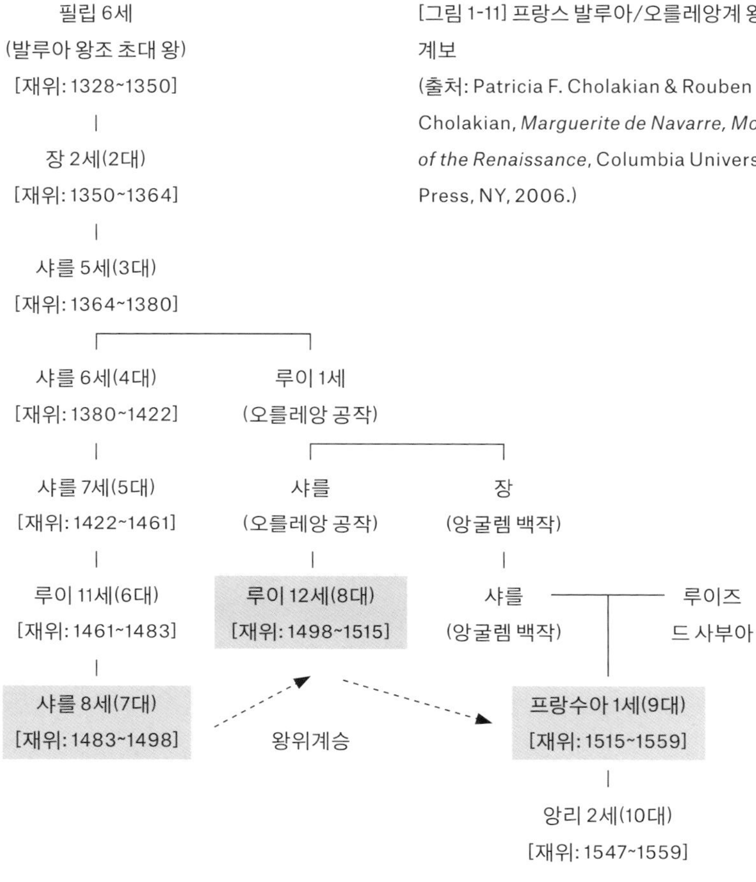

[그림 1-11] 프랑스 발루아/오를레앙계 왕조 계보
(출처: Patricia F. Cholakian & Rouben C. Cholakian, *Marguerite de Navarre, Mother of the Renaissance*, Columbia University Press, NY, 2006.)

경로로 왕세자로 등극하게 되었을까?

1498년, 발루아 왕조의 7대 왕인 샤를 8세는 왕비와 함께 여가를 즐기러 후원으로 나서다가 궁문 문설주가 부서져 뇌손상을 입는 큰 사고로 28세의 나이에 요절하게 된다. 후손을 남기지 않은 채 세상을 떠난 샤를 8세의 갑작스런 부음은 왕위 승계 구도에 변화를 일으키는 일대 사건으로 기록된다. 그의 사후 루이 12세가 차기 왕위를 승계한다. 루이 12세 또한 재위 17년 만에 후계자를 남기지 않은 채 사망하는 바람에 프랑수아 앙굴렘이 왕위에 오른다. 루이 12세와 프랑수아는 촌수로 5촌 숙질간이며, 훗날 루이 12세의 딸 클로드 왕녀와 프랑수아가 혼인을 하게 됨에 따라 장인과 사위 관계를 맺었다. 이로써 프랑수아 1세는 발루아 왕가의 9대 왕에 오른다. 프랑수아 1세는 차후 74년 동안 이어진 발루아-오를레앙계를 출범시킨 프랑스 왕조의 새 역사를 쓴 인물이 되었다.[6] 발루아 왕조의 가계도(그림 1-11 참조)를 추적하면서 역사극의 이야기 속으로 들어보기로 하자.

▶ 샤를 8세(1470~1498): 왕궁의 문설주에 다쳐 요절한 비운의 왕

발루아 왕조의 7대 왕. 앙부아즈에서 태어나 앙부아즈에서 운명한 왕이다. 루이 11세(r1461~1483)의 아들로, 13세 때인 1483년 왕위에 올라 1498년 변고로 급서할 때까지 15년간 프랑스를 통치했다. 재임기간 중 영토 확장에 관심을 갖고 이탈리아 침공을 자주 시도했으나 영토 확장에서 큰 성과는 얻지 못했다. 그 대신에 그는 그곳의 도시건축에 감화를 받아 앙부아즈 최초로 르네상스식 왕궁 건립의 꿈을 전파하고 이탈리아 원정길에서 직접 초빙한 건축사들을 데려다가 건설작업을 직접 지휘하며 행동에 옮겼다. 샤를 8세는 사실상 프랑스에 이탈리아의 르네상스 문물 수용의 첫 포문을 연 왕으로 기록된다. 1483년, 왕비 안 드 브르타뉴(Anne de Bretagne, 1477~1514)와 테니스 경기를 구경하러 정원으로 향하다가 궁문의 문설주에 다치는 변고를 당한다. 28세의 젊은 나이로 후사 없이 세상을 떠나는 바람에 촌수로 8촌 사이인 루이 12세가 왕위를 물려받음으로써 샤를 8세는 사실상 발루아 왕조의 직계 혈통을 잇는

마지막 왕이 되었다.

▶ 루이즈 드 사부아(1476~1531): 앙굴렘 백작 미망인의 야망

누구도 예기치 못한 샤를 8세의 죽음은 그 자신에게는 더없이 비통한 일이었지만, 프랑스 야사에서 그의 죽음과 관련된 몇 가지 에피소드가 종종 흥미롭게 다루어진다. 그 첫 번째 사례는 왕실의 여인으로 남고 싶은 야망이 강했던 프랑수아 1세의 모친인 앙굴렘 백작 부인 루이즈 드 사부아(Louise de Savoie)의 관점에서 찾아낸 이야기다. 루이즈 드 사부아는 1496년, 19세의 젊은 나이에 당시 왕위 계승 서열 2위였던 남편 샤를 앙굴렘 백작과 사별한 후 한때 절망에 빠진다. 그러나 그녀는 외아들 프랑수아가 왕세자가 될 수도 있다는 꿈을 포기하지 않고, 아들을 '나의 시저(César)'라는 애칭으로 부르며(우리말로 풀이하자면 '마마' 정도에 비유할 수 있을까?)[7] 뒷바라지에 혼신을 다한다. 샤를 8세의 불행은 그녀의 아들이 왕도에 가까이 다가가는 행운을 전해주는 반전이 된 셈이다.

역사극「프랑수아 1세의 궁정에서」의 제3막 "루이즈 드 사부아와 어린 두 자녀의 앙부아즈 입성"이라는 이야기 구성 장면에서 22세의 젊은 과부 앙굴렘 백작 미망인과 그녀의 어린 두 자녀 마가렛[8]과 프랑수아의 유년기적 모습을 만날 수 있다. 마침내 왕위 승계 1순위인 왕세자 신분인 아들 프랑수아를 앞세운 루이즈는 고인이 된 샤를 8세를 애도하는 상복을 입은 조심스런 태도를 잃지 않으면서도 왕의 모후를 향한 희망찬 발걸음을 내디딘다. 역사야외극「프랑수아 1세의 궁정에서」극중 묘사된 왕의 어머니는 어떤 모습일까? 우리는 제6막 "루이 12세와 영국의 메리 공주의 혼인" 장면에서 혹시 새로 간택된 젊은 왕비가 후사를 낳게 될 경우, 장차 아들인 프랑수아의 왕위 승계 가도에 먹구름이 끼지 않을까 염려하고, 또한 젊은 새 숙모에게

연정을 품게 된 아들의 행동거지를 염려하는 전형적인 어머니의 모습을 찾아볼 수 있다. 이에 대해서는 뒤에 서술될 루이 12세와 그의 어린 왕비 메리 왕녀 편에서 다시 언급하기로 하겠다.

▶ 안 드 브르타뉴(1477~1514): 두 명의 왕과 두 번 결혼한 왕비

프랑스 왕실에는 샤를 8세의 사후에 일어난 일 가운데 또 한 가지 흥미로운 에피소드가 전해져온다. 그것은 샤를 8세의 왕비였던 안 드 브르타뉴(Anne de Bretagne)의 독특한 결혼생활에 대한 행보다. 안 드 브르타뉴는 샤를 8세의 사후 차기 왕위에 오른 루이 12세와 재혼함으로써 샤를 8세와 루이 12세 두 왕의 왕비가 된 것이다. 오늘날의 시각으로는 이해할 수 없는 대목이지만 여기에는 영토 확장에 유리한 고지를 차지할 목적으로 당시의 유럽 제국들이 담합해놓은 복잡한 정치 · 경제적 상황이 얽힌 사정이 있었다.

안 드 브르타뉴는 방대한 영토를 보유한 브르타뉴 공국의 상속녀였으나 당시 국제조약에 따라 미혼인 딸의 신분으로는 공국의 주인이 될 수 없었다. 이런 사정을 꿰고 있던 프랑스의 샤를 8세는 브르타뉴 공국의 영토를 차지할 욕심으로 군사 4만 명을 이끌고 브르타뉴를 침공하여 안 드 브르타뉴에게 무력을 앞세운 청혼을 하게 된다. 이때 프랑스 왕실은 결혼 서약서에 브르타뉴 공국의 후계자인 안이 프랑스에서 떠날 수 없게 만드는 불가항력적인 조항을 포함했다. 그것은 "남편인 왕의 유고 시 왕비는 절대 재혼할 수 없고, 만일 재혼하게 될 경우에는 차기 왕 또는 왕위 서열 1위인 왕족과 반드시 결혼해

야 한다"는 내용이었다.[9] 이에 따라 안은 첫 번째 남편인 샤를 8세가 죽자 자신의 영토를 안전하게 지켜주는 대가로 루이 12세의 왕비가 되는 길을 택했다.

안과 루이 12세 사이에는 딸은 여럿 두었으나 아들이 없었다. 아들만 왕위를 계승하게 되어 있는 프랑스 국법에 따라 루이 12세는 안과의 사이에서 낳은 장녀 클로드를 프랑수아 앙굴렘과 혼인시킨 후 프랑수아를 후계자로 삼는다. 결국 안 드 브르타뉴는 샤를 8세와 루이 12세, 프랑수아 1세의 3대에 걸쳐 왕위를 이어받은 세 명의 왕과 각각 부인과 남편, 그리고 장모와 사위라는 독특한 가족관계를 맺고 있다. 그녀의 사후 브르타뉴 공국은 장녀인 클로드 왕녀에게 상속됨에 따라 프랑스 왕실의 오랜 바람대로 프랑스령으로 귀속되었다.

루이 12세와 메리 왕녀의 결혼, 그리고 왕세자 프랑수아의 위기

▶ 루이 12세(1462~1515): 재력가 왕비와 미모의 젊은 왕비들과 두 번 결혼한 운 좋은 왕

루이 12세는 1462년 샤를 7세(r1422~1461)의 당숙인 샤를 오를레앙 공작의 아들로, 블루아 성에서 출생했다. 1498년, 36세에 샤를 8세의 뒤를 이어 발루아 왕조의 8대 왕에 등극했다. 재임기간 중 이탈리아의 문물을 받아들여 르네상스의 꿈을 이루고자 많은 해외 학자들을 초빙했고, 샤를 8세가 시작한 앙부아즈성의 재건축사업을 지속적으로 추진하는 등 르네상스시대를 가속화하는 데 일조했다. 샤를 8세의 사후, 그의 왕비였던 안 드 브르타뉴와 결혼하여 자녀를 여럿 두었으

나 후계자로 삼을 아들을 얻지 못했다. 그리하여 5촌 조카인 프랑수아 앙굴렘을 궁으로 불러들여 그의 딸인 클로드 드 프랑스(Claude de France, 1499~1524)의 배우자로 삼고, 훗날 그의 사후 왕위를 승계하게 했다. 루이 12세는 첫 번째 왕비 안 드 브르타뉴의 사망 후 영국의 헨리 8세의 여동생 메리 튜더(Mary Tudor) 공주와 재혼했는데, 당시 메리 공주와 루이 12세는 나이 차이가 34세나 되었다. 브르타뉴 공국의 후계자 안과의 첫 결혼생활에서 막강한 부를 얻은 루이 12세는 젊고 미모가 뛰어난 영국 왕실의 메리 왕녀와의 두 번째 결혼에서 남들이 부러워하는 회춘의 기회를 잡으며 여복을 과시했다. 그러나 메리와 결혼한 지 석 달째인 1515년 1월 1일, 53세 나이로 세상을 떠났다.

▶ 메리 튜더(1496~1533): 왕세자 프랑수아와의 금지된 사랑의 주인공

루이 12세의 두 번째 왕비다. 영국의 헨리 8세의 여동생으로 영국과 프랑스의 평화협정에 따라 프랑스로 건너와 1514년 10월, 루이 12세와 결혼했다. 당시 루이 12세는 52세, 메리는 18세로, 두 사람은 거의 부녀지간만큼의 나이 차이가 있었다. 그러나 이들의 결혼생활이 시작된 지 석 달 만에 루이 12세가 병으로 세상을 떠나고 메리는 과부가 되었다. 그런데 이 드라마에서는 루이 12세보다는 프랑수아 1세와의 흥미로운 에피소드가 비중 있게 다루어진다. 영국 왕실 출신의 젊은 새 왕비는 그녀와 비슷한 또래인 왕세자 프랑수아의 관심을 사로잡을 만큼 뛰어난 미모를 갖추고 있었다. 실제로 프랑수아가 그녀를 연모한다는 소문이 돌자 모친인 루이즈 드 사부아가 이에 애를 태웠다는 내용이다.

루이 12세와 촌수로 당숙질 관계이자 예비사위인 프랑수아가 새 숙모 메리에게 연정을 품은 일로 왕실에 물의를 일으키게 된다면 장차 왕위 승계에 매우 불길한 신호가 될 것이었기 때문이다. 그런 이유로 어머니 루이즈 드 사부아가 이 두 사람을 떼어놓기 위해 부단히 애를 썼다는 일화, 그리고 또 하나는 행여나 어린 왕비가 루이 12세의 후사를 생산하게 되어 프랑수아가 왕세자의 자리를 빼앗기지 않을까 노심초사했다는 이야기가 이 드라마의 제6막에서 적나라하게 묘사되고 있다.

젊고 용맹스런 새 국왕의 등극, 프랑수아 1세 시대의 도래

[그림 1-12]「프랑수아 1세의 궁정에서」 극중 프랑수아 1세의 즉위식 장면
배우들은 전원 지역주민으로 구성된다. 16세기 르네상스 시대의 화려한 궁중복식 문화도 큰 볼거리다.

▶ 프랑수아 1세(1494~1547)

앞서 여러 번 서술할 기회가 있었기에 프랑수아 1세에 대한 소개

글이 일부 중복될 수도 있으나, 앙부아즈 역사극의 주인공 프랑수아 1세는 누구인지 그의 업적을 다시 한번 탐색하기로 하자. 프랑수아 1세는 아버지 샤를 앙굴렘 백작(루이 12세의 사촌)과 왕족 출신의 어머니 루이즈 드 사부아 사이의 1남 1녀 중 장남으로 앙굴렘에서 태어났다. 1세 때 아버지를 여의고 어머니 루이즈와 누나 마가렛(훗날 나바라 왕조의 왕비)과 함께 앙굴렘에서 머물던 중 1498년 4세 때 루이 12세의 부름을 받고 입성하여 앙부아즈성에서 소년기를 보냈다.

역사극의 제4막 "어린 프랑수아의 놀이터, 앙부아즈성의 이모저모"와 제5막 "프랑수아의 첫사랑" 부분에서는 프랑수아 1세의 인간적인 면모를 유감없이 확인할 수 있다. 앙부아즈성에서 유년기와 청년기를 보낸 젊은 날의 프랑수아는 말 타기와 전쟁놀이, 그리고 스포츠 게임과 사냥을 즐기는 매우 용맹스럽고 활달한 청년으로 성장한다. 또한 사춘기 무렵 성 안에 고용된 오크통 제조기술자의 딸 프랑수아즈와 첫사랑에 빠지는 모습, 그리고 이후 많은 여인과의 적잖은 러브 스캔들 또한 자신만만하고 거침없는 젊은 왕세자 시절을 보낸 프랑수아 1세의 캐릭터를 상상할 수 있다.

1515년, 루이 12세가 병석에서 사망하자, 그의 유언에 따라 후계자로 지명된 프랑수아는 발루아 왕가의 아홉 번째 군주로 즉위한다. 1547년 서거할 때까지 32년간 프랑스를 통치한 그는 재임기간 중 신성로마제국의 부활을 꿈꾸며 영토 확장을 위해 여러 차례 외국 원정을 시도했다. 재임 첫 해의 마리냥 전투를 위시하여 크고 작은 승리를 거두기도 했으나 무리한 욕심 끝에 1525년 파비 전투에서 패배했을 때는 그 자신이 포로로 잡히는 수난을 겪는 등 군사력으로 국력을 확장하는 일에는 많은 부침을 겪었다.

그의 업적은 영토 확장보다는 오히려 인문과 예술을 숭상하는 문예정책을 치세의 중심에 두고 이탈리아의 르네상스 신문물을 프랑스에 유입하고자 강력한 추진력을 보인 데서 더욱 빛을 발휘한다. 그는 앙부아즈성을 비롯하여 블루아, 샹보르성 외에도 루아르 계곡에 입주한 성들을 르네상스 양식으로 증·개축했고 오늘날 루브르 건설의 초석이 되는 파리 센강 유역에 신규 건물을 건축하는 등 도시의 토목·운하 건설사업을 장려했다. 이 모든 것의 원동력이 된 것은 르네상스의 거장 레오나르도 다빈치를 앙부아즈에 초청한 시점에서 비롯되었다고 할 수 있다.

2016년 현재, 루아르성 네트워크협의회는 프랑수아 1세 재위 500주년(1515) 및 앙부아즈 건립 500주년(1519)을 맞아 2015년부터 2019년까지 이를 기념하는 각종 문화행사를 대대적으로 진행하고 있다. 프랑수아 1세가 이룩한 르네상스 문화유산을 문화적으로 재현하여 그의 치적을 기념하고 계승하려는 프랑스인의 의지가 엿보이는 대목이다.

인문학과 예술을 사랑한 프랑수아 1세

우리는 지금까지 앙부아즈의 역사야외극 「프랑수아 1세의 궁정에서」에 출연하는 주요 등장인물인 샤를 8세와 루이 12세, 프랑수아 1세를 비롯하여 그들 주변의 여인들의 이야기를 살펴보았다. 그런데 이 드라마에서 왕실 사람들 외에 놓쳐서는 안 될 매우 중요한 한 인물의 이야기가 등장한다. 당시 앙부아즈성과 특별한 인연을 맺은 르네상스의 거장 레오나르도 다빈치(1452~1519)가 그 주인공이다. 널리 알려진 바와 같이, 프랑수아 1세는 통치기간 중 여러 업적을 이루었

[그림 1-13] 앙부아즈 시절의 레오나르도 다빈치(출처: 「프랑수아 1세의 궁정에서」 공연 장면)
프랑수아 1세의 초청으로 프랑스로 온 레오나르도 다빈치는 왕이 선사한 클로뤼세성에 머물며 프랑스에 르네상스 문화를 전파한다.

으나 그 가운데 가장 크게 칭송받는 것 중 하나가 레오나르도 다빈치를 프랑스로 초빙한 일이다.

프랑수아 1세는 1516년 프랑스에 도착한 레오나르도 다빈치를 자신의 처소인 앙부아즈성의 부속 건물인 클로뤼세(Clos Lucé)성에 거처를 마련해주고 다빈치에게 최적의 연구와 집필 환경을 조성해주었다. 그는 때로는 스승 같은 존경심으로, 때로는 친구 같은 친밀함으로 다빈치와 깊은 교분을 쌓으면서 다빈치의 예술적 재능은 물론 철학, 과학, 의학에 이르는 해박한 지식과 건축설계, 회화, 조각, 실내장식 등 이탈리아 르네상스 예술 전반을 프랑스 사회에 전수토록 온갖 지원과 후원을 아끼지 않았다.[10]

한편, 프랑수아 1세가 레오나르도 다빈치를 초청해오기까지는 재미있는 일화가 전해져온다. 1515년, 혈기왕성한 스무 살 나이에 왕이 된 프랑수아 1세는 왕좌에 오르자마자 자신의 왕권을 다지는 한편 국제사회에 프랑스의 국력을 과시할 욕심으로 군사를 이끌고 잦은 외국 원정을 시도한다. 이웃한 이탈리아가 주된 타깃이었다. 프랑수아 1세는 이 과정에서 크고 작은 승리를 거두었으나 영토 확장 외의 또 다른 수확을 얻게 된다. 이탈리아를 정벌하기 위해 나선 원정길에서 이탈리아 도시들에서 눈부신 르네상스 문명을 목격하게 되면서 예술에 대한 높은 식견을 얻게 된 것이다. 프랑스로 귀환한 그는 문화예술의 힘으로 프랑스 사회를 개혁하겠다는 새로운 야망을 품고 치밀한 계획을 수립한다.

마리냥 전투의 승리와 앙부아즈에 초청된 레오나르도 다빈치

1515년, 이탈리아를 침공한 프랑수아 1세는 마리냥 전투에서 대승을 거둔다. 마리냥 전투는 르네상스의 거장 레오나르도 다빈치를 프랑스에 초청하는 계기를 마련한 사건이었다는 점에서 전쟁에서의 승리 이상의 기념비적 사건으로 논할 만하다. 역사야외극 「프랑수아 1세의 궁정에서」의 제11막 타이틀로 이 사건을 다루고 있는 것을 보더라도 프랑스 역사에서 마리냥 전투가 전해주는 상징과 의미를 짐작할 수 있다. 기록에 의하면 레오나르도 다빈치를 프랑스로 초청해오는 일은 르네상스 문물에 관심이 높았던 샤를 8세와 루이 12세 때부터 간헐적으로 시도되었으나 이루지 못했다고 한다. 특별히 루이 12세는 장녀 클로드 공주에게 선물할 요량으로 1499년 즈음 작품(「성 안나와 함께 있는 성 모자상」)을 의뢰할 정도로 다빈치에게 구애의 손짓을 보낸 적이 있던 것으로도 전해진다. 1516년, 마침내 선대왕인 루이 12세 때부터 프랑스 왕실의 숙원사업이던 레오나르도 다빈치의 프랑스 초빙을 성사시킨 배경은 이와 같은 프랑스 왕실에서 추진해온 장기적이고 치밀한 르네상스 프로젝트의 연장선으로 이해할 수 있다.

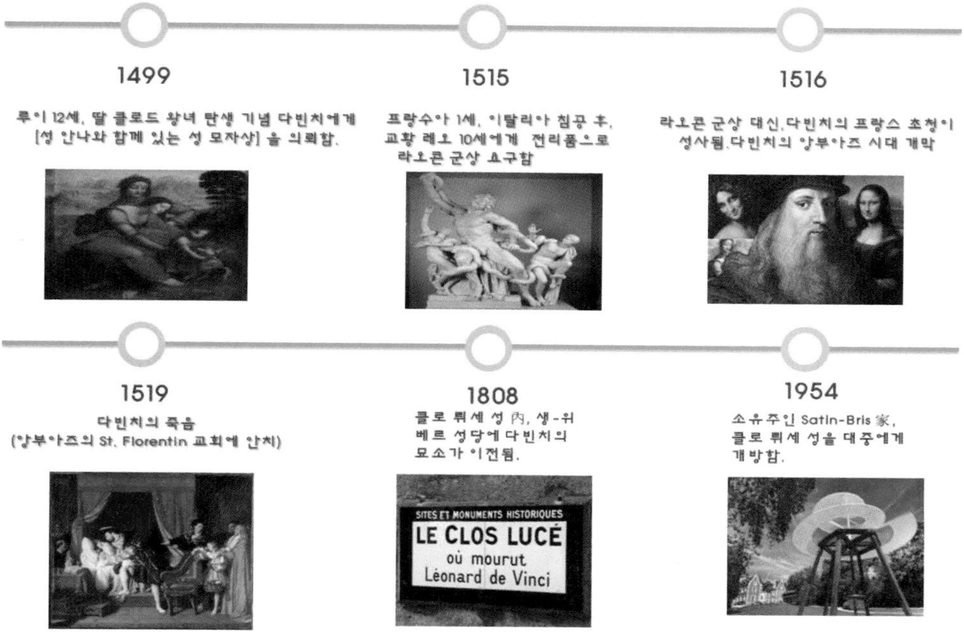

[그림 1-14] 레오나르도 다빈치와 프랑스 왕실의 교류 인연
(선행자료 참조 필자 재구성. 사진출처: www.closluce.eu)

레오나르도 다빈치가 프랑스로 초청된 이면에 재미있는 일화가 전해 내려온다. 1515년, 이탈리아 마리냥 전투에서 대승을 거둔 프랑수아 1세는 전리품으로 이탈리아 측 협상단의 최고 책임자였던 교황 레오 10세에게 조각품「라오콘 군상」을 요구한다.

승리의 대가로 북쪽의 영토를 양보해달라는 요구 정도를 예견했던 이탈리아는 프랑스의 뜻밖의 요구에 당황스러움을 감추지 못한 채「라오콘 군상」공여를 거절하고, 그에 담긴 저의를 파악하고자 절치부심한 끝에 재협상을 제의한다. 이때 프랑수아 1세는 이탈리아 측에 레오나르도 다빈치를 프랑스로 초청하고 싶다는 뜻을 피력한다. 아까운 영토의 일부를 떼어주는 일도 아니요, 값비싼 진품 조각상을 잃어버리는 일도 아닌 사람을 잠시 빌려주는 일은 손해 볼 것이 없다는 계산을 했던 것일까. 이탈리아 측은 청동으로 된 「라오콘 군상」의 복제본과 함께 레오나르도 다빈치의 프랑스 초청 동의서를 덧붙여 협상을 종결했다.

1516년 마침내 르네상스 예술의 최고의 명인이자 철학자요 과학자, 의학자였던 레오나르도 다빈치의 역사적인 프랑스 초청이 성사된다. 프랑스에 도착한 레오나르도 다빈치는 프랑수아 1세의 극진한 대우와 지원 속에 앙부아즈성에 딸린 클로뤼세 성에 머물며 개인 연구 활동을 하는 한편 프랑스인에게 건축 및 운하의 설계를 비롯한 기예를 전수하는 일에 매진했다. 그러나 그는 앙부아즈에 체류한 지 3년째 되던 1519년 5월, 67세의 나이로 세상을 떠난다.

「프랑수아 1세의 궁정에서」 르네상스, '빛의 시대'가 시작되다

레오나르도 다빈치가 프랑스의 앙부아즈에서 생을 마치게 된 것은 우연한 일이라 하겠다. 그러나 우리는 그의 유해가 프랑스의 앙부아즈에 안치됨으로써 파생된 몇 가지 흥미로운 이슈에 대해 주목할 필요가 있다. 첫째는 레오나르도 다빈치의 무덤이 루아르 세계문화유산지역의 관광 활성화에 기여하고 있다는 점이다. 일례로, 앵드르에루아르 관광청 자료에 의하면 레오나르도 다빈치의 묘를 참배하기 위해 클로뤼세성을 찾아오는 방문객 수가 매년 37만 명이 넘는다고 한다. 이로 인해 막대한 관광수입이 발생하고 있음을 미루어 짐작할 수 있다. 레오나르도 다빈치는 하늘나라에 가서까지 자신을 프랑스로 초청하여 후원해준 프랑수아 1세의 은혜에 대한 보답을 톡톡히 하고 있는 것은 아닐까.

둘째는 레오나르도 다빈치가 프랑스로 여행 올 당시 짐꾸러미 속에 소장하고 있었거나 말년에 그의 작업실에 놓여 있던 미완의 작품들이 모두 프랑스로 귀속되었다는 사실이다. 그 대표적인 예가 널리 알려진 「모나리자」다. 루브르 박물관에서 「모나리자」가 전시된 방은 가장 많은 사람이 붐비는 것으로 유명하다. 혹시 여러분 중에도 다빈치의 대표작이랄 수 있는 「모나리자」가 어떤 사유로 로마나 피렌체의 어느 박물관이 아니라 파리의 루브르에서 소장하고 있는지 궁금증을 가져본 적이 있었다면 이제 그 의문이 풀렸을 것으로 생각된다.

[그림 1-15] 레오나르도 다빈치의 명작 「모나리자」를 소개하는 극중 장면
「모나리자」는 다빈치의 사후 프랑스에 귀속되어 현재 루브르 박물관에 소장돼 있다.

레오나르도 다빈치의 유품들이 프랑스에 귀속된 배경과 관련된 여러 경로의 정보들이 혼재되어 있다. 다빈치가 생전에 자신을 후원하고 지원해준 데 대한 감사의 표시로 프랑수아 1세에게 선물로 공여했다는 설,[11] 프랑수아 1세가 레오나르도 다빈치에게 정식으로 작품료를 주고 구매했다는 설, 레오나르도 다빈치의 사후 프랑스 왕실에서 그의 유품을 자연스럽게 인수했다는 설 등 다분히 있을법한 여러 이야기가 전해져온다. 그러나 진위 여부를 떠나 공교롭게도 레오나르도 다빈치가 앙부아즈에서 생을 마침으로써 「모나리자」 외에도 「세례자 요한」, 「바위산의 성모」 등 다빈치 말년의 예술세계를 보여주는 귀한 작품들을 소장하게 된 기회를 얻게 된 것은 프랑스로서는 대단한 행운임에 틀림없는 것 같다.

마지막으로, 레오나르도 다빈치라는 르네상스의 거장을 품에 안고 그의 임종을 지키는 장면을 후세에 남긴 프랑수아 1세는 프랑스 역사상 문예를 숭상하고, 예술과 지성 그리고 용맹을 겸비한 군주의 이미지를 각인시키는 데 성공했다는 점이 관심을 끈다. 요즘 표현을 빌리자면 프랑수아 1세는 문화예술을 이해하고 사랑한 품격 높은 통치자임을 증명하는 확실한 '인증샷'을 남긴 셈이다.[12] 프랑수아 1세는 섭정기간 동안 과도한 영토 확장 야욕에 사로잡혀 때로는 국가에 이득을 가져오기도 했고, 때로는 그 스스로 1525년 파비 전투에서 패한 후 전쟁포로가 되어 막대한 국고를 지급하고 풀려나는 등 국민에게 적잖은 피해를 입히기도 했다.[13] 그러나 프랑스 국민이 기억하는 프랑수아 1세의 모습은 "임종하는 레오나르도 다빈치를 품에 안은 왕의 모습"이다. 이를 통해 우리는 말년에 레오나르도 다빈치와의 깊은 교분을 통해 국가의 인문예술을 부흥시킨 프랑수아 1세의 뛰어난 통치력을 다시 한번 새겨보게 된다.

3) 앙부아즈의 역사야외극 「프랑수아 1세의 궁정에서」

공연개요와 공연정보

앙부아즈의 역사야외극 「프랑수아 1세의 궁정에서」는 1976년에 초연되어 2015년까지 40년 동안 공연되었다. 2016년부터는 종전의 형태에 연출과 기술력을 재정비하고 「앙부아즈의 예언」이라는 새 타이틀로 개칭한 새 버전을 출범시켰다.[14] 역사극의 주최자는 ARA(L'Association Animation Renaissance Amboise)라는 약어로 불리는 앙부아즈 르네상스 역사극의 기획 제작을 위해 구성된 지역결사체다. ARA(이

[표 1-3] 「프랑수아 1세의 궁정에서」 공연정보

초연 시기	1976년(~2015년까지 40년간 공연)
오픈 시기 및 시즌 공연횟수	7~8월 2개월간, 수/토, 매주 2회 상연(시즌당 총 20회 공연) (1976년 초연 이후 총 85만 명 관람)
공연시간	1시간 30분
주최	앙부아즈 르네상스역사극추진협회(L'ARA: L'Assoication Animation Renaissance Amboise) 의 조직 구성원은 300명. 이 공연에 필요한 모든 배우 및 공연 스태프는 자원봉사 체제로 운영된다.
공연내용	르네상스시대의 춤과 음악, 당시의 궁중 유희와 사냥, 기마훈련 등 15세기 프랑스 궁정의 풍속을 재현하고 테크놀로지를 융합한 불꽃놀이, 분수쇼, 왕궁 건물 외벽을 활용한 조명·영상쇼(송에뤼미에르) 등이 화려하게 선보인다.
출연진(배우)	지역주민으로 구성된 자원봉사자 120~150명이 배우로 출연한다.
무대장비 및 기타 소품	- 배우들의 의상 1,000벌 - 장신구 외 분장소품 613종 - 프로젝터 90개, 5채널 음향장비 외 수천 개의 불꽃놀이 기구 등 첨단 기술효과가 동원됨

(출처: http://www.renaissance-amboise.com)

[그림 1-16]「프랑수아 1세의 궁정에서」 공연장면
지역주민으로 구성된 자원봉사단이 모든 배역을 맡고 있다.

하 '아라'라 칭함)는 '앙부아즈 르네상스역사극추진위원회'쯤으로 옮길 수 있는데, 이 단체는 앙부아즈성의 실경을 무대로 펼쳐지는 역사극 기획 및 제작을 목적으로 1976년에 결성되었다. 오직 지역주민으로 구성된 순수한 민간 비영리문화기업이며, 1901년에 제정된 프랑스의 협회법 규약을 따르고 있다.

'아라'를 움직이는 핵심 동력은 국가나 지역 자치 정부의 지시가 아니라 지역사회의 청년층이다. 루아르 계곡 문화유산 지구에 살고 있는 주민의 자긍심 고양과 단합, 그리고 문화유산 자원을 활용한 관광활성화에 공통 관심사를 가진 지역청년들이 모여서 발전적인 의견을 논의하는 과정에서 르네상스시대를 주제로 한 야간공연을 개최하자는 참신한 의견이 개진되어 오늘날 같은 루아르 고성 지구의 대표적인 야간 역사야외극으로 자리매김하게 되었다(http://www.renaissance-amboise.com). 현재 '아라'에는 300여 명의 지역주민이 자원봉사 회원으로 가입되어 있으며, 이들 중 100~150명은 매회 배우 및 스태프로 공연에 참여하고 있다.

지역주민의 자율적인 힘으로 지역의 이름을 내건 공연을 40년 동안 변함없이 이어오고 있다는 것은 우리나라 형편에서는 매우 부러운 일이 아닐 수 없다. 이 공연에는 배우들의 의상 1,000여 벌, 장신구와 분장소품 613종이 소요되며, 여타 역사야외극과 마찬가지로 무대 동원이 가능하도록 잘 훈련된 가축들과 말, 조류 등 동물들도 출연자로 한몫하고 있다. 주민은 배우로 분장하여 평소 갈고 닦은 르네상스시대를 풍미했던 민속춤과 놀이, 기마행렬 등 전통 기예를 맘껏 펼쳐 선보인다. 이밖에도 야외에서 야간에 열리는 역사야외극의 특수성을 충족하는 테크놀로지를 융합한 불꽃놀이, 분수쇼, 왕궁 건물 외벽을 배경으로 활용한 조명·영상쇼(송에뤼미에르) 등의 화려한 볼거리가 공연의 매력을 더해준다. 공연관람에 필요한 티켓(입장권)은 '아라'의 공식 홈페이지(http://www.renaissance-amboise.com)를 통해 미리 예매하는 것이 좋다.

문화유산 공간과 공연 콘텐츠의 만남

「프랑수아 1세의 궁정에서」는 15~16세기 르네상스시대를 온몸으로 체험하고 지켜낸 앙부아즈성에 대한 생생한 증거이자 기록이다. 당대의 왕과 왕비, 그리고 그들을 보필했던 사람들이 살았던 바로 그 장소에서 마치 오늘 벌어진 일처럼 생생히 재현하는 그 순간, 관객이 마주하고 있는 앙부아즈성은 단순한 건축사적 가치를 넘어 르네상스 문화유산이 고스란히 보존되어 있는, 이를테면 '살아있는 문화박물관'의 모습으로 다가옴을 느낀다. 예를 들면, 앞 장에서 서술한 역사적 사건 중심의 스토리텔링 외에도 드라마의 제4막 "어린 프랑수아의 놀이터, 앙부아즈성의 이모저모"와 제8막 "앙부아즈성에서 열린 프랑수아 1세의 성대한 즉위식", 그리고 제10막 "사냥", 제11막 "이탈리아 원정에서의 승리" 등은 15~16세기 프랑스의 궁정과 민중의 문화를 매우 현실에 가깝게 재현하고 있다.

앙부아즈성의 야간 역사야외극 「프랑수아 1세의 궁정에서」는 하나의 연극 장르로서 명확한 스토리텔링 구현을 위한 노력이 집중되고 있지만, 궁정에서 행해진 왕의 장례식이나 즉위식 같은 궁중의례와 그에 딸린 왕족과 시종들의 의상, 그리고 궁중놀이와 궁정악단의 음악과 춤을 라이브로 공연하는 부분과의 치밀한 균형을 유지하고 있다. 또한 당시의 왕궁 문화를 엿볼 수 있는 궁중 유희와 사냥, 기마훈련 등 15세기 프랑스 귀족사회의 생활양식을 축약하여 보여준다. 이밖에도 전도가 유망한 젊은 새 왕을 맞은 백성의 기쁨을 묘사한 왕의 즉위식 장면에서는 궁정의 화려한 모습뿐 아니라 저자거리에 모여 흥겨운 축제를 벌이는 평민의 춤과 노래 등 당시의 풍속을 체험할 수 있다.

물론 이러한 모든 요소는 일반적인 형태의 실내 극장에서도 재현이 가능하다. 하지만 문화유산 공간에서만 가능한 효과적인 요소들이 분명히 존재하며, 바로 그러한 점이 외지에서 멀리 이곳을 찾아온 방문객에게 잊을 수 없는 깊은 인상과 감동을 전해준다. 관중의 한 사람으로 객석에 앉아 있던 한국에서 온 필자에게 가장 인상 깊게 다가온 점은 이 모든 것이 어린아이부터 노인에 이르는 다양한 연령층의 지역주민이 직접 나서서 공연을 만들고 운영한다는 사실이었다. 역사야외극이라는 공연 콘텐츠 매체를 통해 관객의 눈앞에서 펼쳐지는 프랑스 르네상스의 산실인 앙부아즈의 역사와 문화는 하나의 공연상품이기도 하지만, 그곳에 살고 있는 지역민의 몸과 마음으로 그들의 역사와 전통 문화자원이 전승되는 현장과 다름없었다. 무대 위에서 배우로 분장한 지역민이 환하고 즐거운 표정으로 합심하여 펼치는 모든 퍼포먼스가 현실적으로는 허구에 지나지 않는 픽션이 분명하지만, 앙부아즈의 과거와 현재가 천 년을 흘러가는 루아르강의 도도한 물길처럼 긴 생명력을 가지고 이어지고 있다는 것을 증명하는 지역주민의 앙부아즈 역사야외극 무대 위에서의 움직임은 어떤 화려한 무대기술 효과보다 더 큰 감동을 전해주었다.

문화유산은 지역의 문화적 정체성이 상징적으로 구축된 하나의 문화적 장소로서, 그곳에 사는 지역민의 자긍심과 공동체적 유대감을 결속시키는 역할을 한다. 또한, 그와 동시에 하고 많은 여행지 중에 그곳을 선택해서 찾아가는 여행자 개인의 입장에서는 방문객 자신의 문화예술적 기호를 표현하는 일이자 개인의 자아정체성 표현의 욕구가 맞닿는 지점이 되기도 한다.[15]

앙부아즈는 아름다운 경관만으로도 충분히 일 년에 수십 만의 관광객을 끌어모으는 위력을 지닌 프랑스가 자랑하는 문화유산 공간이다. 그러나 역사야외극 「프랑수아 1세의 궁정에서」의 성공은 앙부아즈성을 보고 자란 후예들은 그에 만족하지 않았음을 보여준다. 앙부아즈 역사야외극의 성공은 지역 브랜드 고양 관점에서의 성공일 수도 있고, 막대한 관광수입으로 인해 창출되는 경제적 성공일 수도 있다. 그러나 외부경관과 시설을 앞세운 문화관광만으로는 만족하지 않고, 해당 여행지에서만 가능한 무언가 독특하고 특별한 그 지역만의 문화 체험을 원하는 문화소비자의 잠재된 욕망을 간파하여 그것을 공연 콘텐츠로 구현하는 데 성공한 프랑스 르네상스 문명의 발상지, 루아르 계곡 문화유산 지역주민의 위대한 문화적 자부심의 승리라고 하겠다.

결론적으로, 앙부아즈의 역사야외극 「프랑수아 1세의 궁정에서」는 앙부아즈성이라는 문화유산 공간에 깃든 프랑스인의 문화적 기억을 공연콘텐츠로 재현한 것이라 할 수 있다. 혹자는 이것을 한낱 시

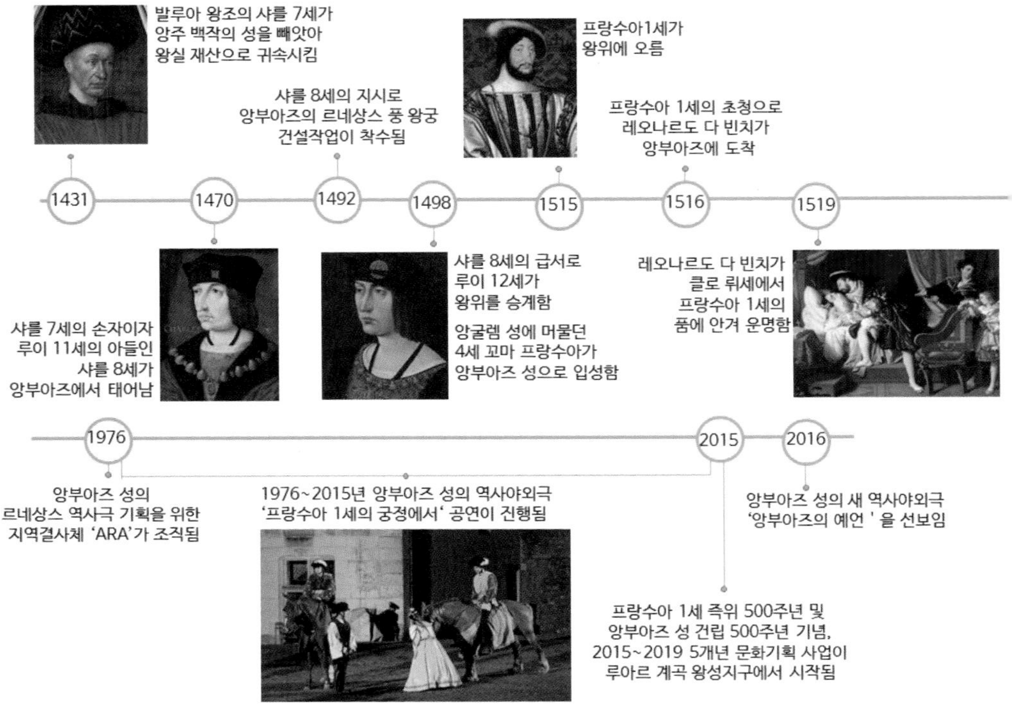

[그림 1-17] 연보로 본 앙부아즈성의 주요 역사 [출처: 송희영(2016), 104쪽]

청각적 즐거움을 안겨주는 엔터테인먼트요 퍼포먼스로 치부할 수도 있다. 그러나 역사야외극「프랑수아 1세의 궁정에서」는 앙부아즈성이 단순한 르네상스 양식을 대표하는 건축사적 가치 이상의 의미와 상징을 지닌 문화적 장소임을 일깨워준다.

1 이하 본문 중에 나오는 왕들의 재위기간을 프랑스어 'le règne(재위)'의 약어 r로 표기하기로 함

2 타피스리(Tapisserie)는 벽에 걸거나 테이블에 펴놓는 장식융단을 일컫는 프랑스어에서 온 외래어다.

3 http://www.economie-touraine.com/tourisme_indre_et_loire/sites_de_visite_monuments.aspx

4 프랑스어 Roy는 '왕(Roi)'을 뜻하는 고어다.

5 이 역사극의 공연 플롯 및 본문 중에 서술된 플롯상의 프랑수아 1세 관련 스토리텔링은 L'ARA(앙부아즈 르네상스역사극추진협회) 공식 홈페이지에서 제공한 공연 스크립트를 기본으로, 보편적인 프랑스사를 참조하여 필자가 재구성한 것임을 밝힘

6 강문정, 『그가 사랑한 베르사유』, ㈜샘터사, 2011, 50쪽.

7 Patricia F. Cholakian & Rouben C. Cholakian, Marguerite de Navarre, Mother of the Renaissance, Columbia University Press, NY, 2006, p. 14.

8 프랑수아의 누나 마가렛(Marguerite D'Angoulême, 1492~1549)은 나바르 왕국으로 출가하여 나바르의 왕 앙리 달베르(Henri D'Albret)와 결혼했다. 그녀의 외손자가 훗날 부르봉 왕조의 첫 번째 왕이 된 앙리 4세(1589~1610)다. 결국, 샤를 앙굴렘 백작과 루이즈 드 사부아 부부의 자손들이 16세기 초부터 프랑스 왕실의 마지막 왕조인 부르봉 왕조까지 이어진 셈이다.

9 김복래, 『프랑스 왕과 왕비』, 북코리아, 2007, 19쪽.

10 강문정, 앞의 책, 51-52쪽.

11 강문정, 위의 책, 52쪽.

12 레오나르도 다빈치의 임종을 지킨 프랑수아 1세의 일화는 훗날 다수의 프랑스 화가들이 앞 다투어 당시의 그 광경을 그림으로 재현했다. 그중 한 예로, 1818년 장 오귀스트 도미니크 앵그르(Jean Auguste Dominique Ingres)가 그린 「레오나르도 다빈치의 임종을 바라보는 프랑수아 1세(François Ier reçoit les derniers soupirs de Léonard de Vinci, 1818, 아비뇽 프티팔레 미술관 소장)」를 들 수 있다.

13 김복래, 앞의 책, 28쪽.

14 앙부아즈의 역사야외극 「프랑수아 1세의 궁정에서」는 2015년을 끝으로 40년의 역사를 종료하고, 2016년 여름 시즌부터 「앙부아즈의 예언」이라는 새 타이틀의 공연으로 교체되었다. 프랑수아 1세의 치적을 중심으로 한 서사구조를 유지하면서 연출을 보강하고, 한층 진보된 형태의 무대기술을 선보였다.

15 송희영, 「세계문화유산과 공연의 만남」, 『서울경제신문』 2015년 9월 2일자.

3. '퓌뒤푸' 고성의 역사야외극*

1) 역사야외극의 보고(寶庫), 퓌뒤푸 테마파크

퓌뒤푸는 어떤 곳인가?

프랑스 서부 대서양 연안에 위치한 방데(Vendée) 데파르트망[1]은 흔히 역사테마파크 '퓌뒤푸(Puy du Fou)'가 있는 고장으로 소개된다. 이는 퓌뒤푸 테마파크가 방데를 상징하는 지역 브랜드로 정착되어 있음을 암시한다. 또한 방데 지역에서 퓌뒤푸 테마파크가 차지하는 비중이 얼마나 대단한지 짐작할 수 있는 대목이기도 하다. 퓌뒤푸 테마파크는 어떤 곳일까? 오늘날 전 세계 테마파크·여가문화산업 분야에서 창의적인 경영사례로 주목받고 있는 퓌뒤푸 테마파크의 성공 비결은 무엇일까?

퓌뒤푸는 우리나라에는 잘 알려지지 않은 낯선 곳이지만, 프랑스 국민이 글로벌 엔터테인먼트 그룹인 '디즈니랜드 파리' 다음으로 가장 많이 찾는 인기 놀이공원이다. 퓌뒤푸는 2013년을 기점으로 아스테릭스, 퓌튀르스코프 등 퓌뒤푸보다 훨씬 앞서 세계적인 테마파크 반열에 오른 쟁쟁한 경쟁 상대들을 제치고 전국 2위의 여가문화

[그림 1-18] 역사테마파크 '퓌뒤퓌' 소개 홍보 이미지
[출처: 퓌뒤퓌 공식 홈페이지(www.puydufou.com)]

공간으로 등극했다. 2009년에 140만 명 돌파 이후 꾸준한 증가세를 보이던 퓌뒤푸의 연평균 입장객 수는 2015년에 마침내 200만 명을 넘어섰다. 퓌뒤푸의 연간 매출액은 2013년도 필자의 조사로는 4,636만 유로(한화 환산 약 640억 원)인 것으로 집계되었으나, 2015년 연말결산 보고에 의하면 7천만 유로를 상회했다. 이는 1989년 창설 이래 방문객 수가 단 한 번도 감소한 적 없이 지속적인 성장세를 이어온 퓌뒤푸의 우수한 경영 실적을 보여주는 사례들이다. 퓌뒤푸 테마파크의 설립목적이 처음부터 이윤창출을 목적으로 한 것이 아니었던 만큼 이러한 눈부신 문화산업적 성과는 매우 경이롭게 다가온다.

이밖에도 퓌뒤푸는 전 세계 놀이공원 및 레저엔터테인먼트산업 부문 전문가들이 뽑은 최우수 테마파크 상을 다수 수상함으로써 국제적인 인지도를 한층 높여가고 있다. 예를 들면, 2012년 미국 LA에 본부를 둔 세계테마파크산업협회(THEA)에서 투표로 선정한 'THEA 어워드(The Thea Award)'를 수상했고, 이듬해인 2013년에는 이탈리아 파크마니아협회(Parkmania)가 뽑은 '베스트 유러피안 테마파크(Best European Thema Park)' 지명에 이어, 2014년에는 스웨덴 리세베르크(Liseberg) 테마파크가 주관하는 세계 최우수 테마파크 상인 'Applause 어워드'에 선정되는 영예를 거머쥐었다. 이처럼 퓌뒤푸가 세계 굴지의 테마파크 상을 연속으로 수상하면서 글로벌 테마파크 엔터테인먼트산업계에 우뚝 서게 된 요인은 무엇일까? 또한, 1년에 200만이 넘는 관광객을 끌어들이는 퓌뒤푸의 매력은 무엇일까? 2014년도 스웨덴 리세베르크 테마파크의 'Applause 어워드' 선정위원회가 밝힌 퓌뒤푸에 대한 수상 사유는[2] 이러한 우리의 궁금증을 일부 해소해준다.

> "퓌뒤푸는 오로지 프랑스 역사에 기반을 둔 '흥미로운 쇼 프로그램'을 앞세워 테마파크산업 분야의 새로운 비즈니스 모델을 개척했다. 퓌뒤푸의 엔터테인먼트 프로그램은 일찍이 그 누구도 상상치 못한 창의성이 넘치는 것이며, 또한 그것은 누구도 예상치 못한 번영을 이루었다. 오늘날 퓌뒤푸는 그들만의 테마파크 콘텐츠와 경영 모델을 지켜나가면서 그것을 해외로 확장해나가고 있다."

위 인용문에서 보듯이 퓌뒤푸는 여흥 프로그램을 오로지 역사극 형태의 공연 콘텐츠에 집중한 독특한 기획 아이디어로 전 세계적으로 유례없는 창의적인 테마파크 공간을 구축했다. 역사극만으로 테마파크 어트랙션을 꾸민 예가 없었기 때문에 초기 퓌뒤푸 설립 과정에서 내부조직의 이견이 분분했고 반대세력도 만만치 않았다고 한다. 그러나 퓌뒤푸는 창설 이후 급속한 성장과 발전을 이루며 초창기의 회의와 불신을 불식시키고 창의적인 여가문화 공간으로 거듭났다.

2010년 퓌뒤푸는 해외진출사업을 전담하는 조직인 '인터내셔널 퓌뒤푸'를 출범시켰다. 인터내셔널 퓌뒤푸의 미션은 테마파크 콘텐츠를 해외에 수출하는 새로운 사업을 추진하는 것이다. 현재 영국과 러시아, 중국, 네덜란드 등 해외 여러 나라에서 퓌뒤푸를 자국에 유치하는 사업에 많은 관심을 보이고 있다고 한다. 그중에서 영국과는 2014년도에 테마파크 건립에 관한 공동추진 협약서를 체결하고 2020년 완공을 목표로 스코틀랜드 오클랜드성에 영국판 퓌뒤푸 테마파크 건설이 현재 한창 진행 중이다.

'퓌뒤푸(Puy du Fou)'의 유래와 뜻

'퓌뒤푸'라는 말은 본래 라틴어에서 유래된 것으로 알려진다. Puy는 라틴어 podium에서 파생된 것으로, '지반이 나지막하게 융기한 언덕이나 구릉'을 일컫는다. Fou는 '너도밤나무'라는 뜻이다. 라틴어 fagus에 뿌리를 둔 단어로, 중세 프랑스어에서 fouteau로 표기되었다가 fou로 단축되었다. 그러므로 Puy du Fou는 '너도밤나무 숲이 있는 언덕'이라는 의미로 해석할 수 있다. 너른 농지가 평평하게 펼쳐진 주변 지세에서 너도밤나무가 울창한 언덕이 우뚝 솟아 있는 경관은 사방 어디에서든 식별되는 인상적인 모습을 띠었을 것으로 짐작된다. 이곳에 중세 요새가 들어선 이후 퓌뒤푸는 자연스럽게 지역의 상징물로 정착되어 근처를 지나는 여행자들의 이정표로서도 중요한 기여를 했던 것으로 전해진다.

오늘날 퓌뒤푸는 상황에 따라 보통 세 가지 뜻으로 통한다. 첫 번째는 1974년도에 방데의 역사유적지로 지정된 퓌뒤푸 고성을 의미한다. 두 번째는 퓌뒤푸성 주변 마을을 일컫는 지명이다. 그리고 마지막 세 번째는 현재 프랑스의 전국 테마파크 순위 2위에 랭크되어 있는 역사테마파크 퓌뒤푸를 일컫는다.

[그림 1-19] 역사테마파크 '퓌뒤푸' 안의「시네세니」공연장 입구

퓌뒤푸 테마파크의 위치와 관람정보

퓌뒤푸는 파리에서 남서쪽 방향으로 약 380*km*, 자동차로 약 4시간 거리에 있는 레제페스(Les Epesse) 코뮌에 위치해 있다. 주변의 큰 도시인 낭트(Nantes)와는 81.2*km*, 앙제(Angers)와는 92.8*km* 떨어져 있다. 두 도시 모두 자동차로 1시간 내외 거리다. 또한 가장 가까운 이웃 도시로는 레제르비에(Les Herbiers)와 숄레(Cholet)가 각각 10*km*, 25*km* 반경에 인접해 있다.

필자는 2011년과 2014년 여름 두 차례에 걸쳐 퓌뒤푸를 방문할 기회가 있었다. 평소 공연예술 콘텐츠에 관심을 갖고 있던 차에 우연히 프랑스의 지방 도시 어딘가에 하루 종일 연극만 보며 즐길 수 있는 특이한 놀이공원이 있다는 소문은 필자의 비상한 관심을 자극했다. 과연 55헥타르의 광활한 녹지대에 들어선 그랑파르크 대공원은 메인 어트랙션 콘텐츠인 역사극을 전면에 배치하고, 공연 관람 사이사이에 가족단위 방문객이 두루 즐길 수 있도록 중세부터 20세기까지 다양한 시대의 사람살이 모습을 축소시켜 조성한 역사마을, 숲속 쉼터와 정원, 야생조류 박물관, 예술인 공방 등 60여 종의 흥미진진한 오락거리로 가득 차 있었다. 소문대로 진종일 대공원 구석구석을 돌며 다양한 종류의 역사극을 관람하는 퓌뒤푸에서의 일정은 일찍이 다른 곳에서는 겪어보지 못한 신세계와 다름없는 신기한 경험이었다.

자동차로 파리에서 출발할 경우 퓌뒤푸가 있는 레제페스까지는 서너 시간이 소요된다. 현실적으로 오랫동안 별러 어렵게 떠난 프랑

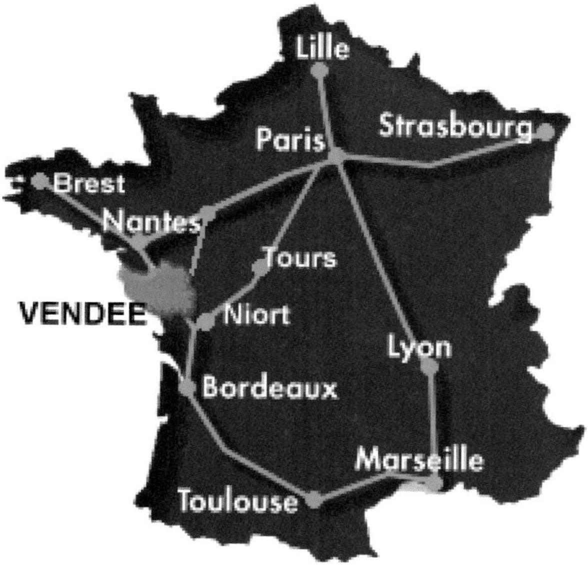

[그림 1-20] 프랑스 전국 지도와 방데(Vendée)의 위치
(출처: http://www.google.com)

스 여행에서 수도 파리의 명소들을 제쳐두고 퓌뒤푸 한 곳만 목표로 삼기에는 대단한 결심이 필요한 것이 사실이다. 또한 서쪽 변방에 위치한 퓌뒤푸를 프랑스 내의 다른 도시에 있는 관광명소와 연결하는 동선이 용이하지 않다. 게다가 퓌뒤푸는 반나절 구경할 심사로 지나

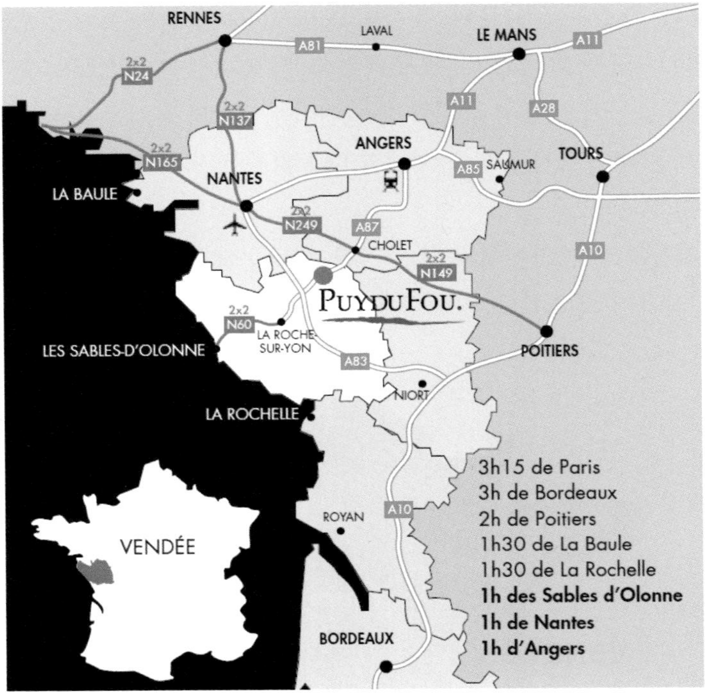

[그림 1-21] 퓌뒤푸의 위치와 주변 주요 도시와의 거리
(출처: 퓌뒤푸 공식 홈페이지 www. puydufou.com)

가는 길에 들르는 그런 만만한 곳이 못된다. 다른 도시로 이동하는 여정을 감안한다면, 퓌뒤푸를 주마간산 격으로만 보려 해도 최소한 2박 3일, 무난하다 싶을 정도는 3박 4일, 느긋하게 즐길 계획이라면 최장 4박 5일 체류까지도 가능한 곳이다. 여러 군데 방문을 선호하는 우리 한국인의 여행 관습상 한 곳에서 3박 혹은 4박을 체류하는 여정은 쉬운 일이 아닐 것이다. 그럼에도 필자는 혹시 독자 여러분 중에 프랑스를 여행할 계획이 있다면 퓌뒤푸 방문을 강력히 추천하고 싶다. 그 이유가 무엇이냐고 묻는다면 대답은 이러하다. "그곳에는 파리에서는 결코 볼 수 없는! 오직 퓌뒤푸에만 있는! 퓌뒤푸의 역사가 담겨 있

는 '역사야외극'이 있기 때문이다." 지금부터 전 세계에서 유일무이한 역사야외극의 보고(寶庫), 퓌뒤푸를 향한 여정을 떠나보기로 하자.

[표 1-4] 퓌뒤푸 관람 및 공연정보

1	퓌뒤푸 테마파크는 전통적으로 4월 첫째 주에 개장하여 9월 말까지 6개월 동안 운영됐으나 2018년부터 만성절(La Touissant, 모든 성인의 대축일)이 다가오는 11월 초까지 연장하는 것으로 변경되었다. 2018년 퓌뒤푸의 그랑파르크 개장 기간은 4월 6일(금)부터 11월 4일(일)까지 관광객을 맞이한다. 퓌뒤푸의 역사극은 낮 공연(Day time show)과 밤 공연(Night time show) 두 가지 유형으로 나뉜다. 그랑파르크 대공원은 낮 공연 전용 공간으로, 모든 볼거리는 오전 10시부터 저녁 7시까지이며 단, 야간 분수쇼인 '불의 오르간'과 야간공연은 밤 10시 30분까지 즐길 수 있다. 그랑파르크 대공원에서 소개되는 역사극들은 대개 공연시간이 30분 내외인 단막극 형식의 소품들이다. 퓌뒤푸의 유일한 야간 공연 「시네세니(Cinéscénie)」는 퓌뒤푸성터 호숫가 야외무대에 조성된 「시네세니」 전용 극장을 보유하고 있다. 이곳은 그랑파르크와 분리된 독립된 공간이므로 그랑파르크 입장권과 「시네세니」 관람권은 별도 구매가 필요하다.
2	야간역사극 「시네세니」 시즌은 그랑파르크 대공원의 낮 공연들과 달리 6월 첫째 주부터 9월 둘째 주까지 15주 동안이다. 또한 공연이 매일 저녁 있는 것이 아니라 주말인 금요일과 토요일 주 2회만 공개된다. 「시네세니」는 연간 총 28회 공연되는데, 1만 4천 석에 달하는 전 관람석이 거의 매회 전석 매진될 만큼 인기가 높다. 그러므로 만약 「시네세니」 관람을 희망할 경우 여행을 떠나기 전 공연 일정을 미리 확인해야 하며, 퓌뒤푸 홈페이지를 통해 예매하는 것이 바람직하다.
3	「시네세니」와 관련된 또 하나의 유용한 정보는 공연시간이다. 「시네세니」는 공연시간이 총 1시간 45분 정도 소요되는 방대한 공연이다. 보통 밤 10시(8월과 9월) 혹은 10시 30분(6월과 7월)에 시작해서 자정 무렵에 종료된다. 그러므로 낮 시간에 그랑파르크를 구경하고 저녁 시간에 야간공연 「시네세니」 관람까지 모든 일정을 하루에 다 소화할 계획이라면 공연 후 귀가 교통편을 포함한 이동 계획을 치밀하게 짜고, 중간에 적절히 휴식을 취하면서 체력을 미리 비축하는 것도 관람의 만족도를 높이는 데 유용한 팁이 될 수 있다. 이 밖에 여름 휴가철이라도 야간 관람 시 기온이 내려가거나 기후가 돌변하여 비가 내리는 경우도 가끔 있으므로 이에 대비한 우비나 방한복을 준비하는 것도 좋다.

그랑파르크 대공원의 역사야외극(주간 공연)

[그림 1-22] 퓌뒤푸 그랑파르크 대공원 입구

그랑파르크 대공원의 공연장은 사방이 오픈된 야외무대로 꾸며진 점이 특징이다. 그랑파르크에는 여섯 개의 시대극이 상설로 공연되고 있다. 입장객은 광활한 공원 안에 여기저기 흩어진 야외 공연장을 찾아다니며 갈로 로마시대부터 중세시대, 15세기에서 18세기에 걸친 프랑스의 시대극을 감상할 수 있다. 모든 공연은 각 공연의 내용과 특성에 맞게 독립적으로 설계된 전용 공간에서 30여 분 남짓 상연된다.

퓌뒤푸의 그랑파르크 안에 들어서는 순간 관객은 타임머신을 타고 과거로의 시간여행을 온 듯 신비로운 체험을 하게 된다. 지도를 손에 들고 원하는 공연이 열리는 장소를 찾아 그랑파르크 대공원의 숲 속 이곳저곳을 걷노라면 관객은 마치 잃어버린 시간을 찾아 떠난 옛날이야기 속 주인공이 된 착각에 빠진다. 이것은 단순히 옛날이야기를 스토리텔링한 데 그치지 않고 관람객의 흥미를 돋우는 첨단 무대기술력을 중요한 극적 요소로 개발한 덕분이다. 제1장 서두에서 언급한 바와 같이 퓌뒤푸의 역사극들은 제작과정에서 기술력 활용에 각별한 투자와 노력이 투입된다. 이것은 공연무대가 야외라는 공간적 장애를 뛰어넘어 극의 내용을 충실히 재현하기 위한 현실적인 의도가 있다. 그러나 또 하나의 중요한 배경은 테마파크를 찾아오는 관람객에게 '시간여행'이라는 특별한 경험을 극대화하여 관람 만족도를 높이는 데 테크놀로지를 유용한 도구로 활용하고자 하는 전략이 숨어 있음을 알 수 있다. 결론적으로, 그랑파르크의 역사야외극들은 역사를 극적 소재로 활용한 공간 스토리텔링 기법과 함께 관객의 몰입도를 이끌어내는 데 효과적인 테크놀로지를 융합하여 감동을 이끌어낸 성공적인 결과라고 정리할 수 있다. 그랑파르크에서 제공되는 6가지 주요 역사극의 면면을 간략히 소개하면 아래와 같다.

그랑파르크의 주간 역사야외극 소개

▶ 「바이킹」

[그림 1-23] 「바이킹」 공연 장면

역사극 「바이킹」은 마을축제를 벌이던 중세시대 방데 지방의 한 농촌 마을이 바이킹족의 갑작스런 습격을 받고 대혼란에 빠지는 장면으로 시작한다. 바이킹족은 길이 20미터, 높이 10미터에 이르는 장대한 배를 타고 등장하여 마을을 노략질하지만 신앙의 힘으로 단합한 마을 주민이 바이킹으로부터 마을을 지켜내는 무용담을 담고 있다. 이 공연은 3천 명에서 3,500명까지 수용이 가능한 중세의 목조로 된 주루가 있는 퓌뒤푸 요새를 실제에 가깝게 재현한 야외무대에서 공연된다. 이 공연은 30여 명의 연기자와 함께 50마리의 가축이 등장하여 중세 농경사회의 모습을 실감나게 재현하는 점이 흥미를 끄는가 하면, 성이 불타고 사람을 태운 배가 수중으로 잠수하는 특수효과가 관객의 탄성을 자아낸다. 또한 즉석에서 관객도 무대로 뽑혀나가 배우로 참여하기도 한다. 이 공연은 1997년도에 그랑파르크에서 가장 일찍 개발되어 현재까지 20년째 롱런하고 있다.

▶ 「유령새들의 무도회」

[그림 1-24] 「유령새들의 무도회」 공연 장면

「유령새들의 무도회」는 맹금류 사육장으로 유명했던 중세 퓌뒤푸 고성을 재현한 공연이다. 3,200석 규모의 관람석을 갖춘 부서진 성벽 야외무대에서 33분간 진행된다. 이 공연에서는 노련한 조련사들에게 길들여진 독수리, 매, 콘도르, 솔개 등 맹금류들이 공연 속의 실제 연기자로 출연하는 특수연출을 선보인다. 150~200여 마리의 새들이 동시에 음악에 맞춰 상공에서 춤추는 장면은 이 공연의 하이라이트다. 2003년에 첫선을 보인 이후 어린아이부터 노년층에 이르는 전 연령층의 높은 호응을 받고 있다. 초기에는 요한 슈트라우스의 왈츠 등 클래식 음악이 사용되었으나, 2012년부터 토마스 베르제르센(Thomas Bergersen)의 창작음악을 사용하고 있다. 「유령새들의 무도회」 공연에 대해서는 뒤의 제2절에서 상세히 소개할 예정이다.

▶ 「리슐리외의 총사들(Richelieu Musketeers)」

[그림 1-25] 「리슐리외의 총사들」 공연 장면

이 공연은 그랑파르크 내에서 2015년도에 첫선을 보인 「마지막 깃털 장식」과 함께 야외가 아닌 실내에서 소개되는 공연이다. 3천 명의 관람객을 수용하는 2천 제곱미터 크기의 17세기식 그랜드 카루셀 극장에서 상연된다. 360도 회전무대에서 총사들이 벌이는 장검 결투와 마상무예, 플라멩코 춤 등 역동적인 액션이 36분간 스릴감 있게 전개된다. 물속에서 말을 타고 열연을 펼치는 총사들의 날렵한 무예동작과 함께 공연장 플로어를 물로 채운 무대기술 효과도 빼놓을 수 없는 볼거리다. 2006년에 첫 발표된 이후 현재까지 10년째 공연되고 있다. 배경음악은 닉 글레니 스미스(Nick Glennie-Smith)가 맡았다.

▶ 「창의 비밀」

[그림 1-26] 「창의 비밀」 공연 장면

「창의 비밀」은 영국과 프랑스 사이에 벌여졌던 백년전쟁이 시대배경이다. 영국군의 침입을 받은 한 마을에 홀로 남겨진 마그리트라는 어린 양치기 소녀가 잔 다르크로부터 하사받은 신통력을 가진 창을 가지고 마을을 지켜내는 무용담을 다룬 내용이다. 「창의 비밀」은 백년전쟁이 일어난 무렵인 15세기 중세시대의 요새를 재현한 야외무대에서 35분간 진행된다. 이곳은 약 4천 명을 수용할 수 있는 대규모

객석을 갖추고 있다. 적의 침입으로부터 성을 보호하기 위해 성벽을 통째로 지하로 숨기는 마술이 동원되고, 격렬한 전투로 성 건물이 화염에 휩싸이는 장면 등 실제에 가까운 첨단 특수효과가 관객을 사로잡는다. 중세시대 목관악기의 아름다움을 재현한 카를로스 누녜스(Carlos Núñez)의 스페인 갈리시아풍 음악도 인상적이다. 2010년에 처음으로 선보인 이후 관중의 많은 인기를 누리고 있다.

▶ 「승리의 신호」

[그림 1-27] 「승리의 신호」 공연 장면

「승리의 신호」는 서기 300년, 기독교인이라는 죄명으로 수감된 12명의 갈로아(고대 프랑스를 일컫는 지명) 죄수들이 자신들의 목숨을 담보로 사자, 호랑이 등 맹수와 아슬아슬한 격투를 벌이는 내용이다. 공연장은 관람석 6,500석 규모의 갈로 로마시대의 콜로세움을 재현한 곳이다. 로마시대 원형경기장에서 흔히 볼 수 있었던 검투사와 맹수들의 격투와 기마술 등 묘기에 가까운 볼거리가 35분간 박진감 있게 펼쳐진다. 데미안이라는 이름의 젊은 백인대장이 용맹하게 싸워 이겨서 마침내 자신과 동료들의 생명을 구하는 해피엔딩이다. 2011년 초연 이후 매회 만석에 가까운 청중을 동원하고 있으며, 대규모 원형 경기장의 특색을 살린 관객의 식전 응원 게임도 본 공연의 인기몰이에 한몫하고 있다.

▶ 「마지막 깃털 장식」

이 공연은 2015년에 처음 소개되었다. 그랑파르크 낮 공연 중 가장 최신작으로 분류된다. 이 공연을 위해 특별히 설계된, 2,400석의 좌석을 보유한 르 테아트르 데 제앙 극장(Le Théâtre des Géants) 무대에서 상연된다. 이야기의 줄거리는 방데 전쟁 당시 공화파 혁명군에 대항하여 방데 농민부대의 최후를 지킨 명장으로 추앙받는 전쟁영웅 프랑수아 드 샤레트(François de Charette, 1763~1796) 장군의 활약상을 그리고 있다. 이 공연은 특히 해군대위 출신으로 해전에 능했던 샤레트 장군의 용맹스런 해상전투 장면을 생생하게 재현한 첨단 영상기술 효과가 큰 볼거리를 제공하고 있다.

[그림 1-28] 프랑수아 샤레트 장군 초상

역사테마파크 '퓌뒤푸'의 탄생

역사테마파크 퓌뒤푸 설립의 역사는 1977년 여름, 한 젊은 청년의 고향 사랑에서 출발했다. 그 청년은 당시 파리에 있는 국립정치

행정학교 L'ENA에 재학 중이던 필리프 드 빌리에(Philippe De Villiers, 1949~)다. 그는 방학을 이용해 부모님의 고향 방데에 내려와 퓌뒤푸 인근을 배회하던 중 우연히 파손되어 일부 성벽만 남은 채 방치된 퓌뒤푸성과 주변 공터를 발견하게 된다. 그곳에서 필리프 드 빌리에는 퓌뒤푸성에 얽힌 방데의 역사를 다룬 드라마를 구상하게 된다. 필리프 드 빌리에는 이 당시를 다음과 같이 회고한다.[3]

> "저녁놀 속에 붉게 물든 부서진 성벽의 온기를 손으로 느끼는 순간 나는 맥박이 가쁘게 뛰는 것을 느꼈다. (중략) 그곳에서 나는 망각에 빠진 성의 역사를 불러내는 연극 대본을 쓰겠다는 다짐을 했다. (중략) 폐허에서 새로운 출발이 시작된 것이다."

필리프 드 빌리에는 부모님의 고향 시골 숲속 산책길에서 우연히 부서진 성벽 잔해만 남은 퓌뒤푸성터에 발길이 닿은 그 순간을 "과거의 영광을 드러내주는 유적지의 흔적과의 조우"였다고 묘사한다. 여기서 필리프 드 빌리에가 '유적지'라고 하지 않고 '유적지의 흔적'이라는 표현을 사용한 것은 어떤 이유일까? 그의 전언에 따르면 퓌뒤푸성터는 유적지가 아니라 "유적이 있었다는 표식이나 안내문조차 없는" 흔적만 있던 자리였다. 다시 말해, 훗날 퓌뒤푸의 창설자는 "옛 영화의 흔적만이 남아 있는 폐허"에서 역사극 창작의 영감을 얻게 된 것이다.

필리프 드 빌리에는 그해 11월 역사극의 첫 대본을 완성하고 방데의 역사를 소재로 한 역사극 기획 작업에 착수한다. 이때 필리프 드 빌리에의 제안에 600명의 지역주민이 동참하여 역사극 준비 모임에 해당하는 자치단체를 결성하게 되는데, 이것이 오늘날 퓌뒤푸 테마파크의 실질적인 소유주인 '퓌뒤푸협회(L'Association du Puy du Fou)'

다. 퓌뒤푸협회는 방데의 역사극 제작을 목적으로 설립된 비영리단체로, 1977년 지역주민 600명으로 출발했으나 2015년 현재 3,200명의 자원봉사회원으로 운영되고 있다.

퓌뒤푸협회는 1978년 6월 16일, 예술감독 필리프 드 빌리에를 주축으로 퓌뒤푸 고성 공터에서 「오늘 저녁 방데(Ce Soir, Vendée)」라는 공연을 선보였다. 처음에는 공연이라기보다 주민이 각자 집에서 가져온 소품으로 무대를 만들고 직접 연기에 참여하는 지역축제에 가까운 형태였다. 이것이 「시네세니」의 시작점이자 훗날 퓌뒤푸 테마파크가 태동한 사건으로 기록된다. 마을축제는 이듬해인 1979년부터 「시네세니」라는 새로운 명칭으로 불리면서 방데를 상징하는 역사야외극으로 발전하게 되었다.

퓌뒤푸협회는 「시네세니」의 명성을 듣고 방데를 찾아오는 관광객이 해마다 파격적으로 늘어나자 관광객이 좀 더 오랫동안 지역에 머물며 즐길 수 있는 흥미롭고 다양한 콘텐츠를 제공할 방법을 모색

[그림 1-29] 2014년에 재건된 르네상스풍의 퓌뒤푸성

하게 되었다. 이 과정에서 퓌뒤푸협회는 공연 콘텐츠에 집중된 역사 체험공간 설립을 구상한다. 마침내 1989년 55헥타르의 광활한 면적에 그랑파르크 대공원이 추가로 건설된다. 이로써 퓌뒤푸는 23헥타르 규모의 역사야외극「시네세니」 전용 야외공연장과 그랑파르크의 두 공간이 융합된 테마파크 위용을 갖추게 되었다.

퓌뒤푸 고성, 역사야외극 영감의 원천

지금까지 퓌뒤푸 테마파크의 탄생과정을 간략히 살펴보았다. 여기서 우리는 매우 흥미로운 점을 발견할 수 있다. 즉, 오늘날 창의적인 역사문화 체험공간으로 세계적인 검증을 받은 퓌뒤푸 테마파크가 설립되기까지 역사야외극「시네세니」의 성공이 추진 동력이 되었다. 그리고 역사극「시네세니」 탄생의 한가운데에는 방데의 문화유산인 퓌뒤푸성터가 자리하고 있다. 이것이 우리에게 의미하는 바는 무엇일까? 퓌뒤푸의 역사극은 퓌뒤푸 테마파크가 설립되어 있는 장소, 즉 '퓌뒤푸'라는 공간의 이야기라는 일관성을 갖고 있다. 퓌뒤푸의 역사극은 곧 '퓌뒤푸성'의 이야기이며, 퓌뒤푸 인근에 살고 있던 '사람들'의 이야기다.

결론적으로 퓌뒤푸성은 퓌뒤푸 역사극의 원천이 된 장소로서 중요한 의미를 갖는다. 위에서 필리프 드 빌리에의 회고에서 살펴보았듯이, 역사야외극「시네세니」가 세상에 나오게 된 계기가 퓌뒤푸성의 무너진 폐허에서 발아되었다는 사실은 우리 문화콘텐츠 기획자들이 눈여겨볼 만한 부분이다. 지금부터 망각에 갇혀 있던 퓌뒤푸성벽 문이 열리게 된 이야기 속으로 들어가 보기로 하자.

2) 중세 퓌뒤푸성의 기억, 「유령새들의 무도회」

퓌뒤푸성의 역사

퓌뒤푸성은 11세기 중세 봉건시대에 처음 건립되었다. 초기의 퓌뒤푸는 성(城)이라기보다는 '모트(motte)'라고 불리는 요새에 가까웠다. 건물 양식은 네모꼴의 목조탑과 영주가 머무는 주루(主樓), 그리고 돌을 쌓아 올린 방책(防柵)과 방책을 둘러싼 웅덩이가 있는 전형적인 봉건 요새의 형상을 하고 있었다. 그리고 성 안에 '베나르 부르(Bourg-Bénard)'라 불린 일반 주민의 거주공간인 마을이 들어섰다. 세월이 흐름에 따라 목조 건물이 점차 허물어져가자 목조 대신 더 튼튼하고 내구성이 강한 돌로 성벽을 확장하고 내부를 증축하게 되었는데, 그 주된 목적은 집요하게 괴롭히는 바이킹족의 침범에 맞서기 위함이었다. 이후 부르에 거주하는 인구가 점차 늘어나 성 안에 다 수용할 수 없게 되자 성 밖에 도시가 건설된다. 도시는 막강한 권력과 사회적 영향권을 행사한 교회를 중심으로 번성해갔다. 또한 이때 오늘날 상업의 근간이 되는 장(場)이 정기적으로 열리고, 외부와의 무역이 활발해지는 등 경제활동이 정착되는 양상을 보인다.

[그림 1-30] 「바이킹」 공연무대에서 재현된 중세시대의 퓌뒤푸성

중세 퓌뒤푸성의 역사는 크게 바이킹 침략과 백년전쟁이라는 두

가지 사건이 핵심을 이루고 있다. 이러한 중세 퓌뒤푸성의 역사는 그랑파르크의 공연 콘텐츠 안에 고스란히 용해되어 있다. 그랑파르크의 역사극들은 방데 지방에 구전되어오는 신화나 전설을 바탕으로 하고 있으나 프랑스 사람이면 누구나 보편적으로 공유하고 있는 옛날 프랑스 역사의 일면을 극화한 것들이다. 이를테면 프랑스 서해안을 지속적으로 공략하여 프랑스인을 괴롭히던 바이킹 침입의 역사와 100년에 걸친 영국과의 지루한 백년전쟁이 그것이다.

바이킹의 침입(9~10세기)

바이킹족은 830년경부터 방데 해안가를 자주 침입하여 약탈을 일삼았다. 1세기 동안 지속된 바이킹족의 침략으로 프랑스 국토는 거의 초토화되었는데, 특히 노르망디 인근 프랑스의 서해안 일대는 가장 많은 피해를 입었다. 바이킹족의 괴롭힘을 피해 일부 수도사들은 루아르(Loire)강을 거슬러 푸아투(Poitou)를 거쳐 부르고뉴(Bourgogne)까지 수도원을 옮겨갈 정도였다고 한다. 바이킹의 침입은 결국 프랑스의 정치 제도에 일대 변화를 가져오게 된다. 바이킹족으로부터 백성을 제대로 보호하지 못한 중앙권력이 몰락하고 지방의 봉건영주들에게 권력이 이양되는 중세시대가 시작된다. 바이킹에 맞선 방데 사람들의 영웅담은 앞서 소개한 그랑파르크의 대표 공연「바이킹」에서 체험할 수 있다.

백년전쟁(1337~1453)

프랑스는 1337년부터 1453년까지 영국과 지루한 백년전쟁을 치르게 된다. 지형적으로 영국으로 향하는 대서양 연안에 위치한 방데 지방은 전쟁터의 한복판에 노출되어 있었다. 그 와중에 방데의 오보카주(Haut-Bocage)와 푸아투 지역은 영국과 프랑스의 극심한 영토 쟁

탈전의 경계가 되어 방데 주민은 많은 피해와 혼란을 겪었던 것으로 기록된다. 프랑스의 군부대들은 전세에 따라 프랑스 진영이 되었다가 일시적으로 영국 진영으로 바뀌는 예가 종종 발생했다. 특히 푸아투 지역은 백년전쟁사에서 손꼽히는 격전지 중 하나였다. 푸아투는 1346년 크레시(Crécy) 전투와 1356년 푸아티에(Poitiers) 전투에서 패배한 대가로 1360년 브레티니(Brétigny) 조약에 따라 영국 영토로 편입되는 위기를 맞기도 했으나, 이후 1372년 라로셸(La Rochelle)에서 프랑스 해군이 승리를 거둠에 따라 다시 프랑스 영토로 귀속되었다.

잠시 소강상태에 들어간 영국과의 전쟁은 1415년 아쟁쿠르(Azincourt) 전투를 계기로 재개되어 프랑스는 다시 전쟁의 혼돈으로 빠져들게 된다. 이때 방데는 퓌뒤푸의 영주 장 퓌뒤푸(Jean du Puy du Fou)가 영국의 포로가 되는 수난을 겪기도 했으나, 잔 다르크와 같은 편이 되어 전투에서 용맹을 떨친 질 드 레이(Gilles de Rays) 총사령관을 필두로 승기를 되찾는다. 이때 국왕 샤를 7세가 신하들을 데리고 푸아티에로 피신을 올 만큼 퓌뒤푸는 안전한 곳이 되었다. 프랑스에는 백년전쟁의 무용담과 관련된 무수한 전설이 전해 내려온다. 위에서 소개한 그랑파르크의 역사극「창의 비밀」은 관람객을 백년전쟁의 역사 속으로 안내한다.

중세시대 맹금류 사육장의 전통

퓌뒤푸의 역사자원은 정치적 분쟁이나 전쟁의 흔적만 있는 것이 아니다. 중세시대의 퓌뒤푸는 독수리, 매, 솔개 등 각종 야생 조류의 서식지로 유명했다. 이러한 자연환경 덕분에 퓌뒤푸는 사냥의 유인책으로 쓰인 맹금류(猛禽類)를 기르고 훈련하던 사육장과 더불어 뛰어난 기술을 보유한 새 조련사들의 집산지였다고 전해진다. 다년간 고난도의 수련과 훈련을 필요로 하는 매사냥 기술은 오늘날까지 퓌뒤푸의 지역성을 대표하는 전통기예로 전승되어오고 있다. 중세시대에는 귀족들이 사냥을 나갈 때 사냥개보다 사냥새들을 애용한 사실은 종종 그 시대의 역사를 다룬 책이나 영화에서도 볼 수 있다. 앞서 제1장에서 다룬 루아르 앙부아즈성의 역사야외극「프랑수아 1세의 궁정에서」부분에서, 프랑스 발루아 왕조의 제9대 왕 프랑수아 1세가 청년시절 여가시간에 즐기던 사냥을 나갈 때 사냥새(사냥개가 아닌)를 동반하는 장면이 짧게나마 묘사되고 있다.

퓌뒤푸 테마파크 그랑파르크 대공원에서는 이러한 퓌뒤푸의 자연생태 환경적 특성을 되살린 역사극「유령새들의 무도회」를 창작하여 2003년부터 현재까지 13년째 선보이고 있다. 이 공연은 중세 때부터 전승되어오는 퓌뒤푸의 매사냥 기예를 공연예술이라는 문화상품으로 격상시켰다는 점에서 지역의 문화자원을 활용한 공연 콘텐츠화 작업에 적잖은 배움을 전해주고 있다. 이에 대해서는 아래「유령새들의 무도회」공연 사례 탐색에서 자세히 알아보기로 하자.

노래하고 춤추는 맹금류들의 향연,「유령새들의 무도회」

중세시대 퓌뒤푸성의 모습은 사라진 지 오래다. 무너진 석조 성벽 일부만 남아 중세 건축양식이 건재했음을 짐작케 할 뿐이다. 그런데 이곳 중세 퓌뒤푸성의 부서진 성벽 마당에 야외무대가 마련되어 있다. 이곳이 그랑파르크의 야외공연장에서 중세 퓌뒤푸성의 기억을 일깨운 역사극「유령새들의 무도회」공연장이다.

「유령새들의 무도회」는 중세식 성벽이 나지막하게 둘러쳐진 마당에서 퓌뒤푸 고성에 깃든 중세시대 맹금류 사육장의 기억을 되살린다. 이 연극에는 전국에서 초빙된 최상급 조련사들이 퓌뒤푸의 오래된 전통문화 중 하나인 매사냥 묘기를 펼쳐 관객의 시선을 사로잡는다. 이 공연의 백미는 맹금류 200여 마리가 무대에 실제로 등장하여 배우들의 대사와 음악에 맞춰 춤을 추는 장면이다. 새 무리와 사람이 함께 연기 호흡을 맞추는 희귀한 관객 체험은 방문객 사이에서 놓쳐서는 안 될 흥미로운 공연으로 입소문이 자자하다. 실제로 오픈 1시간 전부터 입장을 기다리는 관람객이 공연장 입구에서 몇백 미터나 길게 줄서 있는 풍경은 낯설지 않다. 또한 3천 석에 달하는 관람석은 매회 빈자리가 거의 없을 정도로 인기가 높다. 그럼 여기서 역사극 「유령새들의 무도회」 시나리오를 중심으로 공연내용을 살펴보기로 하자.

[그림 1-31] 중세 퓌뒤푸성에 있던 맹금류 사육장의 기억을 되살린 역사야외극 「유령새들의 무도회」 공연장 전경

「유령새들의 무도회」 이야기의 줄거리

「유령새들의 무도회」는 새들의 천국이었던 퓌뒤푸성의 전설을 한 편의 동화에 담아 드라마로 보여준다. 이야기 줄거리를 요약하자면, 새를 의인화한 엘로이즈(Heloise)라는 소녀와 그녀의 어린 시절 친

구이자 퓌뒤푸성주의 딸인 알리에노르(Aliénor)라는 소녀가 주인공이다. 꽃과 새들이 아름다운 퓌뒤푸성 숲속을 놀이터 삼아 놀던 알리에노르는 엘로이즈라는 새를 친구로 사귀게 된다. 알리에노르는 엘로이즈와 함께 하늘을 날고 싶은 소망을 갖게 되는데……. 어느 날 알리에노르는 마법사의 저주로 긴 세월 잠에서 깨어날 줄 모르는 '잠자는 숲속의 공주'가 된다. 오랜 세월이 흐른 뒤 퓌뒤푸성에 날아오게 된 엘로이즈는 그 옛날을 회상하면서 성 망루탑 지하 묘지에서 잠자고 있는 알리에노르를 깨운다. 마침내 엘로이즈와 알리에노르는 하늘을 비상하는 꿈을 함께 실현한다는 이야기다. 극 대본을 살펴보면서 이야기를 더 나눠보기로 하자.[4]

▶ 제1막: 내레이션

여러분이 지금 있는 이곳은 퓌뒤푸성이랍니다. 성은 11세기에 처음 지어졌지요. 그런데 지금은 보시다시피 폐허가 되었답니다. 저기 부서진 높은 탄두대를 보세요! 오래된 우화 속에 나오는 꽃, 우아한 몸짓의 매 사냥꾼, 그리고 비둘기의 유령이 보이지 않으세요? 저쪽엔 흰 족제비가 다니는 오솔길과 멧돼지가 지나는 통로도 있답니다. 잠깐 귀를 기울여보세요! 우리 발아래 지하에서 메아리(에코음) 소리가 들려오지 않나요? 저 소리는 아직도 깊이 잠들어 있는, 사방이 벽으로 둘러처진 숲속의 지하묘지 납골당 아래, 아직도 봉인된 채 갇혀 있는 우물에서 울리는 메아리랍니다.

저기 양쪽 좌우에 흐르는 개울이 보이시죠? 양쪽 개울을 오가는 도개교 사이 저 마당 공터가 바로 젊은 기사들과 농부들이 맹금류 조련 동작을 훈련하던 곳이랍니다. 그들은 여기서 사냥감의 먹이로 쓰일 새들을 기르고, 왜가리나 산토끼를 풀어놓고 독수리 같은 큰 새 사냥감들이 달려들도록 유인한 다음 그들을 추격해서 다시 가져오는 방식을 연습했지요. 그런데 그것은 거의 예술에 가까운, 대단한 인내와 열정 그리고 고도의 훈련을 필요로 하는 일이었어요. 그런데 이곳에는 하늘을 나는 것이 꿈이었던 한 소녀가 살고 있었어요. 그런데 그 소녀는 마침내 그 꿈을 이루었다는 전설이 오늘 여기에 전해옵니다. (이때, 지하묘지에 잠들어 있는 알리에노르의 독백이 에코 음향으로 들려온다.)

"이자보(Isabeau)의 영지, 퓌뒤푸에 오신 것을 환영합니다!
아, 지금은 무너진 성벽만 남은 애처로운 성!
폐허만이 남아 있는 곳!
아, 사라진 나의 유년시절이여!
이곳은 내가 태어난 곳이라네.
나는 저 벽 옆에 있는 문 맞은편 방에서 태어났고,
우물 사이를 뛰어놀았지.
어느 날 늑대인간으로 변한 마법사의 주문이 여기에 떨어졌다오.
저 아래 깊은 곳으로 말이에요."

▶ 제2막: 엘로이즈의 등장

아~아~아……(메아리) 내 어린 시절의 비밀은 여기 도처에 있어. 아래턱에서 물을 뿜어내는 분수의 괴물 키메라, 머리는 매 형상에 개구리 몸과 다리를 한 그 괴상한 동물 아세요? 아, 잘 들어보세요! 저기 바위 아래 뱀 매듭이 둘러쳐져 있어요. 저기, 부개교가 있어요. 그리고 저기, 그 주변에 있는 둥근 탑을 보세요. 이건 성의 망루예요. 저 탑 속에 한 소녀가 잠자고 있답니다. 그녀의 이름은 알리에노르예요. 참 예쁜 소녀였지요. 그런데 어느 날 그 소녀는 그만 성벽 웅덩이 주변을 어슬렁거리던 배고픈 짐승에게 잡아먹혀버렸어요. 1137년 6월 11일이었지요. 그러고는 다시 깨어나지 않았어요. 그녀는 반은 인어, 반은 새의 형상을 하고 있지요. 세월이 흘러 성탑은 무너졌지만 그녀는 아직도 자고 있답니다. 알리에노르는 아직도 잠들어 있어요. 알리에노르! 알리에노르! 일어나! 일어나 보라니까! 손님들이 찾아왔어! 사람들이 다들 너를 기다리고 있다고! (이때 캐노피 침대[5]를 탄 알리에노르가 지하에서 지상으로 올라온다.)

[그림 1-32] 중세 퓌뒤푸의 맹금류 사육장 문화의 흔적을 스토리텔링한 역사야외극 「유령새들의 무도회」
잠자는 숲속의 공주가 마법에서 깨어나 일어나고 있다.

▶ 제3막: 새장이 열리다

알리에노르: 어떻게 된 거지? 왜 내가 여기에 있지? 어쩌면 좋아. 아무것도 기억이 안 나. 아무것도 모르겠어. 아, 여긴 폐허가 되었네. 그런데 이 많은 사람들은 다 누구지? 그리고 이 소녀는? 어머나, 혹시 엘로이즈 아니니? 안녕, 엘로이즈?

엘로이즈: 아~아!…… 알리에노르, 알리에노르. 이게 웬일이야! 내 어린 시절의 친구, 알리에노르!

알리에노르: 나는 잃어버렸어. 아무것도 모르겠어. 내 부엌은 어딨지? 내 새들은? 아, 저기들 있구나. 그럼…… 조련사들은 어딨지? 사냥꾼 일행의 문장이 그려진 새장들만 남아 있네. 아, 기억난다. 그 그림을 바로 내가 그렸지. 로니(l'Aunis), 라 귀엔(la Guyenne), 랑주(l'Anjou), 라 샹파뉴(la Champagne). 저기에, 저 앞에 내 비둘기 집이 있었어. 내 하얀 비둘기, 내 비둘기 집은 매들과 흰 비둘기들이 쉬던 집이었지. 그곳은 꼬마 자크를 숨기는 데 쓰기도 했어. 빨리 가보자. 저기 지하로……. 성은 무너지고 부서진 벽과 주루만 남아 있다네.

▶ 제4막: 말똥가리의 비상(飛上)

엘로이즈: 알리에노르야, 기억해? 우리 옆집 살던 말똥가리 조련사 페레(Ferrer) 씨 말이야.

알리에노르: 물론이지! 그는 흰 족제비로 뒤덮인 경작지의 밭이랑 사이를 달려나가곤 했지.

엘로이즈: 그는 항상 너한테 이렇게 말했어. "콧노래를 부르렴. 네 노래는 매우 훌륭해. 네가 노래하면 말똥가리들이 다 네 목소리에 엎드린단다"라고 말이야!

알리에노르: 그래, 그랬지! 자, 그럼 나 노래한다!

엘로이즈: 저들이 온다! 저들이 다시 오고 있어! 담비가 다시 오고 있다니까! 잘 들어봐. 알리에노르야, 노래해! 너를 위해 노래해! 노래해, 알리에노르야!

▶ 제5막: 말탄 기사 보두앵(Baudouin)의 귀환

알리에노르: 말해보렴, 엘로이즈. 보두앵 생각나니?

엘로이즈: 기사 보두앵 말이야?

알리에노르: 그래, 맞아. 저기 봐. 그가 오고 있어.

엘로이즈: 아, 저기 멀리 보두앵이 다가오고 있네. 20년 만의 귀환이야!

알리에노르: 그렇군. 보두앵은 십자군에서 돌아오는 거야. 그런데 그가 선물을 싣고 오네?

엘로이즈: 말 엉덩이에 몸을 싣고! 네모난 통에 담긴 선물을 가져오네. 프랑스의 동쪽에서 가져온 매우 희귀한 새들을 선물로…….

알리에노르: 야, 놀랍다. 그는 동방의 걸음걸이 자세로 유유자적하게 도착하고 있어. 쉿! 잘 들어봐!

엘로이즈: 맞네, 맞아. 보두앵이 돌아오고 있네, 보두앵이 돌아오고 있어! 보두앵!~~

▶ 제6막: 사식조(蛇食鳥)

엘로이즈: 알리에노르야, 말해봐. 너는 항상 저 오래된 바위 밑의 뱀을 무서워했지?

알리에노르: 아, 맞아. 그래, 저기…….

엘로이즈: 그거 말이지. 지하묘지에서 나온 것 아냐?

알리에노르: 너무 무서워!

엘로이즈: 그럼 우리 보에몽(Bohémont)을 부르자!
알리에노르: 그가 누군데?
엘로이즈: 기억 안 나? 알렉산드리아에서 온 새 조련사 말이야. 파충류 새를 퇴치했던 사람 있잖아.
알리에노르: 아, 그래, 맞아. 그는 사식조(蛇食鳥)라 불린 새를 잘 다루었던 사람이지?

▶ 제7막: 흔들바위
알리에노르: 이 바위 이름이 무엇인지 기억나니?
엘로이즈: 아, 저절로 굴러가는 흔들바위 아니야?
알리에노르: 그렇지. 그런데 저 바위는 부엉이 소리를 흉내 낼 때만 혼자 구른단다.

[그림 1-33] 흔들바위에서 나온 수리부엉이(중세 퓌뒤푸의 맹금류 사육장 문화의 흔적을 스토리텔링한 역사야외극「유령새들의 무도회」)

(그러자 부엉이가 땅에서 나와 유령 기사의 팔에 앉아 있다.)
엘로이즈: 기다려! 우~우!(부엉이 소리를 낸다.)
알리에노르: 아냐, 그렇게 하는 게 아니라 이렇게…… 후~후!

▶ 제8막: 부엉이들의 행진

(부엉이들의 퍼레이드가 지나가고, 부엉이들의 울음소리에 흔들바위가 굴러나온다.)

엘로이즈: 알리에노르야, 우리 베랑제(Béranger) 씨를 불러올까?

알리에노르: 새장 만드는 명인? 아, 맞아! 우리 머리 위로 매들을 돌리는 재주를 가진 그 사람 말이지?

엘로이즈: 맞아. 아, 저기 오시네. 안녕하세요? 새장 만드시는 베랑제 선생님.

알리에노르: 모의사냥, 속임수사냥에 뛰어난 매사냥의 모범 베랑제 선생님! 맹금류 사냥꾼의 최고수! 안녕하세요? 매의 시종님들. 마치 과녁에 대비한 기사들처럼 가죽마스크를 머리에 덧쓰셨네요. 복장이 너무도 아름다우세요!

(기사복장으로 멋지게 치장한 베랑제 장인 일행이 말을 타고 나타난다.)

▶ 제9막: 사냥용 유인 새들

알리에노르: 엘로이즈, 왜 너는 춤을 추는 거야?

엘로이즈: 우리 둘이 재능 기부해야 하는 사실을 넌 잊었니?

알리에노르: 아, 그렇지! 내가 노래하면 새들은 춤을 추지. 그리고 네가 춤을 추면, 새들이 노래를 하고……. 저기 높은 하늘에서 말이야. 우리 둘 다 춤추고 노래하면 무슨 일이 일어나는지 알아?

엘로이즈: 그러면 새들이 하늘에서 내려오겠지!

알리에노르: 그럼 어디, 우리 시도해볼까?
엘로이즈: 자, 내 손가락을 봐……. 저기…… 유니콘이 날아가고 있어!

[그림 1-34] 매 조련사들과 하늘을 나는 맹금류

▶ 제10막: 맹금류들의 야외무도회
알리에노르: 엘로이즈, 넌 내 꿈이 뭔지 알고 있어?
엘로이즈: 그럼 알고말고. 저기 높은 하늘에서 새들과 함께하는 거잖아?
알리에노르: 맞아. 나는 날고 싶었어.
엘로이즈: 그럼 저 큰 새를 잘 쳐다봐. 저 새가 어떻게 대기를 가르며 날갯짓을 하는지, 또 어떻게 낙하하는지.
알리에노르: 야, 저 새 정말 크다. 저 새는 자기가 날아온 검은 숲으로 우리를 데려갈 것만 같아.
엘로이즈: 우리를 태워주거나 아니면 우리를 잡아먹거나 둘 중

하나겠지? 저 새는 거대한 먹이를 찾아서 날아가는 독수리야.

▶ 제11막: 매

알리에노르: 독수리들과 춤췄던 거 생각나니?

엘로이즈: 네가 노래하면 새장(퀴뒤푸의 문장이 그려진 새장)이 열렸어.

알리에노르: 베랑제 씨는 항상 이렇게 말하곤 했어. "저들은 콤포스텔라[6]에서 온 순례자들을 괴롭히는 강적들이야."

엘로이즈: 저 독수리들은 굉장히 특별해. 그렇지 않니? 그들은 죽음을 주지 않아. 다만 발자취, 흔적들을 지워버리지.

▶ 제12막: 독수리

알리에노르: 엘로이즈, 나 좀 도와줘. 나를 그들과 함께 데려가 달라고 부탁 좀 해줘.

엘로이즈: 독수리들이 너를 어디로 데려가면 좋겠니?

알리에노르: 저기 저 멀리, 하늘로!

엘로이즈: 자, 눈을 감아. 그리고 노래해!

알리에노르: 아, 손가락 사이로, 양팔 겨드랑이 사이로 날개가 느껴져. 날개가 생긴 것 같아. 안녕, 잘 있어! 나 이제 간다! 꼬마 맹금류 사냥꾼들, 잘들 있어!

엘로이즈: 노래하자, 알리에노르야! 노래하자! 새들을 불러봐! 바로 네 옆에서 함께 날고 있어! 새들은 너와 함께 춤을 출 거란다. 자, 네가 꿈꾸던 것, 바로 그거야! 넌 꿈을 이루었어.

(하늘에서 200여 마리 맹금류가 음악에 맞춰 군무를 하며 내려온다.)

와, 아름다운 춤이다. 유령새들의 무도회가 열렸네!

위에서 소개한 「유령새들의 무도회」의 전체적인 이야기 구성은 어디선가 많이 들어봤음직한 '마법에 걸린 잠자는 숲속의 공주' 이야기와 흡사하다. 「유령새들의 무도회」는 보편적이고 친숙한 전설과 동화에서 흔히 볼 수 있는 스토리라인을 구사하면서도 퓌뒤푸성이 '새들의 천국'이었다는 것을 이야기하고자 하는 주제 의식을 결코 놓치지 않는다. 주인공 소녀들의 대화를 통해 퓌뒤푸의 문화정체성을 나타내는 문화적 상징물들이 큰 역할을 하고 있음을 알 수 있다. 퓌뒤푸의 문화적 상징물들이란 곧 퓌뒤푸의 문화자원을 의미한다. 이를테면 퓌뒤푸성의 숲속에 서식하던 온갖 야생 맹금류와 동물들의 이름이 되살아나고, 마술사와도 같은 특이한 기량을 자유자재로 펼치던 중세시대 매사냥꾼들의 맹금조련술 비법이 현대인 앞에서 재현된다. 그리고 이 모든 것을 한 곳에 품고 있는 퓌뒤푸성의 건축양식과 주변 풍경을 상세히 묘사함으로써 은연중에 중세시대 퓌뒤푸의 생활문화사를 33분이라는 짧은 시간 안에 함축하여 보여준다.

[그림 1-35] 하늘로 비상하는 꿈을 이룬 퓌뒤푸 성주의 딸 알리에노르(「유령새들의 무도회」 공연 장면)

「유령새들의 무도회」에서 발견되는 이러한 요소들은 '잠자는 숲속의 미녀' 류의 서사구조를 표방한 다른 어떤 이야기에서도 접할 수 없는 퓌뒤푸만의 이야깃거리들이다. 아름다운 음악에 맞추어 일사불란하게 움직이는 맹금류 200여 마리의 군무와 함께 펼쳐지는 조련사들의 묘기, 그리고 머리에서 발끝까지 화려하고 도도한 복장으로 성장(盛裝)한 중세 기사들의 모습은 관람객에게 퓌뒤푸는 방대한 야생조류의 서식지였으며, 최고의 맹금류 조련사들이자 십자군전쟁에서 용맹을 떨친 중세시대 기사들이 운집했던 역사적 장소였음을 환기시킨다.

퓌뒤푸 야생조류박물관과 맹금류아카데미

맹금류 사육 전통과 관련하여 그랑파르크 안에는 또 하나의 구경거리가 있다. 그것은 다름 아닌 야생조류박물관이다. 이곳에서는 야생으로 사육되고 있는 왕독수리, 황조롱이매, 말똥가리 무리와 야행성 수리부엉이, 외양간올빼미 등 전 세계적으로 희귀한 맹금류를 한 자리에서 구경할 수 있다. 야생조류박물관으로서는 맹금류 종류와 사육장 규모 면에서 세계 최고 수준급이라 할 수 있다. 이외에도 중세시대 퓌뒤푸의 맹금류 사냥 전통은 맹금류조련학교(L'Académie de fauconnerie du Puy du Fou)를 통해 이어지고 있다. 퓌뒤푸의 맹금류조련학교는 1989년 그랑파르크의 설립과 동시에 개설되었다. 설립 초기부터 현재까지 프랑스 최고의 맹금류 조련 기예 보유자 중 한 사람으로 명성이 높은 장 루이 리에주아(Jean-Louis Liegeois)를 교장으로 초빙하여 전국에서 모인 조련사들을 대상으로 정기적인 교육과 훈련을 지휘하고 있다.

장 루이 리에주아의 감독 하에 이들 전문 조련사는 퓌뒤푸가 소장하고 있는 맹금류 470여 마리를 「유령새들의 무도회」 공연에 출연할 배우(?)로 훈련한다. 그중에서 공연에 직접 투입되는 수준은 200마리가량이며 나머지는 아직 어린 상태로 훈련 과정에 있거나 비상시 대기조로 사육된다. 새들의 조련 시기는 아기 새 때부터 시작된다. 아기 새들은 알에서 부화된 즉시 따로 격리되어 사육된다. 사람과 생활한 새들은 사람에게서 교육받은 방식대로 행동하도록 훈련되어 조련사들의 손짓과 몸짓 신호에 따라 움직임으로써 공연의 치밀한 연출 동선에 따라 연기를 펼치게 된다.

한편, 맹금류조련학교의 또 하나 주요 임무는 방데 지역의 젊은 이들에게 매사냥 기예를 가르치는 일이다. 맹금류조련학교는 그랑파르크의 역사극「유령새들의 무도회」의 전문 인력 공급처 역할은 물론 방데 지역사회에 맹금류 사냥 전통을 보존 · 계승하는 두 가지 목적을 동시에 달성하고 있는 셈이다. 그뿐만 아니라 여기서 배출된 인력들은 가까운 그랑파르크의 공연에 투입되기도 하고, 멀리 맹금류 조련사를 필요로 하는 전국의 테마파크에 뽑혀가거나 유럽과 북미 등 해외로 진출하는 경우도 많다고 한다. 전통문화자원의 현대적인 계승 차원에서 우리나라에서도 참조할 만한 좋은 사례가 아닌가 생각된다.

[그림 1-36] 퓌뒤푸 그랑파르크 대공원의 '야생조류박물관'

3) 방데 전쟁의 기억, 퓌뒤푸 「시네세니」

앞에서 퓌뒤푸의 역사극은 '퓌뒤푸성의 이야기'이자 퓌뒤푸성 가까이에서 삶을 영위해온 '사람들의 이야기'를 담고 있다고 말한 바 있다. 제2장에서 그랑파르크의 역사극들이 들려주는 중세시대 퓌뒤푸성의 이야기에 귀기울여보았다면, 제3장에서는 야간 역사야외극 「시네세니(Cinéscénie)」가 기억하는 퓌뒤푸성은 어떤 모습인지 가까이서 살펴보게 될 것이다. 먼저, 르네상스 시대 이후 퓌뒤푸성의 변천을 따라가면서 「시네세니」가 들려주는 퓌뒤푸 역사 탐색의 마지막 여정을 떠나기로 하자.

[그림 1-37] 퓌뒤푸 고성의 역사야외극 「시네세니」
'퓌폴레'라 불리는 지역주민으로 구성된 자원봉사자들이 배우로 출연한다.

「시네세니」에 대하여

「시네세니」는 1977년에 초연된 이후 41년째 이어지고 있다. 또한 역사야외극「시네세니」는 퓌뒤푸의 모든 공연 중에서 가장 크고 화려한 스케일을 자랑한다.「시네세니」는 23헥타르에 이르는 대지에 1만 4천 석의 관람석을 갖춘 야외공연장에서 6월부터 9월까지 15주 동안 연중 총 27~28회 공연을 갖는다. 매년 37~38만 명이「시네세니」를 관람하러 퓌뒤푸를 찾아온다. 서두에서 소개한 바와 같이 그에 따른 경영 실적도 우수하여 지역의 역사에 기반을 둔 문화콘텐츠 기획의 모범사례로 인지도가 높다.

[그림 1-38] 19세기 방데 농경사회에서 행해졌던 겨울축제 장면을 재현한 퓌뒤푸 고성의 역사야외극「시네세니」

「시네세니」는 퓌뒤푸의 실질적인 창립자이자 30여 년간 퓌뒤푸의 최고경영자직을 수행한 필리프 드 빌리에가 첫 대본을 쓰고 공연의 기본 콘셉트를 구성했다. 필리프 드 빌리에가 1979년에 자신이 창안한「시네세니」라는 용어를 공연의 정식명칭으로 선포한 이후 현재까지 이 공연은「시네세니」라는 타이틀로 불리고 있다. 이것은 '영화'

를 뜻하는 프랑스어 Ciné와 '공연', '쇼'를 뜻하는 Scénie라는 두 단어를 합성한 것이다.[7] 시네세니는 우리말로 표현하면 '움직이는 무대' 또는 좀 더 직접적으로 '영화 같은 연극'이라고 해석할 수 있다. 이것은 창작자가 '움직임이 있는 공간(l'espace en mouvement)'이라는 연출기법을 작품 속에 구현하고자 하는 의도가 담겨 있는 것으로 보인다.

「시네세니」는 화려한 음악과 조명, 움직이는 첨단 무대기술효과를 동원한 빠른 장면전환 등 연극공연으로서는 파격적인 연출기법으로 관객의 호기심을 자극하고 있다. 또한 '퓌폴레(Puyfolais)'라 불리는 지역 자원봉사단원들로 구성된 1,200여 명의 출연자들, 그리고 훈련된 수백 마리의 말들과 소, 돼지, 망아지, 거위 등 살아있는 가축들까지 총출동하여 방데 농경사회의 풍경을 1시간 45분에 걸쳐 재현한다. 이 밖에도 배우들의 무대 의상 2만 4천여 벌을 비롯하여 화려한 시각적 효과를 강조한 무대미술과 400여 차례의 불꽃놀이도 큰 볼거리다.

[표 1-5] 「시네세니」 공연 개요 [출처: 송희영(2014), 102쪽]

기획자	필리프 드 빌리에(1949~)
초연시기	1978년. 전체 플롯은 초연 시와 동일하지만, 매년 부분적인 장면연출 및 무대기술효과를 수정·보완한 새로운 버전을 선보이고 있음
총 소요시간	1시간 45분(공연시간: 6~7월-22:30~24:15, 8~9월-22:00~23:45)
공연장소	퓌뒤푸 고성 야외무대(수용인원 1만 4천 명)
오픈시기	6~9월, 금/토, 주말 야간에만 공연
객석점유율	평균 95%. 연중 총 27~28회 공연, 매년 37~38만 명 관람
매출액	연평균 820만 유로(2012년 통계 기준. 한화 약 120억 원)
출연자 및 스태프	총 1,800여 명(배우 1,200~1,500명, 스태프 500명), 무대의상 2만 4천 벌 소요

퓌뒤푸성의 기억을 일깨우는 역사야외극 「시네세니」

[그림 1-39] 사라진 '퓌뒤푸성의 기억'을 일깨우는 역사야외극 「시네세니」
뛰어난 조명과 음향기술, 화려한 무대미술 장치가 극적 흥미를 더한다.

「시네세니」 관람석에 앉은 관객은 위에서 제시한 퓌뒤푸 공연 사진에서 보는 바와 같이 파노라마처럼 펼쳐진 타원형 무대 뒤에 고적하게 서 있는 퓌뒤푸성과 마주하게 된다. 이것은 16세기 후반에 완공된 르네상스 스타일의 성이다. 그러나 르네상스 시대의 건축물이 온전히 보존된 것은 아니다. 1990년도에 「시네세니」 전용공연장 신규 건설의 필요성을 느낀 테마파크의 소유주 퓌뒤푸협회 측에서 테마파크의 확장공사를 하면서 성벽만 남은 구조물을 기본으로 성의 도면을 찾아 옛 모습과 근사하게 재건축한 것이다.

퓌뒤푸 고성이 자리하고 있던 숲속 호숫가 공터에 마련된 야외무대 뒤로 16세기 르네상스풍의 성이 병풍처럼 자리하고 있으나, 18세기 프랑스 대혁명 때 발생한 방데 내전의 여파로 성 건물이 완전히 파괴된 이후 200년 동안 버려진 땅이었고, 세상으로부터 잊힌 땅이었다. 역사극 「시네세니」 공연무대는 왜 하필이면 폐허와 다름없던 퓌뒤푸성터에 조성되었을까?

[그림 1-40] 왕(프랑수아 1세)과 왕비의 행차를 맞이한 퓌뒤푸성의 황금시절

풍광이 아름다운 '너도밤나무 숲이 우거진 언덕'에서 중세 봉건 요새로 첫 출범한 퓌뒤푸성은 전쟁으로 얼룩진 중세시대의 종말과 함께 파손된 채 100여 년간 폐허로 방치되는 듯했으나, 15세기 초반 퓌뒤푸의 영주 프랑수아 2세(François Ⅱ, 1496~1548)가 등장하면서 부흥의 기틀을 마련하게 된다. 1527년, 낭트 총사령관의 딸인 카트린 드 몽모랑시 라발(Catherine de Montmorency-Laval)과 혼인한 프랑수아 2세는 신혼여행 차 파리를 방문하여 퐁텐블로성에 체류할 기회를 얻게 된다. 이때 퐁텐블로성의 르네상스식 아름다움에 감화된 퓌뒤푸의 프랑수아 2세와 그의 젊은 아내는 자신들의 영지 퓌뒤푸에 르네상스식 건물을 짓고 싶다는 꿈을 품고 퓌뒤푸에 돌아오자마자 즉시

실행에 옮긴다. 그들은 프랑스 왕실에서 정한 건축양식에 따라 퓌뒤푸에 남아 있는 중세식 건물을 허물고 기와지붕에 화강암과 벽돌로 벽을 쌓은 르네상스풍의 성 본채를 완성한다. 비록 건물 전체가 완성된 모습은 아니지만, 당시의 퓌뒤푸성은 파리 이남에서 지어진 르네상스 건축양식 중에서도 손꼽히는 아름다운 건물로 명성이 높았다고 전해진다. 국왕 프랑수아 1세(1494~1547)가 왕비와 함께 1530년경 스페인 여정길에 퓌뒤푸성에 들러 유숙했다는 기록이 있는 것으로 미루어 당시의 퓌뒤푸는 부와 명성을 누린 태평스런 시대였음을 짐작할 수 있다.

퓌뒤푸의 역사에 '퓌뒤푸의 귀부인(Dame de Puy du Fou)'으로 기록될 만큼 권세를 떨친 성주 부인 카트린은 훗날 역사야외극「시네세니」의 대본 속에서 르네상스 시대의 꿈을 완성한 퓌뒤푸의 황금시절을 상징하는 인물이자, 프랑수아 1세 부처의 퓌뒤푸성 행차를 영접하는 안주인의 모습으로 재연되고 있다. 이와 관련된 부분을「시네세니」는 극중에서 다음과 같이 묘사하고 있다.

> "카트린은 바욘(Bayonne)에서 돌아와 퓌뒤푸성에 하룻밤을 지내러 온 국왕 프랑수아 1세에게 성문을 여는 구나……. 꼬마야, 피리를 불어라. 환영의 뿔피리를 불어라……. (하략)"

이후 1576년, 퓌뒤푸성은 본격적인 르네상스 양식을 갖춘 완전한 모습으로 재탄생하게 된다. 1565년, 퓌뒤푸의 새 총사령관 르네 1세(1528~1566)는 부임하자마자 퓌뒤푸성의 증축에 착수한다. 그러나 그는 그 이듬해에 갑작스레 세상을 떠나게 되고 그의 아내 카트린 드 라 로슈푸코(Catherine de La Rochefoucauld, 1528~1577)는 남편의 유업을 이어받아 10년에 걸친 대장정 끝에 대발코니, 로지아,[8] 그리고 위병 대기실과 화랑이 딸린 이탈리아풍의 성을 완공했다. 역사극「시네세니」의 대본을 빌려 르네상스 스타일로 재건된 16세기의 아름다운 퓌뒤푸성이 태평성대를 구가하던 시기를 잠시 엿보기로 하자.

"……(퓌뒤푸성, 그곳은)……

- 비밀스런 회랑과 커다란 방들에 있는 금빛 상장들이 새로운 환상의 메아리를 반사하는 호사스러운 꿈이 서려 있던 곳.
- 재기 넘치는 장인들, 화가들, 융단 직조공들이 성의 천장에 그려놓은 활기 넘치는 프레스코화가 빛나던 곳.
- 태평성대를 노래하던 악기 연주가들이 저녁노을에 붉게 물든 성벽 벽돌의 온기를 느끼며, 소의 뿔을 깎아 만든 피리를 불며 언덕에서 언덕으로, 숲에서 숲으로 서로를 부르며 유쾌하게 노닐던 목동들의 숨결이 있던 곳……. (하략)"

르네상스 황금기를 지나면서 전성기를 구가하는 듯 보이던 퓌뒤푸는 17세기 이후 재력이 고갈되어 옛 부귀영화를 잃고 세월과 함께 점차 쇠락의 길로 접어든다. 그리고 18세기에 이르러 마침내 회복할 수 없는 절체절명의 위기를 맞이한다. 프랑스 대혁명이 한창 진행되던 1793년, 퓌뒤푸성은 반혁명운동의 본산지로 지목되어 최대의 시련을 겪는다. 방데의 반혁명 농민반란운동을 진압하기 위해 중앙정부에서 파견된 지옥종대는 퓌뒤푸성을 초토화하기에 이른다. 이로써 수세기 동안 방데 사람들의 터전이자 방데의 역사와 문화의 구심점이었던 퓌뒤푸성은 불탄 자국의 성벽만 남긴 채 완전히 소실되어 역사의 뒤안길로 사라지게 된다.

지금까지 지켜본 퓌뒤푸성의 역사는 마치 살아있는 한 사람의 파란만장한 인생행로와도 같은 굴곡진 흥망성쇠의 흔적을 숨김없이 보여준다. 그러나 이것이 퓌뒤푸성의 영원한 종말이었을까? 만일 그러했다면 우리는 오늘날 퓌뒤푸 테마파크에서 르네상스 시대의 건축미를 뽐내며 서 있는 퓌뒤푸 고성과 마주하는 일은 없었을 것이다. 중세시대 수많은 전쟁으로 깨지고 부서지고, 혁명군과 방데 농민 반란군과의 무장충돌 사태의 와중에 불에 타 무너져 내린 퓌뒤푸성은 20세기 후반 역사야외극 「시네세니」라는 문화기획에 힘입어 현대로 귀환했다. 퓌뒤푸의 야간 역사야외극 「시네세니」는 퓌뒤푸성이 겪은 흥망성쇠의 역사와 그 이후 문화적 기억을 통한 재생을 증언하고 있다.

「시네세니」의 줄거리

한 편의 드라마로서 「시네세니」의 큰 특징은 출연자들의 대사나 대화가 등장하지 않는다는 점이다. 그 대신 극중에서 음유시인으로 분장한 한 노인의 독백화법에 의한 내레이션으로 스토리가 전개된다. 이 노인은 생업으로 농가에 필요한 목화씨앗기를 팔러 다니는 장사꾼이다. 하지만 그는 동네마다 소식과 소문을 전하는 메신저이자 이 마을 저 마을로 옮겨 다니며 필요한 물건을 조달해주고 애로사항을 대신 해결해주는 심부름꾼이기도 하다. 막이 오르면 괴나리봇짐과 등불을 든 극중 해설자 노인이 해질 무렵 퓌뒤푸성 자락, 불빛이 흘러나오는 한 농가를 찾아가 하룻밤 머문다. 그곳은 퓌뒤푸성 인근에 거주하는 자크 모필리에(Jacque Maupillier)네 집이다. 노인은 어린 자크와 대화를 나누며 자기가 지켜본 이 마을의 수백 년에 걸친 기억의 짐보따리를 풀어놓는다. 이 노인은 나이를 먹지도 않고 죽지도 않는다. 중세부터 현대까지 시대를 초월하여 존재하는 그는 “시기를 가로질러 한 세대에서 다른 한 세대로, 다른 시간대를 향해 나아가는”[9] 방데의 역사를 상징한다. 여기서 자기 자신을 스스로 “저녁의 기억”

이라고 일컫는 노인의 독백을 잠시 들어보기로 하자.

> "나는 이름이 없습니다. 사람들은 나를 이름 대신 '늙은 심부름꾼'이라고 부릅니다. 나는 길을 잃은 적이 없이 시골 구석구석을 잘 찾아다닙니다. 사람들은 나를 '늙은 거지'라고도 부릅니다. 나는 곳간 구석이나 구덩이 한쪽에서 잠을 청합니다. 나는 축축한 보따리와 함께 기억들을 가지고 다닙니다. 그리고 소식들을 소작지에서 소작지로 퍼뜨립니다. (중략) 나는 온 나라 어린이들에게 알려줄 역사를 가지고 다닙니다. 농가에 저녁 불빛이 비치는 밤이 되면, 내 여정은 멈춥니다. 이때 수프 한 그릇과 잠자리를 베푸는 온정의 문이 나를 향해 열립니다. (중략) 나는 저녁의 기억입니다. (중략) 나는 세기를 가로질러 한 세대에서 다른 한 세대로, 다른 시간대를 향해 나아갑니다."[10]

노인으로부터 자신의 고·증조부의 일대기를 전해 듣는 어린 자크는 18세기 프랑스 대혁명 때 방데 전쟁에서 혁명군에 대항하다가 전사하는 농민의병대의 모습이기도 하고, 제1차 세계대전 때는 베르(Verdun) 전투에 나가 전사하는 젊은 군인이기도 하다. 또한 제2차 세계대전 때는 전쟁을 피해 방데로 피난 온 난민들의 친구가 되어주기도 한다. 이렇듯 「시네세니」는 중세부터 20세기 제2차 세계대전에 이르는 프랑스의 역사를 자크 모필리에의 가족사에 투영하여 서사적으로 묘사한다.

12개 섹션으로 나누어진 이야기 구성 장면은 라이브로 상연되는 연극무대임에도 마치 무비카메라가 움직이는 듯 광활한 야외무대 구석구석에 배열된 사건과 인물들을 쫓아가는 빠른 무대전환 연출력을 선보이며 스펙타클한 영상미를 연출한다. 1,200명이 넘는 배우들이 펼쳐 보이는 군무와 합창, 장엄하면서도 경쾌한 음향효과, 그리고 화려한 색상과 다채로운 조명디자인이 수놓은 환상적인 무대는 관객의 감탄을 자아내기에 충분하다. 그 때문일까. 퓌뒤푸에서는 공연 관람을 마친 관객이 피날레에 일제히 자리에서 일어나 기립박수로 감동받은 마음을 표현하는 풍경을 자주 목격할 수 있다.

[표 1-6] 퓌뒤푸의 역사야외극「시네세니」의 이야기 구조 [출처: 송희영(2014), 142쪽]

1	퓌뒤푸 사랑방에서의 저녁모임(*Les veillées du Puy du Fou*)[11]
2	창 겨루기 시합(*La quintaine*)
3	르네상스(*La Renaissance*)
4	일상의 나날들(*La vie quotidienne*)
5	1793년의 저항(*La révolte de 1793*)
6	전쟁영웅 샤레트의 전사들(*Les cavaliers de Charette*)
7	화염에 휩싸인 퓌뒤푸성(*L'embrasement du château*)
8	봉샹의 용서(*Le pardon de Bonchamps*)
9	한낮의 저자거리(*La journée du marché*)
10	총검 참호(*La tranchée des baïonnettes*)
11	아르덴 수용소의 난민들(*Les réfugiés des Ardennes*)
12	피날레(*Le finale*)

주인공 '자크 모필리에'

「시네세니」 이야기의 주인공은 퓌뒤푸 고성 인근에서 터를 잡고 대대로 농사를 짓고 살아가는 자크 모필리에다. 자크 모필리에는 방데 전쟁에 나가 용맹스럽게 싸우다가 일곱 번의 부상을 입고 전사한 농민의 이름이라고 한다.[12] 이 같은 사실은 19세기 방데 출신의 소설가 자크 크레티노-졸리(Jacques Crétineau-Joly)가 저술한『방데 군대의 역사(Histoire de la Vendée Millitarie)』를 통해 세상에 알려지게 되었다.[13] 이와는 별도로 지역의 지도층 인사였던 리부아지에르(Riboisière) 공작부인이 1826년에 직접 그린 것으로 알려진 자크 모필리에의 초상화가 방데 지방 곳곳에서 발견되고 있는 것으로 미루어 자크는 실존했던 인물이 틀림없으며, 그 이름이 방데 지역민에게 어떤 상징성을 띠고 있는지 짐작할 수 있다.

역사극에서 묘사된 이야기 자체는 픽션이다. 그러나 자크 모필리에라는 이름이 지역에 실제로 존재했던 인물이라는 점에서 수세기에 걸친 자크 모필리에 가문이 극복해온 역사적 수난과 삶의 애환은 관객에게 현실적으로 다가온다. 이 같은 사실로 미루어 방데 지역에서 자크 모필리에라는 이름은 지역의 전설이 되어 구전으로, 그림으로 그리고 소설로 지역에 널리 전파된 친숙한 인물이자 넓은 의미의 지역문화자원인 전쟁기억을 유지하고 보존하는 주요 수장으로서 방데 지역의 정체성을 상징하고 있음을 알 수 있다. 「시네세니」 공연을 한마디로 응축하여 표현한다면, "퓌뒤푸 고성을 배경으로 펼쳐지는 방데의 역사"라고 정리할 수 있다.[14]

방데 전쟁의 기억과 역사야외극 「시네세니」

역사야외극 「시네세니」는 초연되자마자 방데 지역뿐 아니라 전국적인 관심을 끌었다. 그 이유는 첫째, '움직이는 무대'라는 「시네세니」 공연의 의미가 암시하는 바와 같이 옥외 공간에서 장대하게 펼쳐지는 시각적 효과를 극대화한, 전례 없이 화려한 규모의 공연양식이 관객에게 새로운 관극 체험의 기회를 제공했기 때문이다. 두 번째 이유는 2세기 동안 금기시되어온 방데의 비극적인 지역사를 주요 테마로 다루되, 그것을 뛰어넘는 보편성을 추구하는 데 성공했기 때문으로 분석된다.

200년 동안 금기시되고 함구해온 '방데의 비극적인 역사'는 무엇을 의미하는가? 그것은 프랑스 대혁명이 진행되던 격동기에 왕당파 편에 섰던 방데의 농민들이 의병대를 조직하여 혁명정부에 반하는 반혁명 저항운동을 벌이는 과정에서 중앙정부가 파견한 공화파 군인들이 혁명반란군 진압이라는 명분하에 농민군대는 물론 아녀자를 포함한 무고한 주민 수만 명을 무차별 집단학살했다. 혁명군에 의해 방데의 농민반란군은 진압되었으나 방데 지역민에 대한 집단학살의 잔혹성은 진위를 가리지 않은 채 역사의 뒤안길로 사라져갔고, 방데 지역사회는 2세기라는 오랜 세월 동안 씻을 수 없는 상처를 함구한 채 국가의 주요 정책에서 고립되어왔다. 이 사건은 후일 역사에서 '방데 전쟁'(1793~1796)으로 기록하고 있다.

[그림 1-41] 방데의 농민의병대 초상
(출처: 숄레미술·역사박물관)

문제는 방데 전쟁의 원인을 둘러싼 방데 지역민과 공화파 정부군의 상이한 해석 차이에서 야기된 첨예한 갈등과 대립이라고 할 수 있다. 방데 지역민은 1793년 3월, 국민공회가 공표한 30만 징집령에서 촉발된 혁명군의 폭정을 저항의 원인으로 지목한다. 그리고 자신들의 반혁명 저항운동은 지역주권을 수호하기 위한 자발적인 행동이었다고 주장했다. 반면에 국가는 방데 주민을 외세를 끌어들여 혁명정부와의 대립을 꾀한 왕당파의 앞잡이이자 국가의 반동세력으로 단정하는 대립적 갈등구조를 고수해왔다.

방데 지역민에게 방데 전쟁이 남긴 상흔은 매우 심각한 것이었다. 그렇기 때문에 지역주민으로 구성된 퓌뒤푸협회에서 처음에 지역의 역사를 배경으로 한 역사극을 기획할 당시 방데 전쟁에서 희생된 조상들을 기억하고 추모하기 위한 것이 공연의 주요 의도였던 점은 쉽게 예상할 수 있다. 그러나 무대 위에서 「시네세니」가 보여주는 방식은 방데 전쟁 중에 혁명군이 자행한 집단살상의 잔혹성을 고발하고 폭로하는 데 그치지 않는다는 점이 우리가 주목해서 관찰할 부분이다. 역사야외극 「시네세니」가 지향하는 기본 관점은 농경사회가 지배한 옛 방데 농민들이 일상의 삶 속에서 지켜온 세시풍속의 전통과 노동, 그리고 흉년 같은 자연재해를 극복해가는 인생의 노정을 묘사하는 데 집중한다. 방데의 민중이 겪은 전쟁과 재난, 그리고 그로 인해 뜻하지 않게 마주해야 했던 생이별과 죽음은 인생의 파노라마에서 불가피하게 감내해야 하는 생존의 고통과 역경으로 승화된 모습으로 나타나고 있다.

[그림 1-42] 반혁명 전투에 나서기 전 농지에서 사제와 함께 미사를 거행 중인 방데의 농민들과 일반 주민
(출처: 숄레 미술·역사박물관)

역사야외극「시네세니」연구의 가치와 시사점

지금까지 역사야외극「시네세니」가 열리는 프랑스 방데 데파르트망의 퓌뒤푸 고성 터를 찾아서「시네세니」공연이 처음 탄생되어 연간 200만의 방문객이 찾아오는 인기 테마파크로 확장 · 발전되기까지의 과정을 추적해보았다. 또한 역사야외극「시네세니」의 이야기 구조와 줄거리, 공연예술 장르적 특성과 경영방식을 탐색해보고 그 뒤에 숨겨진 방데 전쟁에 얽힌 녹록치 않았던 역사 속에서 고달프게 살아간 방데 사람들의 삶도 들여다보았다. 그리고 그 속에서 지역공동체가 합심하여 지역의 역사화 작업을 위한 강인한 의지와 끊임없는 노력을 쏟고 있는 현장도 지켜보았다.

우리는「시네세니」공연의 의의와 시사점을 어디에서 찾을 수 있을까? 그 첫 번째 의의는 역사야외극「시네세니」기획을 통해 지난 200여 년 동안 프랑스의 공식 역사에서 가려져 있던 방데의 지역사를 공론화하는 계기를 마련한 성과를 들 수 있다.[15] 이것을 상징적으로 보여주는 사례로 노벨문학상 수상작가인 러시아의 문호 알렉산드르 솔제니친(Aleksandr Solzhenitsyn, 1918~2008)의 퓌뒤푸 공식 방문을 들 수 있다. 솔제니친은 1993년 9월, 구소련 강제수용소 재단 관계자들과 함께 퓌뒤푸를 찾아 역사야외극「시네세니」를 관람하고, 과거 혁명정부의 무력에 희생당한 방데의 민중을 추모하는 대중연설을 했다. 솔제니친이 누구인가? 그는 구소련정부의 권력 지배과정에서 민중에게 가해진, 그 자신도 예외일 수 없던 집단수용소 생활의 고통과 죽음의 공포를 이겨내고, 철저히 은폐되어 있던 인민의 박해와 인권침해 현실을 글로써 서방세계에 고발한 저항 작가다.

자유와 인권수호의 상징인 솔제니친이 2세기 동안 프랑스의 공식 역사에서 금기시되어온 방데 민중에게 가해진 집단학살이라는 비극적인 역사를 언급한 사건은 방데 지역민이 과거 제도권 역사가들이 그들에게 부여한 '국가의 반역자'라는 부정적인 멍에를 벗는 계기를 마련했을 뿐 아니라, 프랑스 대혁명이 모든 사람에게 행복을 가져다준 것은 아니었다는, 다시 말해 혁명과업이 수행되는 과정에서 혁명의 가치와 충돌하는 오류와 시행착오가 있었으며, 역사는 그에 대해 침묵과 방관으로 일관한 잘못이 있었음을 지적하는 민감한 이슈를 제시해줌으로써 프랑스 지성사에 큰 반향을 일으켰다.[16]

이 밖에도 프랑스의 사학자 장-클레망 마르탱과 사회학자 샤를 쉬오는 1996년에 발표한 공저『방데의 퓌뒤푸, 연출된 역사(Le Puy du Fou, en Vendeé, L'Histoire mise en scène)』를 통해「시네세니」공연의 대중적인 성공이 결과적으로 오랜 세월 동안 첨예한 이념적 대척점에 있던 혁명파와 반혁명파 양대 진영 간의 두터운 마음의 벽을 허물고 방데 전쟁을 둘러싼 역사적 담론을 공식적으로 논하는 계기를 마련하게 된 점을 긍정적으로 평가한 바 있다.[17] "펜이 칼보다 강하다"는 옛 속담이 있다. 우리는 어쩌면 퓌뒤푸의 역사야외극「시네세니」를 향해 "공연예술의 힘은 어떤 정치적 해결방법보다 강하다"라고 말할 수 있을지도 모르겠다. 앞서 서술한 바와 같이 200여 년 전 방데 사람들은 국가 권력에 의해 수만에 이르는 지역민이 집단학살을 당하는 사상초유의 아픔을 겪었다. 대혁명 중에 발생한 방데 전쟁은 복잡한 정치적 이해관계가 개입된 역사적 사건이었던 만큼 그 진위를 둘러싼 정치적 이견과 논쟁은 무성했으나 정작 방데 사람들이 겪은 상처와 고통을 보듬어주고 위로해주는 획기적인 국가 정책이나 제도는 존재하지 않았다. 오히려 방데 사람들은 국가에 반역행위를 했다는 불명예를 안고 타 지방 사람들과 거리를 두고 고립된 삶을 살아야 했다. 퓌뒤푸성에서 방데인이 겪은 비극적인 역사는 국가의 공식역사에서 사라진 "망각의 역사"가 되었다. 그러다가 20세기 중반 불현듯 대중 앞에 방데 지역공동체의 "잊힌 기억"이 소환되어 큰 반향을 일으키게 되는데, 그것은 다름아닌 공연예술콘텐츠의 힘을 빌린 「시네세니」가 해낸 일이었다. 퓌뒤푸 테마파크의 야간 역사야외극 「시네세니」는 200년 동안 그 어떤 정치적 행동이나 학술적 논의가 해내지 못한 대단한 힘을 발휘했음을 인정하지 않을 수 없다.

두 번째 의의는 무엇보다 방데 주민 스스로 "우리는 누구인가? 우리는 지금 어디에 있는가?"라는 자문을 통한 집단적 자아성찰 역량을 역사야외극 창작이라는 문화기획 활동으로 집약시킨 결과라고 생각한다. 방데인에게 자기 자신을 찾는 행위는 곧 자신들이 살고 있는 장소에 대한 정체성을 탐구하는 것이었으며, 나아가 과거 거대한 역사의 흐름에 함몰되고 폐허가 되어 지금은 잊힌 공간이 된 자신들의 삶의 근거지였던 '퓌뒤푸성'의 역사를 복원하는 일이었다. 한 집단의 정체성은 장소에 대한 기억에 뿌리를 두고 있다.[18] 그러므로 퓌뒤푸의 역사극 「시네세니」는 퓌뒤푸성에 대한 기억의 장소이자 방데 지역민의 정체성의 현현(顯現)으로 간주할 수 있다.

이 밖에도 역사테마파크 퓌뒤푸 설립의 단초를 제공한 역사극 「시네세니」가 거둔 문화산업적 성공을 세 번째 의의로 꼽을 수 있다. 퓌뒤푸의 지역경제 활성화에도 적잖은 기여를 하고 있음은 제3장의 서두에서 살펴본 바와 같다. 마지막으로, 역사극 「시네세니」가 오늘날 39년째 퓌뒤푸의 상설 시즌 프로그램으로 건재한 원동력은 '퓌폴레'라 불리는 지역사랑으로 단합된 지역 자원봉사조직체의 자발적인 참여가 밑바탕이 되었다는 점도 간과할 수 없다.

결론적으로, 방데의 중세·르네상스 문화유적지 퓌뒤푸 고성 터에 마련된 야외무대에서 상연되는 퓌뒤푸의 역사야외극 「시네세니」는 "과거 프랑스 대혁명 시기에 국가 변혁 역사의 소용돌이 속에서 비극적 역사의 주인공이었던 방데 주민 스스로의 역사와 삶을 성찰하는 이야기"라고 정의할 수 있다. 우리는 오늘날 방데 지역 주민이 자신들의 삶의 터전을 역사극 실연에 걸맞게 무대화함으로써 방데 퓌뒤푸만의 뚜렷한 장소 정체성이 담겨 있는 문화유산 관광상품 창출에 성공하고 있음을 본다. 그들은 역사야외극 「시네세니」의 성공적인 창작, 발굴 및 우수한 문화산업적 성취를 통해 '비극적인 과거사의 피해자, 희생자'의 신분에서 선명한 지역적 차별성을 보여주는 '창의적 문화콘텐츠 생산자'로 거듭나는 저력을 전 세계에 널리 입증하고 있다. 여기에서 우리는 지역사 기반 문화콘텐츠 기획의 긍정적인 가치와 가능성을 발견할 수 있지 않을까?

* 이 글은 기 발표된 필자의 아래 논문을 원전으로 하여 원고 내용을 일부 수정, 새로 작성했음.
[원문 출처]
송희영, 「역사야외극에 나타난 기념제적 특성과 신화성」, 『인문콘텐츠』 제44호, 2017. 03.

1 방데(Vendée)는 프랑스 서부 페이드라루아르(Pays-de-la-Loire) 레지옹(Région)에 소속된, 우리나라의 도(道) 단위에 해당하는 데파르트망(département) 명칭이다.

2 https://newsplusnotes.blogspot.kr/2014/11/scott-and-carol-present-iappa-2014-hall.html. 해당 본문 내용을 인용하면 아래와 같다. "Puy du Fou has created a new business model, consisting only of extravagant shows based on French history. For daring creativity, this park has no peers, for everyone thought they could not prosper with this type of entertainment offering. Instead, they are expanding into new countries, and doing it their way."

3 Philippe De Villiers, *Le Puy du Fou, Un rêve d'enfant*, 2009, pp. 19-20.

4 이것은 Texte du Bal des Oiseaux Fantôme를 필자가 한글로 번역한 것이다. 프랑스 대본의 전체 단어와 문장, 맥락을 빠뜨리지 않은 상태에서 한국어 어법에 맞게 의역을 곁들였다. 출처: 퓌뒤푸 그랑파르크 공연실황 DVD 녹취 및 http://puy-dhistoire.over-blog.com/2015/08/texte-du-bal-des-oiseaux-fantomes.html

5 캐노피 침대(canopy bed). 레이스로 장식된 지붕이 있는 귀족풍의 침대를 말함

6 프랑스와 스페인 국경에 있는 피레네산맥 산티아고의 순례지 생 자크 데 콤포스텔라 성당을 말함

7 Philippe De Villiers, *Les Secrets du Puy du Fou*, Albin Michel, 2012, p. 25.

8 이탈리아 건축에서, 한쪽 벽이 없는 트인 방이나 홀을 이르는 말. 지중해 연안 지역에서 발달했으며, 중세와 르네상스 시대에는 흔히 광장과 연결하여 지었다.

9 「시네세니」 공연실황 DVD에서 해당 장면 녹취 및 퓌뒤푸협회 발행 「시네세니」 시나리오 다이제트를 참조하여 번역함

10 송희영, 「지역의 기억문화자원을 활용한 공연콘텐츠 사례연구: 프랑스 방데의 역사테마파크 퓌뒤푸를 중심으로」, 한국외국어대학교 박사학위 논문, 2014, 145쪽.

11 Les veillées du Puy du Fou. '퓌뒤푸의 저녁모임'으로 번역되는 프랑스어 표현을 '퓌뒤푸 사랑방에서의 저녁모임'으로 의역함

12 Philippe De Villiers, *L'Aventure du Puy du Fou*, Albin Michel, 1997, p. 27.

13 J.-C. Martin & C. Suaud, *Le Puy du Fou, en Vendée*, L'Histoire mise en scène, Éditions

L'Harmattan, Paris, 1996, p. 107-111.

14 송희영, 앞의 논문(2014), 101쪽.

15 Steven L. Kaplan, *Farewell Revolution: disputed legacies*, France, 1789/1989, Cornell University Press, New York, 1995, pp. 84-88.

16 Steven L. Kaplan, 앞의 책, pp. 109-111; 송희영(2014), 앞의 논문, 56쪽 재인용

17 송희영, 위의 논문(2014), 12쪽.

18 송희영, 위의 논문(2014), 140쪽.

참고문헌

1. 단행본

강문정,『그가 사랑한 베르사유』, ㈜샘터사, 2011.

김복래,『프랑스 왕과 왕비』, 북코리아, 2007.

알라이다 아스만, 변학수·채연숙 옮김,『기억의 공간』, 그린비, 2011.

정근식 외,『지역민주주의와 축제의 관계』, 도서출판 중원문화, 2012.

존 앤더슨, 이영민·이종희 옮김,『문화의 흔적』, 한울아카데미, 2011.

Hervé Loubourtin, *Le Puy du Fou, Un pays retrouvé*, Editions le Cercle d'or, 1979.

J.-C. Martin & C. Suaud, *Le Puy du Fou, en Vendée*, L'Histoire mise en scène, Éditions L'Harmattan, Paris.

L. Kaplan, Steven, *Farewell, Revolution, Disputed Legacies France, 1789/1989*, Cornell University Press, 1995.

Patricia F. Cholakian & Rouben C. Cholakian, *Marguerite de Navarre, Mother of the Renaissance*, Columbia University Press, NY, 2006.

Philippe De Villiers, *L'Aventure du Puy du Fou*, Albin Michel. 1997.

Philippe De Villiers, *Le Puy du Fou, Un rêve d'enfant*, 2009.

Philippe De Villiers, *Les Secrets du Puy du Fou*, Albin Michel, 2012.

Renée Grimaud, *Petites histoires des grand châteaux*, Editions Ouest-France, 2013.

2. 논문

민유기,「국가기억 대 민간기억의 갈등과 대안적 기념문화의 모색: 프랑스 방데 퓌뒤푸의 경우」,『사회와 역사』 78, 2008.

송희영·배은석·임동욱,「문화콘텐츠를 통한 비극적 지역사의 다크투어리즘 활용 전략」,『예술 경영연구』34, 2015.
송희영,「역사야외극에 나타난 기념제적 특성과 신화성」,『인문콘텐츠』44, 2017.
_____,「지역의 기억문화자원을 활용한 공연콘텐츠 사례연구: 프랑스 방데의 역사테마파크 퓌뒤푸를 중심으로」, 한국외국어대학교 박사학위 논문, 2014.
_____,「퓌뒤푸 시네세니 연구: 피에르 노라의 '기억의 장소' 개념을 중심으로」,『문화경제연구』16(2), 2013.
_____,「프랑스 역사야외극의 구성 요소와 지역정체성」,『문화경제연구』19(3), 2016.
오광호,「방데전쟁과 집단학살」,『역사와 담론』53, 2009.

3. 웹사이트

http://www.fffsh.eu/lelivre/flyer.pdf
https://en.oxforddictionaries.com/definition/spectacle
http://puy-dhistoire.over-blog.com/2015/08/texte-du-bal-des-oiseaux-fantomes.html
http://www.renaissance-amboise.com
http://www.puydufou.com

송희영
문화콘텐츠학 박사
서울예술대학교 커뮤니케이션학부 예술경영 전공교수

한국외국어대학교 프랑스어과를 졸업하고 1996년 삼성문화재단 제1기 맴피스트 장학생으로 선발되어 미국 뉴욕대학교(NYU)에서 예술경영학 석사학위를 받았다. 이어서 한국외국어대학교에서 문화콘텐츠학 박사학위를 취득했다. 학위논문은 「지역의 기억문화유산을 활용한 공연콘텐츠 사례연구 – 프랑스 방데 역사테마파크 퓌뒤푸를 중심으로」이다. 1987년, 예음문화재단에서 처음 공연예술계에 입문한 이래 국내외 아티스트들의 리사이틀 및 실내악연주회, 축제기획, 국제문화교류 업무 등 다양한 실무 경험을 쌓았으며, 지역시 · 도 문화예술회관, 지역협력형사업, 공연장상주단체육성지원사업 등의 자문 및 평가, 지자체와 중앙시 · 도 출연기관 경영평가위원에 다수 위촉되었다. 2002년 서울예술대학교 예술경영 전공 주임교수 부임과 함께 예술경영 전공 학과를 개설하여 현재까지 후학을 양성하고 있다. 최근 공연산업의 창의적 확장 방안 모색을 위한 방안으로 지역의 문화유산과 공연기획을 융합한 지역문화콘텐츠기획 연구에 학문적 관심을 집중하고 있다. 주요 관심 분야는 지역문화콘텐츠, 문화예술기획, 축제이벤트, 예술경영이며, 저서로는 『공연예술경영, 무엇을 어떻게 할까?』(2006), 『공연예술축제기획』(공저, 2009), 『문화연구와 문화콘텐츠』(공저, 2013), 『신화와 콘텐츠』(공저, 2017)가 있다. 논문으로는 「퓌뒤푸 시네세니 연구: 피에르 노라의 '기억의 장소' 개념을 중심으로」, 「서촌의 문화론, 마을만들기를 향한 두 가지 관점」, 「프랑스 역사야외극의 구성 요소와 지역 정체성」, 「문화콘텐츠를 통한 비극적 지역사의 다크 투어리즘 활용 전략」(송희영 · 배은석 · 임동욱 공저), 「몰입형 전시로서 '빛의 채석장'에 대한 연구」(배은석 · 송희영 공저), 「역사야외극에 나타난 기념제적 특성과 신화성」 등이 있다.

Ⅱ

에코뮤지엄으로 재탄생한 지역의 산업유산

배은석

영국
벨기에
룩셈부르크
독일
파리
Paris
Faymoreau
페모로
르크뢰조
Le Creusot
스위스
미그롱(코냑)
Migron(Cognac)
대서양
이탈리아
Labastide-Rouairoux
라바스티드루에루
스페인
지중해

1. 에코뮤지엄이란 무엇인가?*

산업유산의 재발견, 에코뮤지엄

에코뮤지엄(eco-museum)은 '생태'를 의미하는 에콜로지(ecology)와 '박물관'을 의미하는 뮤지엄(museum)이 합쳐져서 이루어진 합성어다. 인간을 포함해 자연·생태와 산업을 포함한 문화유산을 모두 아울러서 특정 유산지역을 뮤지엄의 범주로 지정하고, 지역 전체가 유기적으로 구성되며, 주민이 자발적으로 운영에 참여한다는 특징을 갖고 있다.[1] 이는 1970년대에 조르주 앙리 리비에르(Georges Henri Rivière)와 위그 드 바린(Hugues de Varine)이 발명한 것으로 프랑스의 지역 상황에 맞게 적용하고 지역주민의 삶과 지역민속학을 접목하여 도출한, 인간과 자연과 지역유산이 결합된 박물관 개념이다. 다시 말해 건물 밖으로 나온 박물관이 지역주민의 삶 속으로 찾아간 것이다. 에코뮤지엄에서 가장 중요한 것은 지역을 배경으로 그 지역이 간직한 선사시대부터 오늘에 이르기까지 지역과 지역민이 간직한 기억을 바탕으로 현재를 인식하고 미래를 창조하는 데 있다.

에코뮤지엄은 지역의 문화특색과 환경에 따라 여러 가지 모습으로 나타나며 생태박물관, 환경박물관, 지역박물관, 민속박물관, 에코뮈제(Ecomusée), 지역공동체 박물관 등 여러 가지 이름으로 혼용되어 불리고 있다. 전통적인 박물관과는 다른 개념의 새로운 박물관으로 지역의 전통문화유산과 자연유산 그리고 그 지역에 오랫동안 유지되어온 전통과 생활양식 등을 계승하면서 이를 발굴·보존·조사·연구하는 과정에서 지역주민이 정체성을 찾고, 지역을 찾은 관람객에게 지역의 삶을 알리고 직접 체험해볼 수 있도록 한다.

이러한 에코뮤지엄이 태동하여 용어로 정리되고 실험적 모험을 시도한 나라는 프랑스다. 프랑스 박물관학자 조르주 앙리 리비에르는 1891년 개장된 세계 최초의 야외민속·문명사박물관인 스웨덴의 스칸센(Skansen)[2] 야외박물관(open air museum) 개념을 프랑스에 적용시키는 것에 대해 고민했다. 지역의 전통가옥과 생태환경, 전통까지 박물관의 영역으로 흡수할 수 있다는 생각에 기초하여 지역 전체가 박물관이 되는 것에 대한 의견을 제시하고, 프랑스 박물관학자 위그 드 바린이 에콜로지와 뮤지엄을 합성하여 만든 새로운 개념의 박물관이 에코뮤지엄이다. 이 용어는 1971년 제9회 국제박물관협의회(ICOM: International Council of Museums) 총회에서 발명되고 그 이념이 소개된다.[3]

에코뮤지엄 이념의 발명 배경에는 1960년대 말 프랑스의 사회적 분위기가 작용하는데, 1960년대 후반 프랑스는 급격히 도시화되는 한편 농촌의 과소화가 가속되었다. 권위와 독선으로 군림해온 드골 체제에 대한 반발과 전후 경제 번영이 가져온 소비 만연의 사회 풍조에 대한 거부, 인간의 존재 자체에 대한 반문 등 급진적인 사상운동이 일어난 시기이기도 하다. 1968년 5월에는 학생들에 의한 '이의제기', 이른바 5월 혁명이 일어나 기성세대의 가치에 반기를 들었는데, 당시 학생들의 슬로건은 "금지하는 것을 금지한다"였으며, 그동안 일상생활에서 보이지 않는 억압으로 작용한 모든 것으로부터 벗어나려는 움직임이 강하게 작용했다.[4] 이 시대에는 환경유산의 보전의식, 도시와 농촌의 균형관계를 유지하기 위해 루소에 기원을 둔 자연보호사상과 반공해운동 같은 환경보호, 자연건강법이나 동양의학 같은 자연적인 것에 대한 옹호, 원자력발전소 등 핵 문제 같은 기폭제 등을 배경으로 전개해왔다.[5] 이처럼 프랑스에서의 에코뮤지엄 운동은 사회적·문화적·정치적·환경적 논의와 현상이 복합적으로 작용하여 새로운 발상의 전환으로 제시되었다.

에코뮤지엄에 관한 리비에르의 '발전적 정의'

당초 에코뮤지엄은 이에 대해 논의하는 과정에서 리비에르가 제안한 것을 바린이 명명하고 함께 시도함으로써 탄생했다. 에코뮤지엄의 정의와 내용은 명확하게 규정지을 수 없을 만큼 다양하고, 지역의 특성과 상황을 배려하며, 시간이 지나면서 새로운 발견이 추가되면서 정리되고 있다.

리비에르는 에코뮤지엄의 정의를 세 번에 걸쳐 수정했는데, 1973년, 1976년, 1980년에 발표한 바 있다. 이를 '에코뮤지엄의 발전적 정의'라고 한다. 이 가운데 가장 마지막에 완성된 정의를 보면 다음과 같다.

- 에코뮤지엄은 행정당국과 주민이 같이 구상하고 만들어 활동하는 수단이다. 행정당국은 전문가와 함께 편의를 도모하고, 재원을 제공한다. 주민은 각자의 흥미에 따라 자신들의 지식과 대처능력을 제공한다.
- 에코뮤지엄은 이처럼 주민이 스스로를 인식하기 위해 서로를 바라보는 거울이다. 거기에서 주민은 자신들이 살아왔고, 살고 있고, 또 살아갈 지역을 세대의 연속성이나 비연속성을 통해 이전 세대 주민의 설명

에 이어서 설명하려고 노력한다. 에코뮤지엄은 이처럼 주민이 자신들을 좀 더 알리기 위해 자신의 일과 행동 그리고 내면성에 자부심을 갖고 방문자에게 내미는 거울이다.

- 에코뮤지엄은 사람과 자연의 표현이다. 그래서 사람은 자연적 생태의 일부로 해석된다. 그리고 자연은 전통적 사회와 산업사회가 자신들이 가지고 있는 이미지에 자연을 맞추도록 하는 그 원초상태로 해석된다.
- 에코뮤지엄은 시간의 표현: 사람이 출현한 시대 바로 이전까지 거슬러 올라가서 사람이 살았던 선사시대·역사시대를 통해 확대되고, 사람이 살고 있는 현대에 이른다. 미래에도 에코뮤지엄은 결정기관의 역할을 맡으려 하지 않고, 지금과 같이 정보전달과 비평적 분석 역할을 맡는다.
- 에코뮤지엄은 공간의 해석: 그곳은 걸음을 멈추게 하거나 산책하고 싶게 만드는 특권적 공간이다.
- 에코뮤지엄은 보존기관이다. 그 지역주민의 자연유산·문화유산의 보존과 활용을 지원한다.
- 에코뮤지엄은 연구소다. 외부 연구기관과도 협력하여 주민과 그 환경계의 역사적·동시대적 연구에 공헌하고, 그 분야의 전문가를 양성하는 것을 장려한다.
- 에코뮤지엄은 학교다. 주민을 연구·보존 활동에 참가시키거나 주민 스스로 미래에 관한 여러 문제를 좀 더 파악할 수 있도록 촉구한다.
- 이러한 연구소, 보존기관, 학교는 공통 원리에서 착상되었다. 그 기관들이 증거로 내세우는 문화는 가장 넓은 의미로 이해되어야 하며, 그 기관들은 어떠한 주민층에서 나온 표명이든 간에 예술적 표현이나 문화를 존중하도록 노력해야 한다. 다양성에는 한계가 없다. 하지만 그렇게 다양화되기까지 자료는 표본마다 달라진다. 기관들은 그 안에서만 머무르지 않고 수용하고 의미를 부여해가야 한다.[6]

결론적으로 리비에르의 발전적 정의를 분석해보면 정의가 점점 더 확장되면서 그 비중이 지역의 주민과 주민의 활동으로 옮겨지고 있음을 발견하게 된다. 전통적 박물관과의 차별성을 언급하면서 주민이 스스로 지역의 유산을 보존하고, 연구하고, 배우는 보존기관이자 연구소이며, 학교임을 명시하고 있다. 또한 주민의 예술적 표현이나 문화를 존중하도록 노력해야 하며, 그 다양성에는 한계가 없다는 것을 서술하고 있다. 여기에 한마디로 정의되지 않는 에코뮤지엄의 모호성이 있으며, 끝없는 가능성이 있다.

르네 리바르의 정의

르네 리바르(René Rivard)는 에코뮤지엄과 전통박물관에 대한 비교 그림을 통해 에코뮤지엄을 정의하고 있다.[7]

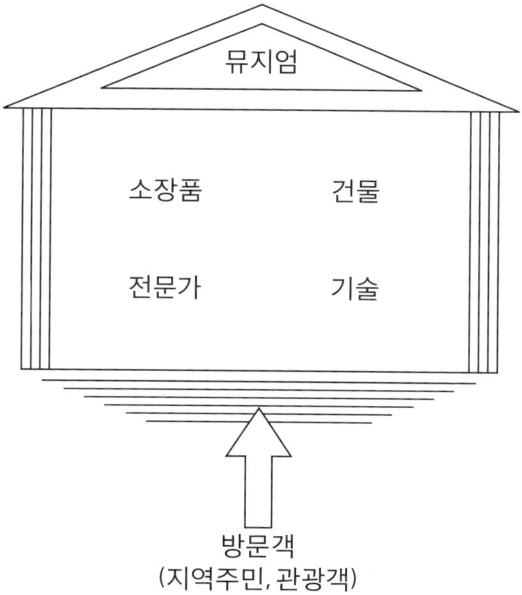

[그림 2-1] 전통박물관 개념도(René Rivard, 2011)

[그림 2-1]의 전통박물관은 건물과 소장품, 전문가, 특정한 기술로 구성되어 정의된다.

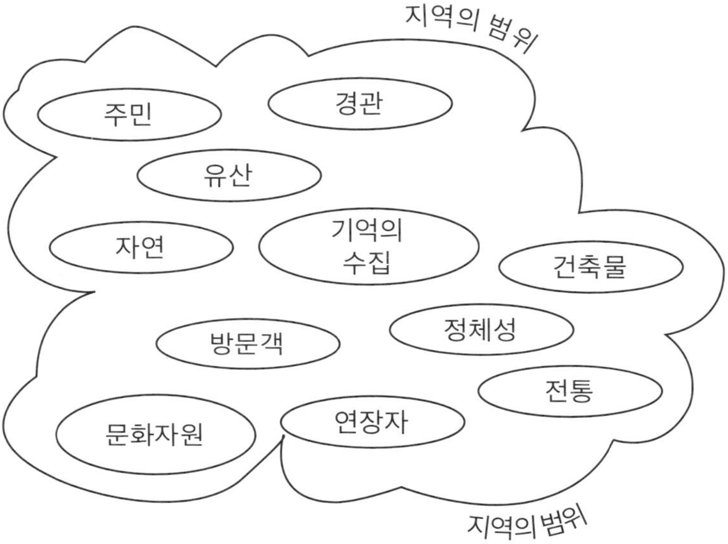

[그림 2-2] 에코뮤지엄 개념도(René Rivard, 2011)

이는 전통적 박물관이 건물을 전제로 하여 관장을 비롯한 전문가 집단인 큐레이터, 에듀케이터, 전시 디자이너, 보존전문가 등에 의해 전시와 교육 프로그램이 기획되고 진행되며, 소장품이 매우 정교하게 관리되고, 지역의 주민이나 관광객으로 구성되는 관람객은 단지 방문자로 박물관을 찾는 것으로 표현된다.

반면 이와 대별되는 지점에 있는 에코뮤지엄은 일정한 지역에 거주 또는 체류하는 주민을 주인으로, 그들 스스로 지역의 유산을 발굴·조사·연구·기획·실행하면서 지역 전문가로서의 소양을 축적시켜가는 과정에 의미가 있다는 것을 말한다. [그림 2-2]의 에코뮤지엄은 유산, 기억의 수집, 주민, 자연, 정체성, 건축물, 전통, 방문객, 연장자, 사이트, 경관, 문화자원, 주민 등으로 이루어진다고 정의 내리고 있다. 그는 또한 에코뮤지엄과 자연사박물관, 생태만을 다루는 박물관과는 구별되는 개념임을 강조한다.

그러나 에코뮤지엄은 너무나 다양한 측면을 갖고 있어서 하나의 개념으로 정의되지 못하는 측면이 있다. 이제 각 사례를 통해 에코뮤지엄의 실재에 대해 탐색해보고자 한다. 이것이 에코뮤지엄의 이해에 더 많은 도움을 제공할 것이다.

에코뮤지엄의 운영방식

에코뮤지엄의 성립과 운영에서 공통적으로 나타나는 양상은 먼저 지역의 주민이 자각하는 과정이 필요하고, 지역의 하드웨어적인 요소를 발굴하고 파악해서 그 가운데 지역의 정체성을 보여주는 요소를 갖고 있는 사이트를 선별하는 것이다. 그렇게 형성된 사이트를 바탕으로 네트워크가 형성되고 주민은 자신의 모습을 방문객에게 보여줄 수 있는 단계까지 발전하는 것이다.

이것을 세 가지 단계로 나누어 생각할 수 있다. 1단계는 태동기로, 지역공동체의 가치 발견과 지역주민 간의 네트워크를 형성하는 것으로 능동적 지역공동체의 자각이 이루어지면서 지역주민이 지역의 자원을 조사·발굴하면서 지역의 정체성을 찾고 지역민으로서 자긍심을 갖는 단계다. 2단계는 형성기로. 지역주민과 자원이 연합하는 과정으로 지역공동체와 지역자원의 네트워크를 형성하면서 지속적으로 학습하는 단계다. 3단계는 성숙기로, 에코뮤지엄이 외부와 관계 맺기를 하는 과정이다. 지역을 찾은 방문객 또는 각국에 존재하는 에코뮤지엄협회에 회원으로 가입하거나 같은 취지를 갖는 단체들과 연합하면서 활동하는 등 외부와의 네트워크를 형성하는 단계다. 이 세 가지 단계의 전제조건은 주민과 지역공동체가 에코뮤지엄을 설립하여 살기 좋은 지역을 만들고자 하는 수단으로 정했을 때 성립된다. 이를 표로 정리하면 다음과 같다.

[표 2-1] 에코뮤지엄의 단계별 운영 특징(배은석, 2012)

단계	명칭	운영 특징
1단계	태동기	지역공동체의 가치 발견과 사람 간의 네트워크를 형성하는 것으로, 능동적 지역공동체의 자각이 이루어지면서 지역주민이 지역의 자원을 조사 발굴하면서 지역의 정체성을 찾고 지역민으로서 자긍심을 갖는 단계
2단계	형성기	발굴된 자원의 가치 부여를 통해 자원 간의 네트워크를 형성하면서 지역주민과 자원이 연합하는 과정으로, 지역공동체와 지역자원의 네트워크를 형성하면서 지속적으로 학습하는 단계
3단계	성숙기	에코뮤지엄이 외부와 관계 맺기를 하는 과정으로, 지역을 찾은 방문객 또는 각국에 존재하는 에코뮤지엄협회에 회원으로 가입하거나 같은 취지를 갖는 단체들과 연합하여 활동하는 등 외부와의 네트워크를 형성하는 단계

태동기, 형성기, 성숙기를 거치면서 에코뮤지엄이 생명력을 갖고 운영될 수 있다. 이러한 단계별 운영 특징은 다양한 에코뮤지엄의 상황을 분석하는 데 도움을 준다.

에코뮤지엄과 사회적 박물관 연대(FEMS)

프랑스에서는 신박물관학의 흐름에 입각하여 에코뮤지엄과 사회적 박물관 연대(Fédération nationale des écomusées et des musées de société)[8]가 발전해왔는데, 이 기관은 회원 간의 교류와 대내외적인 활동을 지원하고 있다.

그 연혁을 살펴보면 1989년 대중에게 에코뮤지엄을 알리기 위해

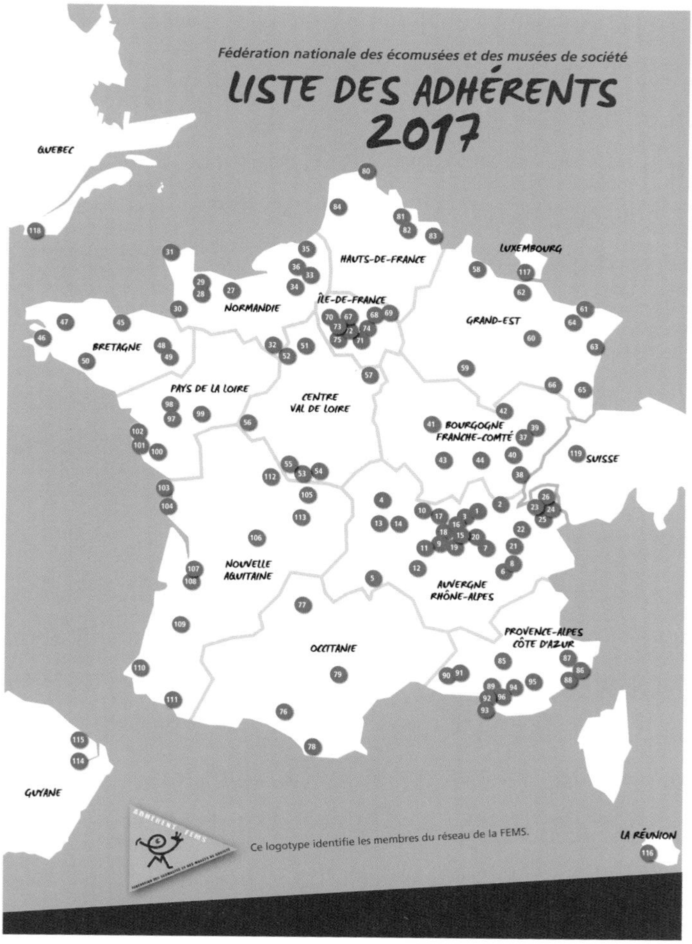

[그림 2-3] 에코뮤지엄과 사회적 박물관 연대의 회원 분포 지도

(출처: http://www.fems.asso.fr)

에코뮤지엄협회가 창설된다. 1991년에는 그 지경을 넓히면서 에코뮤지엄과 사회적 박물관 연대로 거듭나는데, 이를 위해 기술유산박물관, 산업유산박물관, 인류학박물관, 미술관, 민속학박물관, 고고학박물관에 대해 협회의 문호를 개방한다. 2002년에는 "에코뮤지엄과

사회적 박물관: 무엇을 하기 위함인가?"라는 주제로 국제 심포지엄을 개최한다. 2004년에는 종합 박물관, 통역센터, 문화유산의 가치를 추구하는 것을 목적으로 하는 모든 비영리기관에 대해 네트워크를 확대한다. 이 기관은 비영리의 사회적 경제연대에 참여하고 지역의 지속 가능한 발전에 기여하는 혁신적인 문화유산기관 연계조직이다. 이는 또한 인간과 지역을 사업의 중심에 두고, 농촌의 발전, 도시 문화, 지역의 구조 조정, 지속 가능한 발전 등과 같은 사회 문제에 관심을 갖는 현존하거나 앞으로 생겨날 조직을 연합할 것을 규정하고 있다. 이들은 문화 시설 네트워크의 활성화, 새로운 박물관의 실천에 대한 성찰과 형성에 기여, 에코뮤지엄과 사회적 박물관의 철학에 대한 인식 증대 노력, 에코뮤지엄과 사회적 박물관에 대한 철저한 자료수집과 상호 간의 교류 협력 등을 사명으로 하고 있다.[9] 이러한 현상은 박물관이 적극적으로 지역사회 문제에 개입하게 됨을 보여준다.

프랑스를 중심으로 결성된 '에코뮤지엄과 사회적 박물관 연대'에 가입한 회원 수는 2017년 현재 119개 기관이다. 이는 프랑스 113개 기관과 기아나, 레위니옹, 퀘백, 룩셈부르크, 스위스의 기관을 모두 포함한 수치이다. 각 회원기관의 사이트 뮤지엄이나 관련 시설을 모두 헤아린다면 훨씬 많은 수의 기관이 이 협회의 네트워크 조직에 속해 있다는 것을 알 수 있다. 에코뮤지엄과 사회적 박물관 연대(FEMS)의 활동을 중심으로 한 프랑스의 에코뮤지엄은 특히 지역사회의 지속 가능한 발전에 깊이 관여한다. 또한 이들의 활동은 유럽의 벨기에, 스웨덴, 노르웨이, 포르투갈, 스위스, 룩셈부르크에 전해지고 캐나다와 일본 등으로 퍼져나가게 된다. 최근에는 우리나라에서도 에코뮤지엄의 철학을 표방하여 지역의 지속 가능한 발전을 도모하는 사례들이 발견되고 있다.

* 이 글은 배은석, 『지속가능한 농촌 발전을 위한 에코뮤지엄 모델 연구 -이천 율면 부래미 마을을 중심으로-』, 한국외국어대학교 대학원 글로벌문화콘텐츠학과 박사학위 논문, 2012에서 다룬 이론 가운데 핵심적인 것을 간략하게 서술했다.

1 배은석, 『에코뮤지엄: 지속가능한 농촌 희망 프로젝트』, 북코리아, 2013, 6쪽.

2 스칸센야외박물관 http://www.skansen.se On Sunday October 1891 Skansen was opened to the public. 검색일: 2017년 8월 6일

3 오하라 가즈오키, 김현정 옮김, 『마을은 보물로 가득차 있다』, 아르케, 2008, 58쪽.

4 서울대학교 불어문화연구소, 『프랑스 하나 그리고 여섯』, 강, 2008, 524쪽.

5 오하라 가즈오키, 앞의 책, 43쪽.

6 오하라 가즈오키, 위의 책, 24-25쪽 참조.

7 Peter Davis, *Ecomuseums A SENCE OF PLACE*, Continuum, 2011. pp. 82-83.

8 http://www.fems.asso.fr/ 검색일: 2017년 12월 1일

9 http://www.fems.asso.fr/ 검색일: 2017년 12월 1일

2. 크뢰조-몽소 에코뮤지엄의 창조적 모험*

크뢰조-몽소 에코뮤지엄의 이해

크뢰조-몽소 에코뮤지엄은 산업유산형 에코뮤지엄이다. 산업유산형 에코뮤지엄은 지역의 지나간 시대의 산업유산과 관련된 지역자원을 복원하고 재생하는 것을 목적으로 하면서 지역의 활성화를 위해 운영되는 방식의 에코뮤지엄이다. 부르고뉴(Bourgogne) 지역의 르 크뢰조(Le Creusot), 몽소레민(Montceau-les-Mines), 시리르노블(Ciry-le-Noble) 지역을 잇는 이 지역은 주요 산업 활동이 유리 제조업, 벽돌 제조업 등에서 석탄 채굴, 철강산업 등으로 이어지면서 집중적으로 발달했으나 현대에 와서는 관련 산업이 사양 산업으로 전락하면서 지역 전체가 침체 위기를 맞은 곳이다. 그러나 지역주민은 과거의 산업유산을 폐기하지 않고 그대로 보존하면서 광산과 철강산업의 거점 도시였던 지역의 정체성과 특수성을 살리기 위해 연구하면서 여러 가지 노력과 새로운 시도로 지역을 차별화하는 데 성공했다. 크뢰조-몽소 에코뮤지엄은 크뢰조의 철강산업을 배경으로 한 슈네데르 가문의 베르리성(Château de la Verrerie)을 중핵박물관으로 하고, 석탄 채굴과 광산업이 발달한 레민의 각 사이트를 연결하여 지역민의 자궁심을 갖게 하며, 방문객에게 자신들의 과거로부터 오늘에 이르기까지의 모습을 보여줄 수 있도록 하는 취지를 갖고 있다. 크뢰조-몽소 에코뮤지엄은 본격적인 형식을 갖추고 출범한 실험적 에코뮤지엄의 초기 사례로, 베르리성의 '사람과 산업박물관'을 필두로 시작되었다. 이 에코뮤지엄은 초기에는 하나의 중핵박물관과 네 개의 위성박물관으로 구성되어 시작되었다. 즉 베르리성이 중핵적인 역할을 하면서 나머지 관들과 유기적으로 연관되었는데, 오늘날은 르크뢰조에 위치한 베르리성, 에퀴스(Ecuisses)에 위치한 운하박물관, 블랑지(Blanzy)에 위치한 광산박물관, 몽소의 학교박물관, 시리르노블의 벽돌공장 등이 각기 고유한 활동을 통해 대등한 관계로 연합하여 다양한 활동을 벌이고 있다. 초기에는 중핵박물관인 베르리성을 중심으로 운영되다가 최근에는 중핵박물관과 위성박물관의 구조가 아니라 각각 중핵박물관으로서의 요건을 갖추고 동등하게 활동하는 양상이 나타나고 있다. 각 박물관은 서로 연결되어 있으며, 그들을 연결하는 발견의 길이 있다. 발견의 길을 따라 만나게 되는 지역의 모든 문화, 유산, 자연, 사람, 생활양식 등이 에코뮤지엄을 이루는 요소다.

피터 데이비스(Peter Davis)는 이러한 에코뮤지엄의 특징을 보석을 꿰는 실이라고 보았다. 그는 "목걸이를 만드는 것은 진주가 아니라 실이다."라고 하고, 이를 목걸이 모델로 표현했다. 에코뮤지엄이란 한정된 지역 내에서 지역의 경관, 각 사이트, 지역, 기억, 자연, 전통, 유산, 지역공동체 등이 서로 유기적으로 연결될 수 있도록 기여하는 실과 같은 것이다[그림 2-4].[1]

지역의 주력 산업이 사양 산업으로 전락하면서 지역 전체가 침체 위기를 맞은 상황에서 지역주민이 과거의 산업유산을 폐기하지 않고 그대로 보존하고 지역의 정체성과 특수성을 살리기 위해 연구하면서 다양한 노력과 새로운 시도로 지역을 차별화하는 데 성공했다.

[그림 2-4] 에코뮤지엄의 목걸이 모델(Peter Davis & Jane Brown, 2011)

크뢰조-몽소 에코뮤지엄의 사이트

(1) 베르리성(Château de la Verrerie)

설립 초기 중핵박물관으로서의 역할을 한 에코뮤지엄의 중심핵은 베르리성이었다. 성에는 크뢰조의 산업과 사람들을 포함하여 건물에 대한 역사가 전시되어 있다. 이 건물은 1786년부터 1832년까지는 유리 제조공장이었고, 1837년부터 당시 철강산업을 이끈 슈네데르 (Schneider) 가문의 저택으로 사용되었다. 그러나 철강산업의 쇠퇴로 슈네데르 가문은 쇠락의 길을 걷게 된다. 그러다가 1969년 르크뢰조에서 이 건물을 구입하여 '에코뮤지엄'이라는 새로운 시도로 1973년 대중에게 공개된 것이다. 성 안에는 가장 중앙에 슈네데르 가문의 저택으로 사용되던 흰 외벽의 기다란 3층 건물이 있고, 원래 유리 공장의 굴뚝이었던 원추형 건물이 두 개 있으며, 별채에 철강산업을 주제로 한 단층 규모의 전시장 건물이 있다.

[그림 2-5] 베르리성의 전경

그림은 슈네데르 가문의 저택이었던 건물의 모습이다. 과거의 저택을 그대로 보존한 상태로 전시공간으로 활용되고 있다. 전시물의 범위는 19세기 이후 르크뢰조 지역과 주민의 역사를 그림, 판화, 사진, 유물, 기록, 마을 디오라마, 건축물을 통해 보여주고 있다. 그 외에 광산 노동자를 묘사한 그림과 슈네데르가(家)의 초상화, 유리 공예품 등이 전시되어 있다.

또한 건물 1층의 안내데스크에는 크뢰조-몽소 에코뮤지엄의 다양한 활동을 안내하는 직원이 있어 관람객의 편의를 돕고 있다. 안내데스크 옆에는 크뢰조-몽소 에코뮤지엄에서 발행한 출판물과 지역의 역사와 산업, 문화를 보여주는 다양한 도서 판매대가 있다.

[그림 2-6] 베르리성의 안내데스크

그리고 별채에는 '프랑수아 부르동 아카데미'라는 제목의 전시장이 있다. 건물 입구 양쪽에는 강철로 된 동상이 있는데, 철을 녹여서 산업에 활용할 수 있는 기계를 만드는 인간의 모습을 상징한다고 할 수 있을 것이다. 전시 제목은「강철, 기계 그리고 사람들」인데, 증기기관차 모형을 비롯하여 다양한 철강산업 유물들이 전시되어 있다.

패널에는 광산 갱도의 구조도 및 철강산업의 발전사 등이 기록되어 있으며, 철강산업시대 크뢰조의 모습을 재현한 디오라마가 전시되어 있다. 철강산업 중흥기의 역사와 그곳에서 살아간 평범한 광부들의 삶을 하나도 놓치지 않고 보여주려는 의도가 보이는 전시다.

[그림 2-7] 전시장 입구의 동상

[그림 2-8] 철강산업시대 크뢰조의 모습을 재현한 디오라마

(2) 운하박물관(Musée du Canal)

에퀴스에 위치한 운하박물관은 손(Saone)강과 루아르(Loire)강을 연결하는 18세기 말엽에 건축된 운하를 보존하고, 상설전시로 이 지역의 산업발달에 기여한 운하를 주제로 한 역사 및 기억을 보여주고 있다. 1990년 이 지역의 주민에 의해 자발적으로 '중부지역 운하협회(Canal du Centre Association)'가 결성되어 크뢰조-몽소 에코뮤지엄에 합류했다. 체험 프로그램으로는 배를 타고 강을 돌면서 지역을 유람하는 프로그램이 있는데, 1994년에 협회는 60인승 배를 구입하여 강을 타고 수문들을 통과하면서 유람할 수 있도록 했다. 처음에는 협회의 자원봉사자들이 이 배를 조종했으나 현재는 배의 조종 및 조수 역할을 하는 직원을 고용하고 있다. 박물관에도 직원을 두어 관리하고 있다. 에코뮤지엄의 요건 가운데 가장 중요한 주민의 자발적인 참여로 이루어진 박물관이라 할 수 있다. 지역을 가장 잘 이해하는 주민의 힘이 있었기에 방문객이 지나간 시대의 중요한 운송·교통 수단인 운하를 이용해 마을을 관광하는 체험을 할 수 있는 프로그램이 발현된 것으로 보인다.

[그림 2-9] 에퀴스의 운하박물관 전경

[그림 2-10] 배를 활용한 전시실

[그림 2-11] 운하박물관에서 크뢰조 에코뮤지엄의 역사에 대해 설명하는 위그 드 바린

[그림 2-12] 배를 활용한 전시실 내부

2015년 크뢰조-몽소를 방문할 당시에 에코뮤지엄의 창시자 가운데 한 사람이자 에코뮤지엄의 명명자인 위그 드 바린의 안내로 각 사이트를 방문할 기회가 있었다. 그는 이 배의 입수과정에 대해 설명하면서 이 지역의 산업과 운송을 위해 운하가 얼마나 중요한 역할을 했는지 설명해주었다.

(3) 광산박물관(Musée de la Mine)

블랑지에 위치한 광산박물관에는 채굴을 하면서 살아온 지역민의 삶과 산업 현장의 자취를 볼 수 있다. 이곳에는 탄광촌의 삶을 주제로 한 상설전시가 준비되어 있다. 광산박물관은 '광산·광부협회(Association La Mine et les Hommes)'라는 고고학 연구협회와 블랑지시가 연계하여 탄생했다. 광산·광부협회의 노력으로 블랑지의 탄광을 허락받아 사닥다리와 90명의 광부가 일했던 광산의 작업현장인 채굴물 집적장 등의 시설을 되찾았다. 건물로 들어가면 우선은 탄광산업을 이해할 수 있는 설명과 비디오 등의 영상자료를 볼 수 있고, 광산 안에 직접 들어가볼 수 있는 체험을 할 수 있다.

석탄 채굴을 하는 모든 나라에서 산업시대, 특히 19세기 후반부터 1950년대까지의 시기는 광산마가 광부들의 노동을 도운 시기다. 이 시기에 광산 갱내로 내려간 말들과 조랑말들은 광부들의 조수가 되어 광차를 견인했다. 말들은 너무 늙고 약해져 일할 수 없게 될 때가 되어서야 다시 지하 터널 위로 올라갈 수 있었으며, 광부들의 보살핌을 받았으나 고된 작업환경으로 사람과 마찬가지로 다치거나 수많은 위험에 노출되곤 했다. 블랑지에서는 1800년대부터 광산마가 광부들의 고된 노동을 도왔는데, 마지막 광산마는 '라도(Rado)'라는 말이었다. 광산박물관에는 라도의 마구간이 그대로 보존되어 있다.[2]

[그림 2-13] 광산 체험장의 내부 모습

[그림 2-14] 광산박물관의 외부 모습

[그림 2-15] 마지막 광산마 라도의 마구간

[그림 2-16] 마구간 내부

그 외에 이곳의 소장품은 크리스털 결정, 1881년의 사진 앨범, 세고(Segaud)의 데생, 뒤프티(Dupetit)의 데생, 회화류, 안전에 관한 벽보, 세라믹 등이 있다. 광산박물관 설명글에는 "주민이 이 석탄 광산유적지에서 발견하고자 하는 가치는 무엇일까? 그것은 고된 노동과 갱내의 가연성가스, 희생자들, 그뿐만 아니라 여러 축제들, 석탄광부들 간의 동지애와 연대감, 탄광촌 경영자의 가족적인 경영을 기억하는 자손들"이라고 표현되어 있다. 국가경제에 중요한 몫을 담당한 블랑지의 광산에서 1810년부터 2000년까지 2억 톤의 석탄을 채굴했다고 기록되어 있다. "과연 다음 세대에도 이러한 활동이 계속될까?" 그들은 스스로 자문하고 대답한다. 지금은 물론 나중에도 찾아볼 수 없을 것이다. 마지막 수직갱도는 1992년에 문을 닫았고, 석탄 채굴은 2000년에 생을 마감했다. 그러한 현실을 잘 알고 있기에 에코뮤지엄은 이러한 지역의 역사를 통해 자신을 비추어보는 거울 역할을 해준다. 그리고 그들은 이 거울을 관람객에게도 비추어볼 수 있도록 허락한다.

(4) 공립학교(Maison d'École)

이 건물은 1880년 몽소의 소녀들을 수용하기 위한 공립학교로, 건축가 뒬락(Dulac)에 의해 설계되었다. 학교박물관은 1988년 역사적 건축물 리스트에 등재되었다. 5개의 교실 중 2개는 19세기 말부터 1950년대의 교실 모습을 재현하여 전시하고 있다. 그 외에 현재는 20세기의 전문적인 학교 교육과 교사에 대한 기획전시가 진행되고 있으며, 다양한 박물관의 활동으로 출판과 전시가 진행됨을 알 수 있다.

[그림 2-17]은 학교박물관에 대해 소개한 2010년에 간행된 출판물로, 건축가 뒬락에 의해 설계된 건물과 관련된 내용을 다루고 있다. [그림 2-18]은 학교박물관 건물 모습이다.

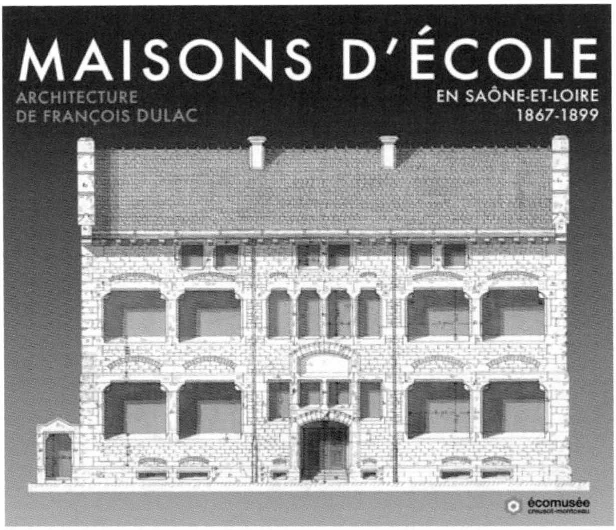

[그림 2-17] 학교박물관 책자

[그림 2-18] 학교박물관 전경

(5) 벽돌공장(La Briqueterie)

[그림 2-19]는 크뢰조-몽소 에코뮤지엄의 벽돌공장 모습으로, 시리르노블에 위치하고 있다. 19세기 말엽부터 20세기 초에 이 지역의 실제 특산품으로 베레보도(Vairet-Baudot) 공장에서 만든 철분이 들어간 흑벽돌(brique noire de fer)이 거푸집에 담기고 완제품이 만들어지기까지 수공의 시연 과정을 볼 수 있다.

[그림 2-19] 벽돌공장

몽소와 블랑지의 광산에서 채굴한 석탄은 이 벽돌공장을 가동하는 연료가 되었으며, 이 벽돌공장에서 생산된 벽돌은 운하를 통해 각지로 판매되어나갔다. 이렇게 지역의 산업은 서로 연계하면서 지역경제에 이바지했다.

지금까지 크뢰조-몽소 에코뮤지엄을 구성하고 있는 박물관들의 전시 및 활동 내용을 알아보았다. 이 밖에도 다양한 기획전시와 출판물 간행, 지역의 교육 프로그램 개발 및 참여 등이 이루어지면서 지역과 유기적으로 연합하고 주민이 자발적으로 만들어가는 진정한 에코뮤지엄의 사례라고 할 수 있을 것이다. 이러한 에코뮤지엄의 근본적인 사상은 타인을 위한 보존과 활용이 아니라 주민 스스로 자신을 거울로 비춰보기 위한 일련의 과정으로, 서로 협력하고 새로운 모험을 시도한다는 데 있다.

크뢰조-몽소 에코뮤지엄의 단계별 운영 특징

▶ 1단계: 태동기

크뢰조-몽소 에코뮤지엄은 조르주 앙리 리비에르와 위그 드 바린이 '에코뮤지엄'이라는 이상적인 모델을 만들면서 지역에 도입하는 시도를 함으로써 태동하게 되는데, 이 과정에서 이 지역의 산업유산에 대해 깊이 연구하고 고민하면서 시작된다. 초기에 크뢰조 지역의 주민은 네트워크를 형성하면서 지역공동체의 가치를 발견하는데, 관심의 대상은 사양 산업이 되어버렸으나 과거 이 지역의 핵심적 산업 활동이던 철강산업, 크리스털 제조, 벽돌이나 타일 생산 등과 관련된 지역의 유산을 조사 · 연구하고 지속적으로 수집하면서 시작되었다. 철강산업의 쇠퇴로 슈네데르 가문이 쇠락의 길을 걷게 되면서 대저택을 포기하게 되자 이를 사들이면서 1973년 '사람과 산업의 박물관'이라는 이름으로 베르리성을 중핵으로 하여 에코뮤지엄이 시작된다. 이 과정에서 지역의 정체성을 찾고 지역민으로서 자긍심을 갖게 되었다고 볼 수 있다.

▶ 2단계: 형성기

발굴된 자원에 대한 가치 부여를 통해 중핵박물관과 위성박물관의 네트워크를 형성하면서 주민과 각 사이트가 연합하는 과정을 갖는다. 시간이 지나면서 당초 크뢰조의 베르리성이 중심이었으나 블랑지에 있는 광산박물관, 몽소의 학교박물관, 시리르노블의 벽돌공장, 에퀴스의 운하박물관 등이 각각의 중심적인 역할을 하면서 독립적인 역할을 할 수 있는 단계로 성장한다. 이 과정에서 주민은 자발적으로 협회를 조직하고 자치단체를 설득하여 에코뮤지엄의 영역을 확보하고, 자원봉사자들의 활동으로 에코뮤지엄이 운영되는 단계를 맞는다. 에코뮤지엄은 지역의 연구자들과 연계하여 지속적으로 학술적인 활동을 하고, 지역의 예술가들과 연계하여 출판물을 발간하고, 시즌별로 기획전시를 시행하면서 박물관 활동을 적극적으로 하게 된다.

▶ 3단계: 성숙기

에코뮤지엄이 외부와 관계 맺기를 하는 과정으로, 유럽에서는 에코뮤지엄과 사회적 박물관 연대가 발전해왔는데, 이 기관은 회원 간의 교류와 대내외적인 활동을 지원하고 있다. 크뢰조-몽소의 경우 이 연대에 가입하여 활동하고 있으며, 새로운 시도를 통해 세계적인 관심을 모으며 에코뮤지엄의 활동을 계속하고 있다. 또한 기획전시와 출판물을 통해 방문객과 소통하고 있으며, 에코뮤지엄의 취지와 활동을 홈페이지에 자세하게 소개하고 있다. 이외에도 세계 여러 나라에 크뢰조-몽소의 사례가 소개되어 퍼져나가고 있다.

기억과 치유의 공간으로서 크뢰조-몽소 에코뮤지엄이 갖는 창조력

산업시대의 크뢰조-몽소는 유리, 철강, 광산, 벽돌공장 등 다양한 산업 동력의 구심점에 있었으며, 지역의 주민은 노동과 헌신으로 자신들의 삶을 영위해왔다. 산업시대가 막을 내리자 지역경제는 침체일로를 걷기 시작했으며, 젊은이들은 고향을 등지고 새로운 일자리를 찾아 도시로 향하게 된다. 더 이상 광물을 캐지 않는 광산을 비롯한 산업시대의 유산은 지역의 쇠퇴를 말해주는 상처로서의 기억이었다. 그러나 용도 폐기된 산업 유산에 의미를 부여하고 네트워크함으로써 주민 스스로 지역의 상처를 극복하는 치유의 과정을 발견하게 되었다.

크뢰조-몽소 에코뮤지엄은 그 창조적인 행보로 '크뢰조의 모험'이라는 찬사와 함께 전 세계의 관심을 받고 있다. 그들이 만약 용도 폐기된 산업시대의 유물을 철거하고 지역의 역사와 함께해온 집단의 기억을 부인했다면 이러한 성과를 얻기 힘들었을 것이다. 과거의 영광과 함께 그 영광을 위해 희생된 노동자들의 영혼을 기억하고, 지역경제의 쇠락으로 더 이상 희망이 없어 떠나간 젊은이들을 기억하려는 것은 에코뮤지엄의 요소 가운데 '유산(heritage)'에 해당한다. 또한 '주민 스스로 지역의 어려움을 극복하려는 자발적인 노력(participation)'이 일어났을 때 크뢰조-몽소는 스스로 치유의 과정을 겪게 된다. 이러한 치유는 자기정체성의 발견이며 자존감의 회복이다. 그 바탕위에 사람과 사람 간의 네트워크, 유산과 유산 간의 네트워크, 사람과 유산 간의 네트워크가 형성되면서 '박물관 활동(museum)'을 전개하게 되는 것이 바로 지역을 구원할 수 있는 창조력이다.

* 이 글은 필자가 발표한 「기억의 보존과 상처의 치유를 통한 창조적 모험 크뢰조-몽소 에코뮤지엄」, 『박물관학보』 24호, 한국박물관학회, 2013, 33~54쪽의 내용을 참고했으며, 2015년 위그 드 바린의 안내로 크뢰조-몽소 에코뮤지엄을 답사한 것을 반영하여 재구성했다.

1 배은석, 『에코뮤지엄: 지속가능한 농촌 희망 프로젝트』, 북코리아, 2013, 86-87쪽.

2 이재명 외 공저, 「유럽말의 시대별 기능」, 『세계의 말 문화V-유럽』, 한국마사회 말박물관, 2013, 81쪽.

▶ 크뢰조-몽소 에코뮤지엄 관련 정보

• 대표 홈페이지: http://www.ecomusee-creusot-montceau.fr/

▶ 베르리성

• 주소: écomusée - Château de la Verrerie - BP 6971206 LE CREUSOT cedex
• 전화: +33 (0)3 85 73 92 00
• 월요일부터 일요일까지 14시~17시 30분 개관(화요일 휴무)
• 가이드 투어: 평일 14시와 17시 30분, 토요일 15시 30분

▶ 운하박물관

• 주소: Rue de la gare - 71210 ECUISSES
• 전화: +33 (0)3 85 73 92 00
• facebook: Ecomusee-Creusot-Montceau-officiel
• 6월 3일부터 10월 1일까지 매일 개관
• 가이드 투어: 약 45분, 14시 ~ 18시 매 시간 시작

▶ 광산박물관

• 주소: Puits Saint-Claude 34, rue du Bois-Clair 71450 - Blanzy
• 전화: +33 (0)3 85 68 22 85
• 홈페이지: http://www.musee-mine-blanzy.fr
• 개인: 3월부터 11월까지는 토요일, 일요일 및 공휴일 14시부터 17시까지
  7월과 8월에는 화요일을 제외하고 매일 14시에서 17시까지 관람 가능
  10월 2일부터 다음 해 3월 15일까지 휴관
• 단체: 연중 내내 약속에 따라 관람 가능

▶ 학교박물관

• 주소: Musée de la Maison d'Ecole 37, rue Jean JAURES
71300 Montceau-les-Mines
• 전화: +33 (0)3 85 57 29 36(뮤지엄)
+33 (0)3 85 57 25 84(가이드)
• 메일주소: maison.delecole@wanadoo.fr
• 블로그: https://musee-ecole-montceau-71.blogspot.fr
• 개인: 9월부터 6월까지 매월 두 번째 일요일 14시부터 17시까지 일반인에게 공개
7월과 8월에 휴무
• 단체: 학교를 통한 단체 관람은 우선 예약 가능

▶ 벽돌공장

• 주소: La Briqueterie - route du canal - D974 71420 CIRY-LE-NOBLE
• 전화: +33 (0)3 85 77 16 86
• 홈페이지: www.mairie-ciry-le-noble.fr
• 화요일부터 일요일까지 14시 ~ 18시 개관(7월 1일부터 9월 2일까지)
• 시리르노블 시청에 정보 문의

3. 페모로 광산센터의 '연출된 박물관'*

지역사회와 에코뮤지엄

현대 예술의 해체적 성향, 신기술의 발전을 수용하는 테크놀로지와 예술의 결합, 전시 주체의 변화와 대중의 전시 참여, 무형유산에 대한 인식과 소장품의 개념 변화, 여성과 인권에 대한 인식 등 다양한 사회적 요구들이 박물관의 영역으로 들어오게 되면서 신박물관학이 대두되기 시작한다. 신박물관학은 박물관에 대한 논의를 문화유산학, 사회학, 경영학, 테크놀로지와의 융복합적 관점은 물론이고 노동과 고용의 문제, 여성과 성차별에 대한 문제, 지역사회와의 문제 등 다양한 관점에서 전개된다. 이러한 현상 중 가장 두드러진 특징은 유물과 유산 개념의 변화와 지역사회에 대한 관심의 증가다. 즉, 박물관의 관점이 지역사회로 확장되면서 생활유산과 지역의 생활터전인 삶의 현장으로 그 영역이 확장된다.

박물관과 사회의 관계에 대해 연구를 전개해온 피터 데이비스(Peter Davis)는 아래 그림과 같이 박물관(Museum)과 지역사회(Community), 환경(Environment)의 관계를 나타냈다.[1] [그림 2-20]은 전통적 박물관과 지역사회와 환경의 관계도다. 이 단계의 박물관은 유물의 수집, 관리, 보존, 조사, 연구, 전시, 교육의 기능 등 고유의 영역에 충실하면서 인류문화에 기여하지만, 지역사회와 환경으로부터 멀어져서 서로의 관계성이 보이지 않는 구조다.

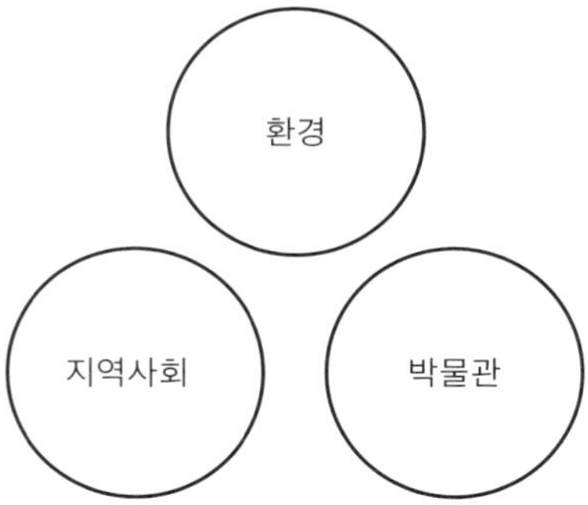

[그림 2-20] 박물관과 지역사회와 환경의 관계도(Peter Davis, 2011)

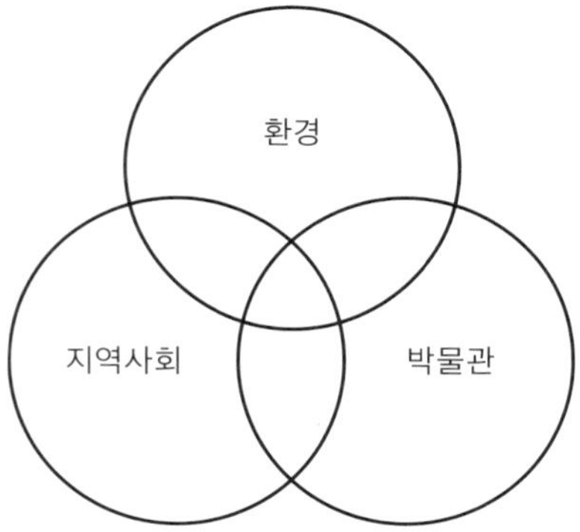

[그림 2-21] 에코뮤지엄과 지역사회와 환경의 관계도(Peter Davis, 2011)

그는 박물관이 지역사회와 지역의 환경 문제에 대해 관계를 맺고 기여해야 한다고 주장하는데, [그림 2-21]의 개념으로 설명한다. 박물관과 지역사회와 환경이 서로 만나는 지점이 생기는 것이다. 이러한 박물관의 형태가 바로 에코뮤지엄인데, 만나는 교차점이 더 넓어질

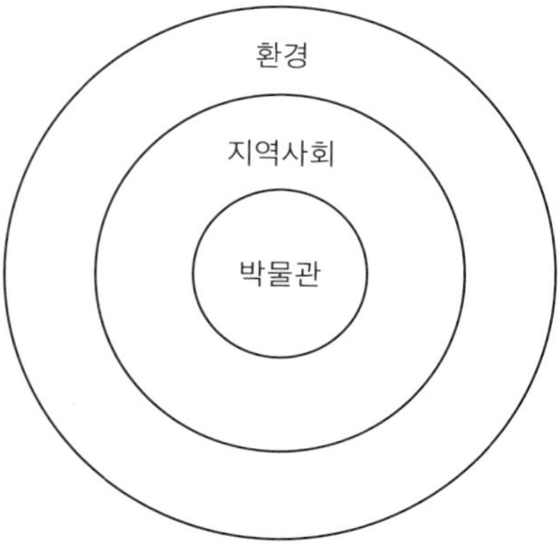

[그림 2-22] 이상적인 에코뮤지엄과 지역사회와 환경의 관계도(Peter Davis, 2011)

수록 이상적이라고 본다.

[그림 2-22]는 지역사회와 환경의 관계에서 가장 이상적인 에코뮤지엄의 모델이다. 이는 지역사회와 환경의 관계에서 에코뮤지엄이 핵심 역할을 하고, 그 주변을 지역사회가 감싸고 있으며, 이를 또 지역의 환경이 감싸고 있는 모델이다. 에코뮤지엄의 이념에서 중요한 것은 지역 활성화를 위해 박물관이나 기념관을 지어 관광객을 유치하고 경제적 가치를 창출하는 것이 최우선의 덕목이 아니라 지역 그 자체를 이해하는 것이며, 이해하려는 행위 그 자체에 의미를 부여하는 것이고, 지역에 살고 있는 주민이 주인이 되어야 한다는 것이다. 본고의 연구 목적은 에코뮤지엄의 관점에서 지역공동체의 보존과 발현을 도모하는 페모로 광산센터(Centre minier de Faymoreau)에 대한 이해를 목적으로 한다. 연구방법을 개괄적으로 나타내면 [그림 2-23]과 같다.

먼저, 박물관을 둘러싼 환경으로서 방데(Vendée)에 대해 개괄적인 이해를 도모한다. 다음으로 지역사회에 대해 연구하는데, 그 대상을 페모로의 광산마을 역사와 광부공동체로 한다. 그 후에 박물관에 대한 연구로 페모로 광산센터에 대해 살펴보고자 한다. 이러한 연구

과정에서 이들의 관계에 대해 고찰하고 그 관계성에 대해 규정하고자 한다.

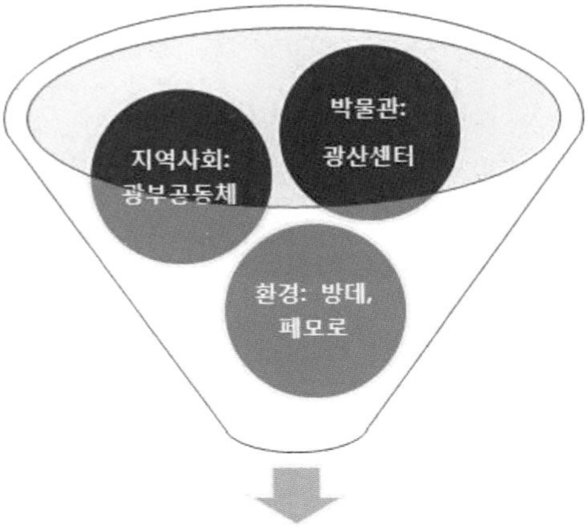

[그림 2-23] 환경, 지역사회, 박물관에 대한 연구설계도

박물관의 환경으로서 방데에 대한 이해

프랑스 서부 해안에 위치한 방데에 속한 페모로는 숲속에 자리한 작은 전원마을이다. 방데는 프랑스 중서부 대서양 해안에 인접한 페이드라루아르(Pay-de-la-Loire) 레지옹(Région)에 소속된 도(道)다. 주요 산업은 관광업, 농업, 식품가공업, 경공업이다. 관광업은 최근 들어 급성장했는데, 퓌뒤푸의 그랑파르크(Grand Parc du Puy du Fou)와 「시네세니(La Cinéscénie)」의 성공은 방데의 경제적 입지를 높이는 데 기여했다. 농업과 식품가공업은 방데에서 중요한 고용원이자 수익원이다. 주요 경작 작물은 옥수수, 밀, 해바라기 등이며, 해안이 길게 분포되어 있어 굴, 홍합 등 조개류의 생산량이 많고 육류 및 유제품도 생산된다. 해안가에 형성된 늪지에서 생산되는 소금은 프랑스 전역에서 판매된다.

전통적으로 농사를 지으며 평온하게 살아온 이 지역은 역사적으로 매우 암울한 기억을 갖고 있는데, 그것은 1793년에 일어난 방데 반란(Rébellion Vendéenne)이다. 프랑스 서부에 있는 방데 지역의 농민들에 의해 1793년 시작되어 나폴레옹이 1801년 공식적으로 끝내기까지 혁명파에 의해 학살당한 농민의 수는 17만 명에 이른다고 추정되고 있다.[2] 이는 프랑스 혁명파에 대항한 가톨릭교회 세력과 왕당파의 반란으로 일명 '방데 전쟁(Guerre de Vendée)'으로 불린다. 당시 '가톨릭과 국왕의 군대'라는 기치 아래 모인 왕당파는 백색군, 혁명파는 청색군으로 구분되었다. 방데 전쟁으로 혁명 중 가장 처참한 살육이 자행되었으며, 최근까지도 잊히지 않고 있지만, 현대에 이르러서도 프랑스에서 논란을 금기시한 지역이다.[3]

최근 들어 프랑스 내에서 방데 전쟁과 학살에 대한 반성과 논의가 이루어지고 있는데, 이러한 논의와 역사에 대한 성찰의 계기는 먼저 1989년 프랑스대혁명 200주년을 맞아 프랑스 전역에서 대대적으로 벌어진 혁명 기념사업의 영향이다. 혁명 200주년 기념사업은 혁명의 긍정적 효과는 물론 혁명 과정의 오류 및 과거사에 대한 성찰 기회를 제공했다. 두 번째는 방데지방의 기억의 전승과 예술적 힘이다. 비극적 역사를 지역공동체의 기억으로 전승해오다가 지역민 주도의 공연으로 승화시켜 가공할 만한 성공을 거둔 야외극「시네세니」는 과거사에 대해 문제를 제기한다.[4]

그 밖에도 방데의 집단기억 전통이 민간에서 유지되는 것에 유념할 필요가 있다. 방데의 지역민은 '방데인의 기억(Le Souvenir Vendéen)'이라는 시민단체를 결성하여 방데의 정당한 역사적 평가를 위해 노력했는데, '무장한 방데'라는 누명을 쓴 지역의 전통, 문화, 역사, 종교를 연구하고 구술 자료를 수집했다. 1932년부터 시작된 이 시민단체는 제2차 세계대전 기간 잠시 중단했다가 1947년부터 활동을 재개하여 현재까지 이어져오고 있다.[5] 이처럼 방데는 처참한 역사적 기억을 갖고 있으면서 프랑스대혁명에 반대했다는 오명을 뒤집어쓰고 지나온 시간을 견디면서 자신들의 기억 전승의 힘으로 과거사의 명예를 회복한 지역이다. 방데 전쟁과 학살의 기억은 피에르 노라(Pierre Nora)의 주도 하에 편찬된 프랑스역사총서『기억의 장소(Les Lieux de Mémoire)』의 방데 편에서 다뤄진다. 장-클레망 마르탱(Jean Clément Martin)이 1984년에「방데, 기억의 장소: 혁명파와 왕당파」라는 제목으로 발표한 이 글은 기억화된 과거를 기념하고 보존하면서 전승하는 행위를 통해 형성된 집단기억을 보유하고 있는 '방데의 기억의 전승'에 대해 연구한 결과물이다. 기억의 장소에 대한 논의는 역사학의 혁명이라는 평가를 받으며, 프랑스는 물론 세계 각국의 기억의 장소에 대한 논의를 불러일으키면서 그동안의 역사학 관점에 이의를 제기한다.

이처럼 기억의 전승을 중시하는 방데에는 다수의 에코뮤지엄이 존재하는데, 페모로에 있는 광산센터는 '방데의 박물관보존회'[6]에 속하는 에코뮤지엄 가운데 하나다.

페모로 광산의 역사

기억의 전승으로 자긍심을 지켜온 방데에 위치한 페모로는 원래 16세기부터 농업협동조합으로 유명했던 지역인데, 오늘날은 광산센터(Le Centre Minier)로 유명하다. 페모로 광산의 역사는 1827년 페모로에서 가까운 마릴레(Marillet)에서 석탄이 발견되면서 시작된다. 이 발견은 이후 130년간 이 지역 최대의 모험에 공헌했다. 광산의 발견과 광석의 채굴은 지역경제를 발전시키는 방안으로 새로운 산업을 요구하게 되었는데, 이에 부응하여 광산공동체는 1836년 페모로 유리제조공장(La Verrerie de Faymoreau)을 설립했다. 당시 유리 제조에 투입된 대부분의 유리 세공인은 왕실 유리공장이 있던 엔(Aisne)과 루아르(Loire) 지역에서 왔다. 엄청난 투자를 바탕으로 이루어진 이 유리 제조공장은 1838년부터 정원 클러치(어린 식물 보호용으로 씌우는 종 모양의 덮개)를 생산하기 시작하여 80명 이상의 노동자들과 함께 1년에 100만 개 이상의 병을 생산해냈다. 이 병은 주로 보르도의 와인 산지나 코냑 증류공장에 공급되었다. 1840년에는 가옥과 성당, 학교를 지어서 마을을 건설했다.[7]

[그림 2-24]는 당시에 건설된 페모로 광산마을의 모습으로, 광산센터의 전시실에서 상영되고 있는 「숲속의 작은 광산(La Petite Mine dans le Bocage)」의 한 장면이다. 화면에는 당시 마을과 광산의 생활이 나타난다. 또한 화면 아래에는 당시 광산과 마을을 재현한 디오라마가 펼쳐져 있다.

[그림 2-24] 페모로 광산마을의 모습

이렇게 광산과 마을이 건설된 후 1869년에는 철도의 출현으로 앙제(Angers)와 니오르(Niort) 구간에 광부공동체를 위한 아울렛 매장이 들어서서 생활의 편의를 도모했다. 1922년에는 발전소가 세워짐으로써 페모로를 포함한 남부 방데 지역의 모든 가정이 전기를 공급받게 되었다. 한편, 1920년 이래로 광산노동자의 수가 증가했는데, 폴란드인, 이탈리아인, 포르투갈인, 체코인, 독일인, 스페인인, 러시아인 등 다양한 국적의 광부들이 섞여서 함께 일했다. 그 당시 페모로의 인구는 1천 명에 달했고, 연간 석탄 생산량은 6만 톤에 달했다. 1955년 EDF(Electricity of France)가 제3의 원료를 사용하게 되면서 발전소에 석탄 공급이 중단되었다. 이것이 광산공동체의 쇠락을 가져왔으며, 마침내 1958년에는 광산채굴이 중단되었다.[8] 이렇게 페모로 마을은 석탄의 발견과 채굴 덕분에 1827년부터 1958년에 이르는 영광스런 시절을 보냈으며, 이는 방데의 산업발전에서 한 축을 담당한다.

광부들의 생활

페모로 광부들의 생활 터전인 광부마을은 시내 중심지와 라오트테라스(La haute Terrasse)에 형성되었다. 라바스테라스(La Basse Terrasse) 지역의 광산은 1918년에 건설되었으며, 이 지역은 다른 광산과는 상당히 멀리 떨어져 있었는데 갱내감독과 관리자들에게만 주거가 한정되어 있었기 때문에 부자 광부마을로 인식되었다. 라오트테라스와 라바스테라스의 주택들은 광산공동체의 소유였기에 광부들이 개별적으로 소유할 수는 없었다. 광부들에게는 석탄이 별도로 지급되었는데, 정규직은 한 달에 400킬로그램의 석탄을 받았고 일일노동자들은 300킬로그램을 받았다. 이 시기에 지어진 건축물로는 1918년에 설립된 아르데코 스타일의 광산 호텔레스토랑이 있는데, 이곳은 독신 광부나 잠시 체류하는 사람들이 숙박했던 곳이다. 페모로의 인구는 경제나 광산의 상황에 따라 증감했는데, 통계를 보면 1921에 759명, 1926년에 673명으로 떨어졌고 1930년대에는 900명, 1936년도에는 1천 명을 상회하기도 했다.[9] 광부들의 생활은 유리 제조공장, 광산호텔, '라 뤼세(La Ruche)'라는 소비협동조합[10] 등을 주요 무대로 하여 이루어졌다. 스포츠 활동과 여가 활동을 위해 음악클럽이나 축구, 농구, 공놀이단합, 테니스부 등이 조직되었다. 1990년 4월 퐁트네

르콩트(Fontenay le Comte)의 티라쿠오(Tiraqueau) 대학교 연구팀이 생존 광부인 레이몽 쿠드로니에르(Raymond Coudronnière)를 대상으로 조사하는 과정에서 구술 채록된 기록물인 『늙은 광부는 기억합니다……』에는 당시 광산촌의 생활을 다음과 같이 기록하고 있다.

> 급여날이 되면 신발상, 직물상 등의 순회상인들이 광부들의 성당 앞에 자리를 잡으려고 모여들었습니다. 협동조합도 있었는데, 광부들은 모두 주주였습니다. 협동조합에서 판매하는 상품들의 가격이 좀 더 저렴했습니다. 광부들의 자식들은 거기서 일했습니다. 협동조합은 1920년대에 만들어졌습니다. …… 광부들은 집에 오면 대부분 먹고 잤지만 어떤 사람들은 정원을 가꾸었습니다. 몇몇 농부들은 광산 소유의 작은 소작지를 가지고 있기도 했습니다. 이렇게 두 가지 직업을 가진 사람도 있긴 했지만 매우 드물었습니다.[11]

광부들의 소소한 일상과 급여, 협동조합 등에 대한 묘사다. 광부들의 성당이 있는 위치를 중심으로 순회상인들의 상권이 형성되었음을 알 수 있다. 다음은 광부들의 여가생활에 대한 구술내용이다.

> 여가생활로 축구와 음악서클도 있었습니다. 음악서클의 장(長)은 손에 막대를 들고 싸우는 법을 알고 있었지요. 음악서클의 멤버는 100명에 이르렀고요. 이들은 낭트에서 1923년 개최된 경연대회에 나가 금상을 수상한 경력이 있습니다. 서클은 악기를 구매하기도 했죠. 그리고 축구팀은 외국인이 있었기 때문에 실력이 좋았습니다. 체코인과 폴란드 인은 이미 그들 팀에서 뛰어난 선수들이었습니다. 토와르(Thouars), 소뮈르(Saumur) 등에서 우승했지요. 외국 국적의 선수들은 1년만 체류하는 경우가 많았기에 축구팀은 안정적이진 않았습니다. 팀은 가끔 한

명도 없을 때도 있었습니다. 가끔은 방파제에서 수영을 좀 하기도 했습니다. 수영하는 법을 배웠지만 코치는 따로 없었어요.[12]

[그림 2-25] 음악서클 관련 전시물

광부들의 여가생활에 대해 그가 회상한 것처럼 [그림 2-25]는 음악서클이 1923년 낭트에서 개최된 경연대회에서 수상한 상장과 그들이 사용했던 악기, 수상 기념사진 등이며 광산센터의 전시실에 전시되어 있다.

광부들은 음악서클 이외에 다른 여가생활로 스포츠 활동을 했으며, 축구팀이 있었다는 것을 알 수 있다. 광산센터에 전시된 사진 가운데 축구팀의 모습도 있는데, 광부들의 일상과 작업 상황, 여가 등을 담은 사진들은 후손들과 방문객에게 그들의 삶을 보여준다. 광산노동자로서 고단한 삶을 살았지만 다양한 여가생활을 통해 삶을 일군 것을 엿볼 수 있다. 또한 레이몽 쿠드로니에르는 광부들의 축제

날을 아름답게 기억하고 있었다.

> 광부들에게는 축제날이 하루 있었는데, 바로 광부들을 지켜주는 성(聖) 바르브(Sainte Barbe)의 날이었습니다. 이날은 성문 앞에서 작은 브리오슈(빵)를 나누어주었습니다. 광부들은 이 빵을 먹으러 왔습니다. 성녀들은 우리가 미사에 참석하기를 바랐습니다. (중략) 모든 광부들이 자정미사에 갔지요. 저도 미사에 갔어요. 그날은 우리의 축제였고, 성당은 아름답게 장식되어 있었습니다. 음악서클이 연주를 했지요. 페모로에서의 매우 아름다운 축제였습니다.[13]

연로한 생존 광부의 기억들은 지역공동체의 자긍심으로 남아 새롭게 탄생한다. 이러한 그의 구술 자료는 후손들에 의해 책으로 만들어진다. 또한 광부들이 남긴 자료들은 광산센터에 전시되어 그들의 역사와 삶을 후손에게 증언한다.

광부공동체와 문화유산의 전승

광산공동체를 통해 지어진 노동자들의 주택단지에 인구가 증가하자 광산공동체는 노동자들이 가까이서 종교의식에 참여하고 종교계율을 더 잘 준수하도록 하기 위해 광부들의 마을 한가운데에 성당을 건립했다. 이 성당은 1876년 12월 4일, 광부들을 수호해주는 '성바르브의 날'에 완공되어 광산 노동자들의 종교생활에서 구심점 역할을 했다. 이후 1958년 광산이 문을 닫았을 때 그 성은 주교구에 증여되었으며, 주교구는 1998년에 이를 시(市)에 증여했다.

한편, 1995년 지역의회는 문화교육관광발전계획[14]을 세우게 되는데, 광부공동체가 지원하는 박물관을 건설하고, 광부들의 성당에 있는 18개의 흰색 유리창을 광산생활을 비유하는 영적인 의미를 가지는 예술적인 스테인드글라스로 교체하기로 했다. 예술가로는 카멜로 자가리(Carmelo Zagari, 1957~)가 선정되었다. 그의 작품 활동을 위해 지자체에서는 망(Mans)에 있는 프랑스 스테인드글라스 아틀리에를 제공하기로 했다. 이 계획은 2000년 3월 문화통신부의 공공계약위원회[15]에 소개되었고, 그 가치를 인정받아 국가 차원의 지원을 받게 된다. 카밀로와 스테인드글라스 장인은 협력하여 유리에 작품의 사본을 그려서 정교하게 제작했다. 이 작업에는 '티파니(Tiffany)'라고 불리는 유리 반죽을 활용해서 대성당 유리 제작 기법에 혁신기술을 융합하여 정성껏 제작되었다. 마침내 2002년, 그들이 만든 18개의 스테인드글라스가 완성되었다.[16]

[그림 2-26] 광부들의 성당 스테인드글라스(출처: 페모로 광산센터)

[그림 2-26]은 완성된 스테인드글라스의 일부다. 이 채색유리는 사실 각각 하나의 독립된 그림들이다. 서로 비슷한 상징이나 구조 그리고 색의 빛 등을 갖고 있다. 각각의 작품은 세 부분으로 구성되어 있는데, 이는 신의 세계, 중간계인 인간세계, 내부의 지하세계다. 작가

는 작품의 흐름을 이끌어가는 안내자인 한 아이를 설정했다. 그 아이는 작가 자신의 아들이 되며, 광부의 마을에 있는 모든 아이들이 되기도 한다. 마찬가지로, 어머니와 아버지의 형상도 광부들의 아내이거나 페모로의 광부들이거나 그들의 부모를 연상시킨다. 이 작품은 친근하면서도 공동체 의식을 반영한 것이며, 자서전적이면서도 집단의 기억을 표출하고 전승하는 역할을 한다. '가족'이라는 테마는 종교의식을 치르는 장소라는 것과 합쳐져서 성(聖)가족을 연상시킨다. 따라서 어머니는 자신의 아들인 예수를 돌보는 성모 마리아를 의미한다. 이는 곧 광부들을 지켜주는 성바르브이기도 하다. 이들은 모두 광부를 사랑으로 지켜주는 존재다. 이러한 중의적 해석이 섞이고 섞여 채색유리 속에 빠짐없이 들어가 있다. 이는 삶, 사랑, 가족, 안전, 위험, 죽음, 애도, 희망, 기원 등 여러 요소가 복합적으로 표현된 것이다. 이러한 요소들은 안전등, 후광(後光), 기둥 탑, 천사, 갱내가스 폭발, 에덴동산, 승강기로 내려가기, 피에타 등으로 그려져 마치 성화의 장면처럼 영적으로 표현되어 광부들의 성당에 비치되었다.

페모로 광산센터, 연출된 박물관(Le Centre Minier, Musée Scénographique)

페모로 광산센터는 지역의 학교들과 연계하여 역사적 유산의 보존과 계승, 그리고 방데의 기억유산 및 자연유산에 대한 교육을 하는 것을 사명으로 한다. 체험, 교육 그리고 도서 등은 페모로의 역사부터 다양한 주제로 접근한다. 여러 가지 주제에는 지리학을 비롯하여 지질학, 광석, 석탄의 형성, 공장에서 석탄의 사용, 산업혁명, 노동자의 삶, 예술, 신화와 종교, 19세기 문학 등이다. 기획전시와 콘퍼런스, 다양한 체험활동은 대중과 젊은이들에게 페모로의 지역 정체성을 알리고 전승하는 역할을 한다. [그림 2-27]은 페모로 광산센터의 전경이다. 이곳은 '광산센터'라고 불리거나 '연출된 박물관'이라고 불리기도 한다.

[그림 2-27] 페모로 광산센터 전경

[그림 2-28] 광부들의 옷이 걸린 방, 램프의 방, 그리고 연출된 광산

방문객이 광산센터에 도착하면 도슨트가 광산센터 브로슈어를 배부한다. 거기에는 광산의 역사, 박물관의 전시 구성 내용 등이 적혀 있다. 방문객은 일정 시간 동안 안내지를 읽고 내용을 숙지한 후에 도슨트의 안내를 받아 첫 번째 공간으로 들어서게 된다. 첫 번째 공간인 광부들의 탈의실(hanging-room)에는 광부들이 실제로 입었던 작업

복이 높이 걸려 있다.

[그림 2-28]의 첫 번째 사진은 광부들의 옷이 걸려 있는 방이다. 광부들은 이 옷과 모자, 신발을 갖추어 입고 작업에 임했다. 일과가 끝나면 여기에 젖은 작업복을 걸어두는데, 작업하는 동안 땀과 이물질의 침투로 젖은 옷이 밤 동안 마르게 된다. 방문객은 과거에 광부들이 작업하러 가던 때와 같은 동선으로 이곳을 지나서 램프의 방으로 향하게 된다.

[그림 2-28]의 두 번째 사진은 램프의 방이다. 작업복을 입은 광부들은 램프의 방에서 숫자가 적힌 코인을 주고 같은 숫자가 적힌 램프를 받는다. 이것은 안전을 체크하는 시스템이다. 만약 하루 일이 다 끝나고 마무리하는 시간이 지나도록 코인이 남아 있다면 돌아오지 못한 광부가 있음을 의미한다. 이 안전 램프는 휘발유로 작동되는데, 어둠을 밝히는 역할과 갱내가스를 발견하는 기능을 했다. 갱내가스란 일반적으로 광산의 갱내에 존재하는 가스를 말한다. 이는 갱내에서 사용한 화약의 연소 가스, 엔진류의 배기, 갱부의 호흡 등이 주체로, 미세한 암석가루, 탄가루 등이 떠다니고 메탄이 포함되어 있기도 하다. 만약 램프의 불빛이 푸른색을 띠고 불꽃이 길어지면 사고가 날 수 있다는 신호이므로 빨리 광산 밖으로 탈출해야 함을 의미한다.[17] 램프의 방을 지나 리프트를 타고 내려가면 갱도에 다다른다. 하강하던 리프트가 멈추면 앞으로 나아가 광산 안으로 진입하게 된다. 그러나 사실 이 광산은 연출된 것으로, 광부들의 옷이 걸린 방과 램프의 방 옆에 위치하고 있다.

[그림 2-28]의 세 번째 사진은 연출된 광산이다. 관람객은 승강기를 타고 갱도를 내려가는 것으로 착각하지만 실상은 승강기가 제자리에서 흔들리고 있는 것이며, 승강기 벽체가 움직여서 착시를 일으키는 것이다. 승강기에서 내려서 마주한 갱도 역시 연출된 것으로, 광

산의 끝에서 다시 승강기를 타고 2층에 펼쳐진 전시실에 다다르게 된다. 관람객이 광부들의 옷이 걸려 있는 방을 지나 램프의 방을 거쳐 연출된 광산을 지나는 과정은 진정한 전시를 보기 전에 광산생활과 광부들에 대해 공감하고 그들의 세계로 진입하기 위한 오리엔테이션이라고 할 수 있다.

전시와 교육 프로그램

[그림 2-29] 상설전시실, 유리병, 난쟁이인형

상설전시실에는 광산업, 유리제조업과 유리 제조공장, 광부들의 마을과 여가생활 등을 주제로 패널, 사진, 유물, 영상 등이 전시되어 있다. 광산업을 테마로 해서는 광산의 역사, 광산 조직, 광산 작업 과정, 광산 작업의 위험성과 안전을 위한 노력, 광부들의 월급명세서 등이 전시되어 있다. 유리제조업에 대해서는 유리 제조 원리를 설명하는 애니메이션, 유리 제조공정이 담긴 사진, 제조된 유리병 등이 전시되어 있다. 또한 지금은 생존 광부들의 공동생활공간으로 활용되고 있는 유리공장 건물에 대한 설명도 자세하게 안내되어 있다. 그 밖에 광부들의 마을과 가족, 협회 등의 모습이 담긴 사진과 여가생활을 위해 모였던 축구부 사진, 음악서클 사진, 음악서클에서 사용한 악기 등이 있다. 또한 영상실이 있는데, 이곳에서는 「숲속의 작은 광산」이라는 영상물이 상영되고 있다. 이는 당시 광부들의 마을 풍경, 광부들의 모습, 작업장, 음악대 등 사진기록물을 편집한 것이다.

[그림 2-29]의 왼쪽 사진은 상설전시실 모습이다. 이곳에는 광산과 광부들의 삶, 유리 제조공장, 유리 제조과정 등이 담긴 컴퓨터 시스템이 있어서 방문객에게 페모로의 광산에 대한 정보를 제공한다. 이외에도 상설전시실에는 지역의 조상들이 살아온 모습과 그 기록을 전시와 패널로 자세하게 보여준다.

[그림 2-29]의 오른쪽 위 사진은 당시의 유리 제조공장에서 생산한 병이 전시된 모습이다. 오른쪽 아래 사진은 창문을 배경으로 난쟁이인형들이 놓여 있다. 창문에는 "창문 너머 보이는 저 건물이 과거 유리를 제조했던 공장이다"라고 쓰여 있다. 현재 이 건물은 광부공동체의 소유로, 생존 광부들의 숙소로 개조되어 활용되고 있다. 한편, 세 난쟁이는 상설전시실과 기획전시실을 연결하는 역할을 한다.

2014년 2월 15일부터 8월 31일까지 열린 기획전시는 「넹포르트쿠아(Nainportekoi)」라는 난쟁이인형 전시였다. "광산박물관에 웬 난쟁이인가?"라고 물으면, 그들은 이렇게 대답한다. "우리는 그림 형제의 「백설 공주와 일곱 난쟁이」 이야기 속 일곱 난쟁이를 잘 알고 있다. 그들의 직업은 모두 광부다. 페모로 광산박물관에 난쟁이 무리를 초대한 이유는 바로 그것이다." 북유럽 신화에 등장하는 난쟁이를 방데의 작은 광산마을에 초대한 데는 나름의 이유가 있다. 난쟁이는 지하에 살며, 인간과 유사하지만 키가 작고, 지구 깊숙이에서 캐내는 광석과 광물에 대해 조예가 깊은 상상 속의 생명체이며, 궁극적으로는 '광부'

다. 난쟁이는 선하기도 하고 악하기도 하며, 선과 악의 합일체이기도 하며, 매우 가끔 중립적이다. 유럽인은 좁고 어두운 갱도를 지나 땅속의 보물을 캐내기에 키가 작은 난쟁이가 적합하다고 믿었다. 또한 땅속의 보물을 캐내고 수호하는 난쟁이에게 신비로운 힘이 있다고 믿었다. 그러한 연유에서 광산 경영자들은 악운을 내쫓기 위해 작은 난쟁이인형을 만들었다.[18] 결국 난쟁이들의 직업이 광부라는 이유에서 페모로 광부들의 박물관에 초대된 것이다. 사실 냉포르트쿠아는 아트 포인트 엠(Art Point M)의 패니 부야구이(Fanny Bouyagui)[19]가 「릴(Lille) 3000」[20]을 위해 2010년에 기획한 프로젝트다. 그녀는 정원의 난쟁이를 주문제작하여 색을 입히는 대규모 작업을 성(聖) 소베르드릴(Saint Sauveur de Lille) 역에 전시할 것을 「릴 3000」 주최 측에 제안하여 실행한 경험이 있다. 광산센터는 이번 기획전시를 계획하면서 아트 포인트 엠과 「릴 3000」 팀과 접촉하여 「냉포르트쿠아」의 전시 아이디어를 기획전에 활용하고자 한다는 의사를 전하고 이에 대한 동의를 얻는다. 그 후 광산센터는 지역의 예술가들에게 방데의 화가 프레데리크 메르시에(Frederic Mercier)가 구상한 본래의 광산 난쟁이를 재해석할 것을 제안한다. 마침내 60명에 달하는 지역의 예술가들이 40센티미터의 하얀 석고로 만들어진 광산 난쟁이를 재해석하는 데 동참했다. 이렇게 지역 예술가들에 의해 형상화된 난쟁이의 무리가 페모르 광산박물관에 초대되어 기획전시를 하게 된다.

[그림 2-30]의 왼쪽 사진은 「냉포르트쿠아」 기획전의 포스터다. 광부의 램프를 들고 있는 난쟁이 무리가 보이고, 그중 한 명에게 색을 칠하는 모습이 그려져 있다. 기획전의 의도대로 참여 작가들의 상상력은 작은 공간에 효과적인 전시를 완성한다. [그림 2-30]의 오른쪽 사진은 전시된 난쟁이들의 모습이다. 광산에서 땅속 보물을 캐고 지키는 난쟁이 본연의 모습을 표현하기 위해 그들의 왼쪽 손에는 모두 램프

[그림 2-30] 냉포르트쿠아 포스터와 전시실

가 들려 있다. 전시실에 들어서면 첫 번째 벽에 작가들의 이름이 적힌 패널을 볼 수 있다. 이 기획전시의 체험 프로그램은 방문객이 난쟁이 인형에 색을 칠할 기회를 주는데, 이는 광산과 광부에 대한 이해를 바탕으로 예술적 체험을 하게 하는 효과를 갖는다고 볼 수 있다.

그 외에도 광산센터에서 지역의 학생들을 대상으로 진행하는 프로그램은 지역의 역사, 산업의 역사, 지질과 암석, 광물, 광산업 등을 주제로 다양하게 전개된다. 교육 프로그램의 예를 들면, '불빛과 놀기'는 초등학교 고학년생과 중학생을 대상으로 한다. 지역의 향토사를 배울 수 있는 '페모로, 광산마을'은 초등, 중등, 고등 전체 학생을 대상으로 한다. '산업혁명'은 중학생을 대상으로 한다. 또한 다양한 각도의 예술 프로그램도 진행된다. 다음 [표 2-2]는 광산센터에서 지역의 학생들을 대상으로 하여 광부들의 성당 스테인드글라스를 모티프로 하여 진행하는 교육 프로그램 사례 중 하나다.

[표 2-2]처럼 초등학생, 중학생, 고등학생에 이르기까지 지역의

[표 2-2] 문화유산 교육 프로그램[21]

대상	시기	분야	주제
초등학생	19세기/20세기	시각예술	주요 움직임을 삽화로 그린 작품 이해
중학생	19세기/20세기	시각예술	예술, 창작품, 문화예술, 신화와 종교예술, 기술, 표현
고등학생	19세기/20세기	시각예술	예술, 사실성, 상상력, 예술과 신성, 사회와 문화

어린 세대들을 대상으로 광부들의 성당이 갖는 예술성과 그 속에 담긴 지역의 역사, 광부들의 삶과 정신은 후손들에게 중요한 문화유산 교육 프로그램으로 전승되고 있다. 그 외에도 여름밤에 광부들의 성당에서 스테인드글라스를 감상하고, 예배에 참석하고, 광산지역을 방문하는 등의 프로그램이 해마다 새로운 기획을 통해 탄생되어 교육되고 있다.

지금까지 기억의 장소 방데의 작은 전원마을 페모로 광산센터에 대해 살펴보았다. 이 작은 광산유산을 보존하면서 이들이 후손과 방문객에게 전하고자 하는 메시지는 다양하고 그 활동은 활발하다. 그 방법은 예술, 과학, 역사학, 사회학, 신화, 테크놀로지와 연계하여 표현된다. 이러한 페모로 광산센터의 활동은 방데의 기억 전승이 갖는 힘을 보여준다. 과거를 기억하고 이를 보존하면서 지역의 지속 가능한 발전을 도모하기 위해 과거의 영광과 조상의 희생을 기념하는 박물관을 만들어 전시하고, 이를 후세에 전승·교육하고 방문객을 맞이하는 이들의 활동은 에코뮤지엄의 철학에 부합한다.

에코뮤지엄의 현재적 의미

그렇다면 박물관으로서 페모로 광산센터와 광부공동체, 방데는 어떤 관계가 있을까? 광산센터가 설립되기 전까지 지역의 구심체는 광부공동체였다고 할 수 있다. 그들은 페모로의 작은 광산을 운영하면서 방데의 산업에 기여했고, 주민의 삶에 기여했다. 이러한 광부공동체가 정부와 지역의회와 연계하면서 광산센터를 설립한 이후에는 박물관이 지역공동체의 구심체 역할을 하게 된다. 이것은 그동안 지역사회에 한정된 페모로 광산의 기억을 대중과 소통하는 열린 구조로 구축한다. 이는 궁극적으로 박물관이 갖는 정의에 충실한다. "박물관이란 지역사회와 사회의 발전에 이바지하는 비영리의 항구적 기관으로서 공중에게 개방하고, 교육과 연구, 위락을 위해 인류와 인류의 환경에 관한 유형·무형의 유산을 수집·보존·연구·교류·전시하는 기관이다."[22] 다시 말해 페모로 광산센터는 지역사회와 사회의 발전에 이바지하는 비영리의 항구적 기관으로서 주민과 방문객에게 개방하고, 교육과 연구, 위락을 위해 그들이 처한 인문지리적 환경, 자연환경, 생활환경 속에서 페모로 광부들의 삶에 관한 유형·무형의 유산을 수집·보존·연구·교류·전시하는 기관이다. 페모로 광산센터가 갖는 의의는 바로 여기에 있다. 그러므로 박물관, 지역사회, 환경의 관계에서 페모로 광산센터는 [그림 2-31]과 같이 설명할 수 있다. 광산센터는 광부공동체를 지탱하는 강력한 에너지로서 핵심 역할을 한다. 또한 이들은 '방데'라는 지정학적·정서적·역사적·사회적 환경에 놓여 있다. 과거의 영광을 간직한 페모로 광부공동체는 '방데'라는 특수한 환경에서 자신들의 정체성을 형성했고, 박물관을 건립했다. 또한 광부들의 희생을 기리고자 광부들의 성당에 영적인 채색유리를 만들며, 지역을 찾는 방문객에게 자신들의 조상과 마을의 역사를 설명하면서 스스로의 존재 의미를 발견한다. 그리고 에코뮤지엄과 사회적 박물관 연대의 일원으로서 같은 이념을 갖는 기관들과 교류하고 연계한다.

에코뮤지엄의 성립과 운영에서 공통적으로 나타나는 양상은 먼저 지역의 주민이 어떤 사건이나 현상을 계기로 지역 문제를 깊이 성

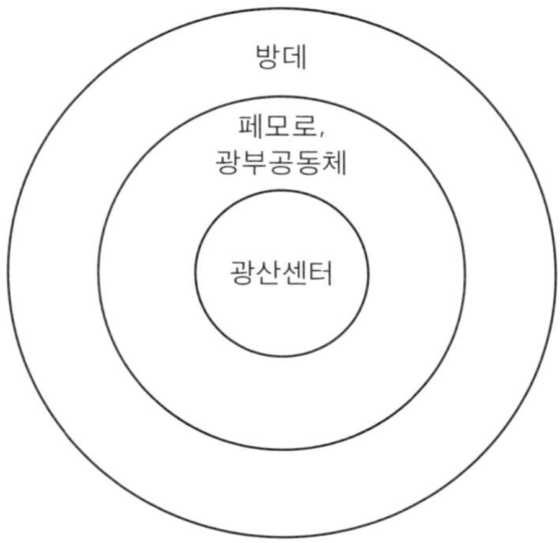

[그림 2-31] 광산센터, 페모로와 광부공동체, 방데의 관계도

찰하여 자각하는 과정이 선행된다는 것이다. 그러한 과정을 통해 주민 스스로 지역의 유산과 자원을 발굴하고 파악하는 가운데 주민과 지역 문화유산 간의 네트워크가 형성되고, 주민은 그 사이트를 배경으로 하여 자신의 모습을 방문객에게 보여줄 수 있는 단계까지 발전하게 된다.[23] 페모로 광산센터의 활동은 주민 스스로 자신의 정체성을 이해하려는 노력이며, 광산업의 활황기에 살았던 광부들뿐만 아니라 자연과 환경, 현재 이 지역에서 살아가고 있는 주민과 다음 세대를 포함하는 지역공동체에 대한 이해다. 이것이 바로 에코뮤지엄의 현재적 의미다.

지역의 산업유산에 대한 자료를 수집·전시하고, 후손에게 전승·교육하며, 지역의 건설을 위해 희생한 사람에 대한 경외감을 갖고 그 정신을 예술로 승화시키기 위한 다각도의 시도를 하면서도 기억을 수집하고 기록하기 위한 성실한 노력을 경주하는 페모로 광산센터와 지역공동체의 행보는 새로운 박물관학 시대에 지역사회에 기여하는 에코뮤지엄의 현재적 의미를 가르쳐준다.

* 이 글은 배은석, 「방데의 페모로 광산 센터를 통해 본 에코뮤지엄의 현재적 의미」, 『글로벌문화콘텐츠』 제20호, 글로벌문화콘텐츠학회, 2015를 재구성하였다.

1 Peter Davis, *Ecomuseums A SENSE OF PLACE*, London: Continuum, 2011, pp. 88-89.

2 오광호, 「방데전쟁과 '집단학살'」, 『역사와 담론』 제53집, 호서사학회, 2009, 561쪽. 사실 방데 전쟁으로 인한 사망자 수가 정확히 밝혀진 바는 없다. 학자에 따라 12만 명, 또는 15만 명 혹은 40만 명, 또는 60만 명, 혹은 90만 명 또는 100만 명이 사망했다고 주장한다. 1990년대에 인구사학자 위스네(Jacques Hussenet)가 대략 17만 명이 사망했다고 주장했는데, 오광호는 이 수치를 가장 설득력 있는 것으로 본다.

3 민유기, 「국가기억 대 민간기억의 갈등과 대안적 기념문화의 모색 프랑스 방데 퓌뒤푸의 경우」, 『사회와 역사』 제78집, 한국사학회, 2008, 65-66쪽.

4 송희영, 「지역의 역사문화자원을 활용한 문화콘텐츠기획 연구」, 『예술경영연구』 제24집, 한국예술경영학회, 2012, 84-85쪽.

5 민유기, 앞의 글, 74-75쪽.

6 방데의 박물관보존회(Conservation des Musées de Vendée)는 8개의 사이트뮤지엄이 연대하여 형성한 에코뮤지엄이다. 그 구성은 1. L'Historial de la Vendé 2. Musé Vendén de Fontenay-le-Comte 3. Centre minier de Faymoreau 4. Musé du Châeau de Noirmoutier 5. Musé de la construction navale 6. Le Musé Milcendeau / Jean Yole 7. Le musé ornithologique Charles Payraudeau 8. Le musé municipal de Montaigu로 방데에 있는 다양한 주제의 에코뮤지엄들이 서로 연계하여 네트워크를 구축한 것이다.

7 페모로 광산센터 도슨트 인터뷰(2014. 7. 27)와 전시, 패널 자료 및 브로슈어 참조 정리

8 Pierre Beaussant, "Le Site Miner de Faymoreau," *Faymoreau*, Vendée: Le Centre Minier & La Chapelle des Mineurs, 2001, pp. 4-5.

9 위의 책, 4쪽.

10 1918년 조합운동가 Louis Metay에 의해 설립되었다.

11 La S.E.S. du collège Tiraqueau à Fontenay le Comte, *Un Ancien de la mine se souvient...*, Vendée: C.A.U.E., 2001, p. 24.

12 위의 책, 24쪽.

13 위의 책, 25쪽.

14 페모로 지역의회는 광산업 활황기 동안 강력했던 시(市)의 영광스러운 과거를 되살리고 지속 가능한 발전을 위해 1995년에 대규모 문화관광 프로젝트를 시작한다. 이 프로젝트는 현재까지 단계적으로 시행되고 있으며, 광부공동체를 주축으로 하여 정부, 지역의회의 힘이 모아져서 기획되었다. 가장 먼저 논의된 것은 800제곱미터의 대지에 '광산센터'

를 건립하는 일이었다. 다음으로 광산호텔 레스토랑의 현대화를 도모하는 것이다. 또한 화력발전소를 위해 물을 가둬두었던 6헥타르에 달하는 댐의 정비, 80킬로미터 정도 되는 자전거 전용 도로의 건설, 광산 지역을 발견할 수 있는 도보길 개발, 광부들의 마을과 작은 숲이 있는 지역과 광부들의 성당을 보존하기 위한 방안, 유산보호구역 선정 등 다수의 계획을 포함하고 있다.

15 프랑스의 국가유산을 풍성하게 하기 위해 다른 여러 파트너와 연합하여 예술적 창작품을 담당하는 부서(청)

16 Pierre Beaussant et al., "Les Vitraux de la Chapelle des Mineurs," *Faymoreau*, Vendée: Le Centre Minier & La Chapelle des Mineurs, 2001, p. 7.

17 광산 센터 도슨트 인터뷰(2014. 7. 27) 및 브로슈어 참조

18 기획전시 냉포르트쿠아 설명서 참조

19 패니 부야구이는 1991년 아트 포인트 엠을 창설했다. 그녀는 다양한 예술적 제안으로 아이디어를 표출한다. 패션쇼, 멀티미디어 설치, 공연예술, 냉포르트쿠아 등 다양한 문화 기획을 펼치고 있다.

20 「릴 3000」은 유럽문화수도로 지정된 2004년에 릴의 홍보를 위해 릴과 조직위원회에서 추진한 문화 프로그램이다. 릴은 이를 시발로 하여 해마다 새로운 문화 프로젝트를 기획하여 추진하고 있다.

21 https://www.facebook.com/CentreMinierDeFaymoreau(검색일: 2015년 4월 15일)

22 http://icom.museum/the-organisation/icom-statutes/
Approved in Vienna (Austria) - August 24, 2007.
Article 3 - Definition of Terms / Section 1. Museum. A museum is a non-profit, permanent institution in the service of society and its development, open to the public, which acquires, conserves, researches, communicates and exhibits the tangible and intangible heritage of humanity and its environment for the purposes of education, study and enjoyment.(검색일: 2015년 7월 1일)

23 배은석, 「에코뮤지엄의 개념을 활용한 지역의 유산보존과 발전 방안에 대한 연구 익선동 도시형 한옥밀집지구를 중심으로 」, 『글로벌문화콘텐츠』 제15호, 글로벌문화콘텐츠학회, 2014, 131쪽.

▶ 페모로 광산센터 '연출된 박물관' 관련 정보

- 개관 연월: 2000년 9월
- 연간 방문객: 26,000명
- 홈페이지: centreminier-vendee.fr
- 주소: rue de la Cour Faymoreau Vendée
- 문의: 페모로 시청 +33 (0)2 51 00 43 76
- 2017년 현재 휴관 상태로 리모델링 중이며, 2018년 6월 재개관 예정
- 평균 관람 시간: 1시간 30분

4. 코냑 에코뮤지엄에서 배우다*

다양한 유형의 에코뮤지엄

주베르(Joubert Alain)는 프랑스의 에코뮤지엄 31곳을 조사하고 나서 에코뮤지엄의 설립 목적에 따라 6가지 유형으로 분류했다. 이는 학술사업이 주제가 되는 연구베이스형, 보전을 가장 중요한 목적으로 여기는 보전베이스형, 커뮤니티사업을 우선시하는 커뮤니티형, 문화사업을 주로 하는 문화사업형, 영역을 중요시하여 영역의 사업을 주로 하는 영역활동형, 경제사업이 기초가 되는 지역경제형이다.[1] 이외에 에코뮤지엄의 설립 취지와 목적에 따라 운영 방식이 달라질 수 있다는 데 주목하여 가장 특징적인 요소를 추출하여 농촌형 에코뮤지엄, 산업유산형 에코뮤지엄, 자연환경형 에코뮤지엄, 역사문화형 에코뮤지엄, 테마파크형 에코뮤지엄의 5가지로 나누기도 한다.[2] 농촌형 에코뮤지엄은 농촌의 지속 가능한 발전을 추구하는 에코뮤지엄이다. 여기서 농촌은 농산어촌을 모두 포함하는 의미로, 도시와 구별되는 개념이다. 즉 지역의 농업, 어업, 임업 등을 기초로 한 1차 산업과 지역 특산물을 활용한 가공업의 지속 가능한 발전을 통한 지역 활성화를 목표로 한다. 산업유산형 에코뮤지엄은 지역의 지나간 시대의 산업유산과 관련된 지역자원을 복원하고 재생하는 것을 목적으로 하면서 지역의 활성화를 위해 운영되는 방식의 에코뮤지엄이다. 이러한 예로는 크뢰조-몽소 에코뮤지엄을 들 수 있다. 자연환경형 에코뮤지엄은 지역의 자연환경보존을 목적으로 하여 지역의 자연과 관련된 역사, 문화를 연구하는 에코뮤지엄이다. 사례로는 일본 시키시의 '시키 통째로 박물관, 갓파의 보물상자'를 들 수 있다. 역사문화유산형 에코뮤지엄은 전통과 역사를 간직한 지역에서 대대로 이어져오는 역사, 문화자원을 보존하고 그 가치를 발견하는 데 목적이 있다. 이에 해당하는 사례로는 일본의 오사카시 남동부에 있는 히라노 에코뮤지엄이다. 테마파크형 에코뮤지엄은 소멸위기에 있는 지역의 생활양식, 풍습, 의식주 문화 등을 이전하여 복원하거나 재건하여 과거의 모습을 재현하여 지역문화를 보존하려는 에코뮤지엄이다. 이러한 에코뮤지엄의 사례로는 프랑스의 알자스 에코뮤지엄을 들 수 있다. 본 연구에서는 지역문화유산을 바탕으로 운영되는 코냑 에코뮤지엄에 대해 연구하고 그 유형에 대해 살펴보고자 한다. 아울러 한국에 적용 가능한 방안에 대해서도 모색하고자 한다.

코냑, 술 이름인가? 도시 이름인가?

인류의 환경과 식량에 대한 논의는 지속 가능한 미래를 위해 농업의 중요성을 강조하고 있다. 그동안 인류의 식량정책과 경제정책은 생산성 극대화를 위해 달려왔고, 지난 수십 년간 구축된 농업체계는 빈곤 완화와 생활수준 상승에 크게 기여했다. 이 체계는 어느 정도 목적을 달성했다. 인류가 직면한 새로운 현실은 기술만큼 인간에 대해서도, 생산만큼 자원에 대해서도, 단기적인 관점만큼 장기적인 관점에 대해서도 초점을 맞추는 농업체계를 요구하고 있다. 오직 이러한 체계만이 미래의 도전에 맞설 수 있다.[3] 농업은 지역의 토양과 기후, 자연환경에 적응하면서 경작하여 살아온 인간 지혜의 산물이며 전통이 집적되어 전수된 지역문화유산이다. 여기서 '지역'이란 지역민이 관습과 생활방식을 중심으로 연합할 수 있는 공간 개념이다. 지역문화에서 시간은 에코뮤지엄의 시간적 개념을 수용하여 "선사시대부터 현시대에 이르기까지 풍부한 역사 유적과 인간의 활동을 보유하고 증언"[4]하는 개념이다.

이러한 관점에서 세계적인 브랜디[5] 산지인 프랑스 코냑(Cognac) 인근에 위치한 코냑 에코뮤지엄에 대해 서술하고자 한다. 코냑 에코뮤지엄은 포도 재배, 브랜디 생산, 제품 관리 및 홍보에 이르기까지 전 과정을 보여주며 전통적인 기술을 보존하고 전승하는 사례다.

프랑스 코냑시는 그 지역에서 생산된 명주 코냑으로 명성이 높다. 오드비 드 뱅 드 코냑(Eau-de-vie de vin de Cognac)의 준말인 코냑은 프랑스 코냑시의 이름을 딴 술인데, 코냑시 근방에서 생산되는 브랜디의 일종이다. 브랜디 코냑은 프랑스 코냑 지역에서 코냑 사무국의 통제를 받으며 만들어진 증류주의 한 종류다. 프랑스에서는 코냑을 만드는 포도 품종의 종류, 증류방법, 참나무의 숙성기간을 표기하는 규정 등 코냑 상표를 붙이기 위한 요건을 법률로 정하고 있다.

프랑스는 1938년부터 지질의 특성에 따라 코냑 지역을 중심으로 원을 그리면서 6개 구역으로 분류하여 토양을 구분한다. 구역 분류의 기준이 되는 것은 석회질 토양의 존재로, 석회질이 많을수록 코냑을 만드는 양질의 포도를 생산할 수 있다고 여긴다.

[그림 2-32] 코냑 지역의 토양에 대한 지도를 보면 코냑은 6개 지역으로 나눌 수 있다. 먼저, 그랑드샹파뉴(Grande Champagne) 지역은 최상급 토양으로 지역의 중심을 가로지르는 샤랑트(Charante) 강변에 위치했으며, 코냑의 중심부를 차지하고 있다. 둘째로 프티트샹파뉴(Petite Champagne) 지역은 그랑드샹파뉴 지역 남쪽에 위치하고 있

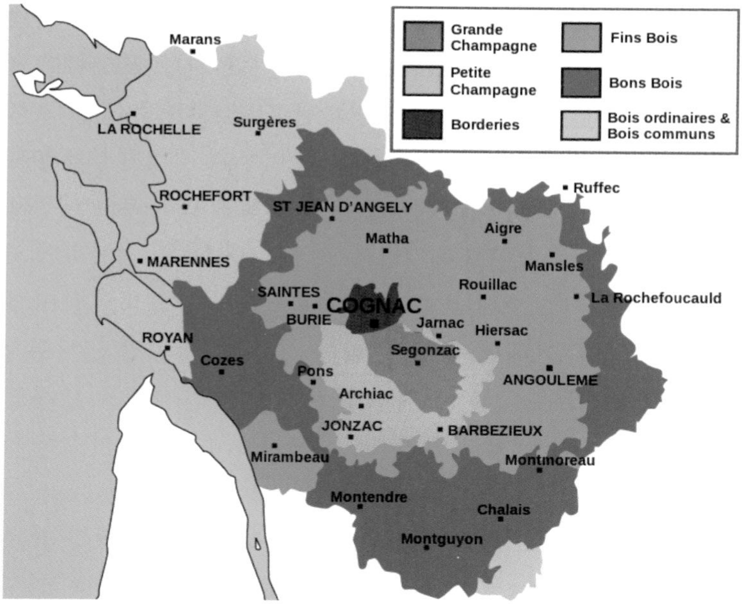

[그림 2-32] 코냑 지역의 토양에 대한 지도
(출처: https://en.wikipedia.org/wiki/Cognac)

으며, 면적은 그랑드샹파뉴의 두 배에 이른다. 이 지역의 석회질 토양은 코냑 제조에 적합한 포도를 생산한다. 그러나 그랑드샹파뉴 지역의 포도보다는 못하다는 평가를 받는다. 셋째로 보르드리(Borderies) 지역은 코냑 북서쪽에 위치하고 있으며 가장 작은 면적을 보유하고 있다. 이곳의 토양은 석회질과 진흙이 혼합되어 있다. 이 지역의 포도는 부드럽고 섬세한 맛을 보유하고 있어 '카뮈 보르드리'라는 브랜드로 출시되기도 한다. 넷째로 팽부아(Fins Bois)는 그랑드샹파뉴, 프티트샹파뉴, 보르드리 세 지역을 둘러싸고 있는 지역으로 단단한 석회암 위에 석회질 토양이 있는 지역이다. 다섯째는 봉부아(Bons Bois) 지역으로, 이는 팽부아 지역을 둘러싸고 있다. 면적이 가장 넓으며, 일부 토양은 석회질이지만 주로 진흙이다. 여기서 생산된 코냑은 약간 거친 맛을 낸다. 여섯째로 부아오르디네르(Bois Ordinaires)는 바닷가 인근지역으로, 토양은 주로 모래로 구성되며 혼합용 오드비[6]를 생산한다.[7] 코냑 지역이 이렇게 토질에 따라 분류되고, 생산되는 제품에도 이 기준이 적용되기까지 지역농민들과의 갈등과 시행착오가 있었던 것은 사실이다. 그러나 이러한 기준을 엄밀하게 적용하고 생산품의 품질을 높이려는 노력이 더해지면서 코냑에서 생산되는 포도의 품질이 높아졌으며, 이는 코냑 브랜디의 브랜드 가치 상승으로 이어졌다. 이는 포도 농사와 브랜디 제조법이라는 지역문화유산을 코냑이라는 지역 브랜드로 끌어올리는 효과를 도출하게 되는 과정을 보여준다. 이 지역의 사례에서 우리가 주목할 것은 지자체는 물론이고 국가적으로 전통 농법과 연계한 지역특산물을 중시하는 풍토다.

프랑스는 산업화 시대에도 농업국가로서의 면모를 유지했다. AOC제도[8]를 유지하면서 자국의 토양에서 성장하고 열매를 맺은 농산물에 대한 등급을 부여하고, 농산물에 대한 지리적 표시제를 도입하며, 농촌 활성화를 위해 꾸준한 노력을 해왔다. 지리적 표시제에 관한 논의는 프랑스 코냑의 문제에서 유발되었는데,[9] 코냑은 프랑스의 지명이면서 이 고장에서 생산한 브랜드 명칭이기도 하다. 프랑스인이 코냑을 명칭으로 사용하는 것은 이 지역에서 자란 포도를 원료로 만든 증류주를 의미하는 것이다. 그런데 프랑스에서 호주 등 타지로 이주한 사람들이 거주 지역에서 생산한 브랜디를 '코냑'이라는 브랜드로 판매하면서 원산지에서 제품을 생산하는 지역민에게 피해가 발생하면서 문제가 드러났다. 이에 따라 EU에서는 원산지 보호표시와 지리적 보호표시로 구분된 원산지 농산물 보호조치가 마련되었다.

농업의 비중이 큰 프랑스는 지리적 표시(GI: Geographical Indication)를 제도화했다. 프랑스에서 농업과 농산물에 대한 여러 가지 제도가 마련된 것은 농업이 높은 경제적 비중을 차지하기 때문이다. 이러한 제도를 통해 원산지 명칭, 농산품, 소비자보호 등에 관한 특별법규를 제정하여 농촌과 농산물을 보호하는 지리적 표시를 공식화했다. 이 제도가 기틀을 마련한 것은 1919년에 법률로 원산지 명칭을 집단재산권으로 확립한 데서 시작했다. 가장 먼저 종합적인 틀을 갖춘 것은 와인이다. 현재 AOC 품목은 와인은 물론이고 과일과 채소, 꿀, 생수, 치즈, 올리브유 등 다양하다. 이러한 농업과 농산물 보호정책이 있었기에 농촌과 농민이 유지될 수 있었고, 그 바탕 위에 경제적인 부도 창출될 수 있었을 것이다.

코냑 에코뮤지엄의 운영 사례

미그롱(Migron) 마을의 북쪽에 위치한 코냑 에코뮤지엄은 테세롱(Tesseron)가(家)의 유산이자 지역의 유산이다. 이곳에는 1850년 이래로 이어져온 테세롱가 포도 양조장의 역사, 가족과 지역의 역사가 담겨 있으며, 코냑의 역사도 전시되고 있다. 코냑 에코뮤지엄은 지역 특산물인 포도와 코냑의 역사 및 생산과정을 비롯하여 코냑 양조장의 과거부터의 모습을 보여주는 것을 목적으로 탄생했다.

1989년 들어 코냑 에코뮤지엄은 박물관 내 인테리어를 본격적으로 재구성하여 운영되었으며, 지역의 농업과 특산물인 코냑을 테마로 지역을 알리고 스스로의 정체성을 발견하려는 노력을 지속적으로 전개한다(그림 2-33). 이러한 노력으로 1990년에는 포아투 샤랑트(Poitou-Charentes) 지역에서 '관광혁신상(賞)'을 받기도 했다.[10] 일반적으로 에코뮤지엄은 지역의 자원을 넓게 연결하면서 여러 개의 사이트를 아우르는 경향이 있는데, 코냑 에코뮤지엄의 경우는 테세롱가가 보유한 포도원(그림 2-34), 증류소, 가옥, 야외 전시장, 공연장, 전시실, 저장창고, 농기구 보관소 등이 어우러져서 하나의 에코뮤지엄을 구성하고 있다. 이곳에서 생산되는 포도 품종인 위니 블랑(Ugni

Blanc)[11]은 브랜디용으로 많이 재배되며, 알코올 농도가 낮고 신맛이 강하다(그림 2-35).

[그림 2-33] 코냑 에코뮤지엄 전경

[그림 2-34] 테세롱가의 포도원

코냑 에코뮤지엄은 포도 농사와 브랜디 코냑을 주요 테마로 한다. 에코뮤지엄 방문자는 주인인 파트리크 테세롱(Patrick Tesseron)의 안내(그림 2-36)로 코냑에 대한 영상물과 코냑 생산 과정(그림

[그림 2-35] 위니 블랑

2-37), 코냑 관련 광고물들과 오래된 라벨 등이 전시되어 있는 공간을 관람하게 된다. 에코뮤지엄에는 공연장(그림 2-38)이 있어서 다양한 공연을 기획하고 실행할 수 있는 공간이 마련되어 있다.

[그림 2-36] 파트리크 테세롱

[그림 2-37] 코냑 생산 과정을 보여주는 증류기를 전시한 모습

[그림 2-38] 공연장 내부

그 외에 박물관 티켓 판매를 하거나 코냑을 시음 및 판매하는 공간이 있고, 코냑 증류소가 있으며, 야외 전시장에는 원두와 초콜릿, 쿠바 시가 등을 전시하고 있다. 농가 민박 체험 지트(gîte)를 운영한

숙박시설 공간도 그대로 남아 있다.

[그림 2-39] 숙성기간에 따른 색의 변화

[그림 2-40] 증류기

[그림 2-41] 시음회

에코뮤지엄에서는 코냑 생산자와 에코뮤지엄에 대한 설명을 들을 수 있고, 코냑에 대한 기본적인 상식을 익힐 수 있는 퀴즈를 풀 수 있으며, 시청각 쇼를 볼 수 있고, 야외전시와 허브 정원을 관람할 수 있고, 향을 맡으며 와인 시음을 할 수 있고, 그곳에서 만들어진 코냑을 구입할 수도 있다. 브랜디를 추출하기 위한 증류소(그림 2-40)에서는 현재도 생산이 진행되고 있음을 보여준다. 숙성기간에 따른 색의 변화를 보여주는 전시 공간(그림 2-39), 시음회를 펼치면서 제품을 홍보하고 판매하는 모습(그림 2-41)이다.

코냑 에코뮤지엄은 포도원과 코냑양조장을 운영하는 가문에서 대대로 내려오는 농업기술과 브랜디 제조 기술, 그렇게 탄생한 상품과 가족의 역사, 지역사회의 역사를 보여주는 에코뮤지엄이다. 방문객은 에코뮤지엄을 방문하고 관람하는 동안 코냑 지역의 브랜디 생산에 대해 이해할 수 있고, 포도농사에 대한 기초 지식을 습득할 수 있으며, 증류 과정에 대한 설명도 듣고, 숙성 과정에 따른 색의 변화에 대해서도 알게 된다. 이처럼 코냑 에코뮤지엄에서는 코냑 지역의 포도농사 전통과 지역민의 삶, 생업, 농사 과정, 지역특산물인 코냑의 생산 과정 등을 보고, 듣고, 느끼고, 체험할 수 있다.

이곳에 나타나는 에코뮤지엄적 요소는 무엇인가? 또한 이를 어떠한 유형의 에코뮤지엄으로 볼 수 있는가? 우선, 에코뮤지엄의 일반적 특징을 보여주는 요소는 지역의 정체성을 보유하고 있으며, 주민이 자발적으로 건설하고 운영한다는 점이고, 지역의 관광에 기여하면서 지역경제에 이바지한다는 것이다. 무엇보다 코냑 에코뮤지엄의 가장 큰 특징은 농업을 기반으로 지역의 특산물인 코냑을 개발하고 있으며, 조상으로부터 이러한 활동을 이어받아서 지속적으로 해오고 있다는 점이다. 이것은 지역의 농업, 어업, 임업 등을 기초로 한 1차 산업과 지역 특산물을 활용한 가공업의 지속 가능한 발전을 통한 지역 활성화를 목표로 하는 농촌형 에코뮤지엄과는 조금 다른 특징을 갖고 있다. 중요한 것은 이들의 활동이 전통 기술의 전수 및 전승을 중요한 가치로 두고 농산물 가공을 한다는 점이다. 이러한 특징을 고려할 때 코냑 에코뮤지엄은 코냑을 주조하는 전통적 기술을 보유한 가문이 이어가는 전통기술형 에코뮤지엄으로 분류할 수 있다. 전통기술형 에코뮤지엄의 경우는 지역의 특산물과 연계한 전통의 맥을 잇고 있는 사람, 전통기술, 지역문화가 서로 융합한 형태다. 우리나라의 경우 이러한 사례로 식품명인을 발견할 수 있다. 그렇다면 식품명인이 주축이 되어 지역문화의 구심점이 되는 에코뮤지엄을 구상할 수 있지 않을까? 다음 절에서는 이에 대해 구체적으로 논의하고자 한다.

전통식품명인을 활용한 에코뮤지엄 제안

이제 전통식품을 생산하는 전통식품명인을 활용한 에코뮤지엄 적용에 대해 연구하고자 한다. 이에 앞서 식품명인제도와 그 현황에 대해 파악하고자 한다. 식품명인은 「식품산업진흥법」에 따라 당해 식품의 제조·가공·조리 분야에 계속하여 20년 이상 종사하거나 전통식품의 제조·가공·조리 방법을 원형대로 보존하고 있으며 이를 그대로 실현하는 등 자격요건을 갖춘 자를 대상으로, 시 · 도지사가 사실조사 등을 거쳐 농림축산식품부장관 또는 해양수산부장관에게 지정을 추천하면, 식품산업진흥심의회의 심의를 거쳐 지정하게 된다.

식품명인제도는 농림축산식품부 소관으로, 우수한 우리 식품의 계승·발전을 위해 식품제조·가공·조리 등의 분야를 정하여 식품명인으로 지정, 육성하는 것을 목적으로 하고 있다. 현재 식품명인의 지정 및 지원 등은 「식품산업진흥법」[시행 2016.2.12.] [법률 제13466호, 2015.8.11., 일부개정]에 명시되어 있다.

> 제14조(식품명인의 지정 및 지원 등) ① 농림축산식품부장관 또는 해양수산부장관은 우수한 우리 식품의 계승 · 발전을 위해 식품제조 · 가공 · 조리 등 분야를 정하여 심의회의 심의를 거쳐 우수한 식품 기능인을 대통령령으로 정하는 바에 따라 식품명인으로 지정할 수 있다. <개정 2010.1.25., 2013.3.23.>
> ② 제1항에 따라 식품명인으로 지정된 자가 제조 · 가공 · 조리 등을 한 식품임을 표시하려고 할 때에는 해당 제품 · 포장 · 용기의 표면 또는 송장(送狀) 등에 농림축산식품부령 또는 해양수산부령으로 정하는 바에 따라 식품명인의 표시를 할 수 있다. <신설 2011.7.21., 2013.3.23.>
> ③ 제1항에 따라 식품명인으로 지정된 자는 대통령령으로 정하는 바에 따라 활동상황 등을 농림축산식품부장관 또는 해양수산부장관에게 보고해야 한다. <개정 2010.1.25., 2011.7.21., 2013.3.23.>

이러한 요건을 갖추어 식품 분야의 전문가로 인정받아 지정된 식품명인은 전통식품 가공 및 기능 전수 시 필요한 자금을 정부로부터 지원받을 수 있으며, 식품명인 증서 및 배지와 현판을 수여받아 명인으로서의 명예를 획득할 수 있다. 현재까지 지정된 식품명인 현황은 아래 [표 2-3]과 같다.[12]

[표 2-3] 식품명인 지정 현황[12]

지정번호	성명	보유기능	소재지	지정일
제1호	조영귀	송화백일주	전북 전주	1994년 8월 6일
제2호	김창수	금산인삼주	충남 금산	1994년 8월 6일
제3호	이한영	옥선주	충남 금산	(2000년 8월 지정해제)
제4호	지복남	계룡백일주	충남 공주	(2009년 11월 지정해제)
제5호	이기양	감홍로주	전북 전주	(2000년 10월 지정해제)
제6호	박재서	안동소주	경북 안동	1995년 7월 15일
제7호	이기춘	문배주	경기 김포	1995년 7월 15일
제8호	송재성	김천과하주	전북 전주	(1999년 6월 지정해제)
제9호	조정형	전주이강주	전북 전주	1996년 4월 4일
제10호	유민자	옥로주	경기 안산	1996년 4월 4일
제11호	임영순	구기자주	충북 청양	1996년 4월 4일
제12호	최옥근	계명주	경기 남양주	1996년 4월 4일
제13호	남상란	가야곡왕주	충남 논산	1997년 12월 15일
제14호	홍쌍리	매실농축액	전남 광양	1997년 12월 15일
제15호	박승규	면천두견주	충남 당진	(2001년 12월 지정해제)
제16호	박수근	수제녹차	경남 하동	1999년 5월 15일
제17호	송강호	김천과하주	경북 김천	1999년 9월 20일
제18호	신광수	야생작설차	전남 순천	1999년 9월 20일
제19호	우희열	한산소곡주	충남 서천	1999년 12월 8일
제20호	조옥화	안동소주	경북 안동	2000년 9월 18일
제21호	유영군	창평쌀엿	전남 담양	2000년 9월 18일
제22호	양대수	추성주	전남 담양	2000년 12월 17일
제23호	최봉석	갈골산자	강원 강릉	2000년 12월 17일
제24호	임용순	옥선주	강원 홍천	2001년 5월 7일
제25호	오희숙	부각제조	전남 곡성	2004년 12월 4일

지정번호	성명	보유기능	소재지	지정일
제26호	김규흔	전통한과	경기 포천	2005년 3월 4일
제27호	박흥선	송순주	경남 함양	2005년 8월 4일
제28호	김동곤	우전차	경남 하동	2006년 2월 15일
제29호	김순자	포기김치	경기 부천	2007년 5월 4일
제30호	홍소술	죽로차	경남 하동	2007년 5월 4일
제31호	김병룡	숙황장	전북 전주	2007년 5월 4일
제32호	강복석	엿, 조청	충북 충주	2008년 7월 2일
제33호	박순애	엿강정	전남 담양	2008년 7월 2일
제34호	서양원	황차, 말차	광주 소태동	2008년 8월 5일
제35호	기순도	진장	전남 담양	2008년 8월 5일
제4-가호	이성우	계룡백일주	충남 공주	2010년 1월 4일
제36호	문옥례	순창고추장	전북 순창	2010년 1월 4일
제37호	권기옥	어육장	경기 용인	2010년 1월 4일
제38호	유정임	포기김치	경기 수원	2010년 1월 4일
제39호	김년임	전주비빔밥	전북 전주	2010년 12월 28일
제40호	한안자	동국장	전남 해남	2010년 12월 28일
제41호	임장옥	감식초	전북 정읍	2012년 3월 5일
제42호	김왕자	노티, 신과병	경기 과천	2012년 3월 5일
제43호	이기숙	감홍로주	경기 파주	2012년 10월 9일
제44호	송화수	홍삼	전북 진안	2012년 10월 9일
제45호	성명례	대맥장	경북 청송	2012년 10월 9일
제46호	김현의	찹쌀유과	경남 의령	2012년 10월 9일
제47호	전중석	초의차, 초의병차	전남 무안	2012년 10월 9일
제48호	송명섭	죽력고	전북 정읍	2012년 10월 9일
제49호	유청길	산성막걸리	부산 금정	2013년 12월 3일
제50호	윤왕순	천리장	전북 완주	2013년 12월 3일
제51호	최명희	소두장	경북 안동	2013년 12월 3일
제52호	이연순	승검초단자	충북 제천	2013년 12월 3일
제53호	김영숙	복령조화고	전남 진도	2013년 12월 3일
제54호	서민수	황차, 말차	광주 동구	2013년 12월 3일
제55호	김영희	인삼정과	경북 영주	2013년 12월 3일
제56호	정계임	진주비빔밥	경남 진주	2013년 12월 3일

지정번호	성명	보유기능	소재지	지정일
제57호	강순의	백김치	경기 광주	2014년 12월 23일
제58호	이인자	해물섞박지	경기 남양주	2014년 12월 23일
제59호	심영숙	유과	강원 강릉	2014년 12월 23일
제60호	안복자	유과	전남 담양	2014년 12월 23일
제61호	김견식	병영소주	전남 강진	2014년 12월 23일
제62호	서분례	청국장	경기도 안성	2015년 9월 24일
제63호	김영근	도토리묵	충남 서천	2015년 9월 24일
제64호	강순옥	순창고추장	전북 순창	2015년 9월 24일
제65호	백정자	즙장	전남 강진	2015년 9월 24일
제66호	윤미월	배추통김치	경남 밀양	2015년 9월 24일
제67호	정승환	죽염홍된장	경남 하동	2015년 9월 24일
제68호	강경순	오메기술	제주 서귀포	2015년 9월 24일
제69호	김택상	삼해소주	서울	2016년 12월 8일
제70호	김명자	옥수수엿	강원 원주	2016년 12월 8일
제71호	정영석	인삼정과	충남 금산	2016년 12월 8일
제72호	임화자	쇠고기육포	전남 함평	2016년 12월 8일
제73호	현경태	흑초	경북 영천	2016년 12월 8일
제74호	곽우선	설련주	경북 칠곡	2016년 12월 8일
제75호	양정옥	제주막장	제주 서귀포	2016년 12월 8일

1994년 8월 조영귀 등 주류부문 4명을 최초로 지정한 것을 시작으로, 2017년 현재 제75호까지 지정되었다.[13] 법령에 따르면 식품명인은 전통식품명인과 일반식품명인으로 구분지어 지정하게 되어 있는데, 현재 대부분은 전통식품명인에 속한다. 전통식품명인은 전통기술을 보유하고 있는지 까다롭게 심사하여 지정하게 되는데, 지정된 본인이 사망하면 지정해제하는 것을 원칙으로 한다. 그러나 본 제도의 목적이 전통식품을 보존하고 이를 계승하는 데 있기에 전수자 제도를 두어 전통식품명인의 기술을 후손 혹은 제자가 계승할 수 있도록 하고 있다. 전통기술을 보유한 전통식품명인들은 대부분 지역의

농산물을 기반으로 이를 가공하여 상품으로 만들고 판매하면서 지역경제에 이바지한다. 식품명인에게서 주목할 것은 그들이 지역의 농산물을 기반으로 그 지역의 전통식품 제조법을 전승한다는 점이다. 이러한 점은 식품명인이 지방무형문화재인 경우가 다수 존재하는 것으로 증명된다. 제2호 금산인삼주, 제9호 전주이강주, 제10호 옥로주, 제11호 구기자주, 제12호 계명주, 제17호 김천과하주, 제19호 한산소곡주, 제20호 안동소주 등이 그 사례다. 또한 식품명인 지정 종목 명칭에 지명이 표기되는 것에서 확인할 수 있다. 계룡백일주, 창평쌀엿, 추성주, 갈골산자, 순창고추장, 전주비빔밥, 진주비빔밥 등 전통식품명인의 지정 품목은 그들이 속한 지역을 기반으로 한 향토음식의 속성을 보여준다. 또한 지정 종목에 지명이 표기되지 않는 경우라 하더라도 전통식품명인이 제조하고 판매하는 품목은 그 지역의 주요 특산물이다.

그러나 식품명인제도는 그 취지와는 다르게 몇 가지 문제점을 드러내고 있다. 우선 지정 종목이 주로 전통주류에 편중되어 있어 다양한 분야의 명인 발굴이 부족하며, 불명확한 수혜 기준으로 명인에 지정된 이후에도 실질적인 혜택을 누리지 못하는 경우가 많으며, 홍보가 부족하여 대중의 관심을 받지 못하고 있다. 또한 '식품명인'이라는 명칭을 민간기관에서 사칭하기도 하여 용어가 혼용되어 그 가치를 평가 절하시키고 있다는 점이다.[14] 어려운 과정을 거쳐 선정된 식품명인이 그들의 가치를 발현하면서 스스로 자긍심을 갖고 서로 연계하고 활성화할 수 있는 방안으로서 에코뮤지엄을 적용하는 것은 제도가 갖고 있는 한계를 식품명인 스스로 극복할 수 있는 방안이 될 것이다.

예를 들어 담양지역의 경우 전통식품명인 제21호 유영군(창평쌀엿), 제22호 양대수(추성주), 제33호 박순애(엿강정), 제35호 기순도

(진장), 제60호 안복자(유과) 명인이 지정되어 있다. 이를 정리하면 다음 [표 2-4]와 같다.

[표 2-4] 담양지역 대한민국 식품명인 현황

지정번호	회사	지정품목	명인	지역
第21호	호정식품	창평쌀엿	유영군	전남 담양군 창평면 삼천리
第22호	추성고을	추성주	양대수	전남 담양군 용면 추성리
第33호	담양한과	엿강정	박순애	전남 담양군 창평면 삼천리
第35호	고려전통식품	진장	기순도	전남 담양군 창평면 유천리
第60호	㈜안복자한과	유과	안복자	전남 담양군 창평면 강촌길

이들은 지역의 전통식품문화를 보유하고 계승하고 있기에 이를 기반으로 전통기술형 에코뮤지엄을 구상하기에 충분하다. 각 명인별로 전시장, 체험장, 판매장, 숙소 등을 갖추고 있어서 지역과 연계하는 미식관광상품 개발도 가능하다. 또한 지역 전체를 연계한 에코뮤지엄으로 담양의 식품명인들과 담양 창평의 슬로시티[15]를 연계하는 방안도 구상할 수 있다. 창평은 본래 백제 굴지현에서 창평현으로 그 명칭이 변화했고, 1914년 담양군에 통합되어 창평면을 이루었다. 창평의 삼지내마을은 백제시대에 형성된 마을로 동편의 월봉산과 남쪽의 국수봉이 마치 봉황이 날개를 펼쳐 감싸 안은 형국으로 월봉천과 운암천, 유천이 마을 아래에서 모인다고 하여 '삼지내'라고 하며 전통가옥과 아름다운 옛 돌담장이 마을 전체를 굽이굽이 감싸고 있다. 창평쌀엿과 창평시장의 창평국밥 등이 잘 알려져 있다. 이러한 지역자원과 담양이 배출한 식품명인을 연계한 에코뮤지엄을 구상한다면 지역을 대표하는 무형유산자원인 전통식품명인과 슬로시티를 결합한 우수한 미식관광자원이 개발될 수 있을 것이다.

전통식품명인 에코뮤지엄을 제안하며

전통식품명인은 지역의 농산물을 상품화하여 지역의 브랜드 가치를 높이는 역할을 하고 있다. 전통 기법을 보존하면서 생산된 상품은 지역의 문화유산이자 자원이다. 또한 식품명인 자체가 지역의 중요한 문화자원이다. 이들이 에코뮤지엄 철학을 수용하여 스스로 자신의 역사를 소중히 여기고 이를 간직하려는 노력과 자긍심을 갖고 방문객에게 자신을 개방한다면 농업과 전통기술을 기반으로 한 에코뮤지엄이 될 수 있을 것이다. 식품명인이 지역의 전통 농법을 보여주면서 지역 특산물이 상품화되는 과정, 상품을 시식하거나 시음하는 기회를 제공한다면 방문객은 방문 지역에 대해 강한 인상을 갖게 되며, 이는 상품 구매로 연결될 수 있다. 이러한 선순환 구조는 지역의 관광, 경제, 주민의 자긍심 회복, 전통기술의 전수 등에 긍정적인 영향을 끼칠 수 있다.

현재 우리나라에는 전국 각지에서 생산되는 다양한 특산물을 브랜드로 확립시키고 홍보하기 위해 축제를 비롯하여 상품 개발, 디자인 개발, 유통방법 개선 등 다채로운 방안을 강구하고 있다. 이러한 때 전통식품명인을 중심으로 지역의 역사와 자신의 역사를 보여줄 수 있는 에코뮤지엄을 구상할 것을 제안한다. 이를 위해 버려진 가옥이나 오래된 방앗간 자리를 활용할 수 있으며, 폐교를 활용할 수도 있을 것이다.

리비에르의 1980년도 에코뮤지엄 정의[16]에 따르면, "에코뮤지엄은 행정당국과 주민이 같이 구상하고 만들어 활동하는 수단이다. 행정당국은 전문가와 함께 편의를 도모하고, 재원을 제공한다. 주민은 각자의 흥미에 따라 자신들의 지식과 대처능력을 제공한다. 에코뮤지엄은 이러한 주민이 스스로를 인식하기 위해 서로를 바라보는 거울이다. 에코뮤지엄은 이처럼 주민이 자신들을 좀 더 알리기 위해 자신의 일과 행동 그리고 내면성에 자부심을 갖고 방문자에게 내미는 거울이다. 또한 에코뮤지엄은 사람과 자연, 시간의 표현이며, 공간의 해석이다. 그리고 에코뮤지엄은 그 지역 주민의 자연유산과 문화유산의 보존 · 활용을 지원하는 보존기관이며, 외부 연구기관과도 협력하여 주민과 그 환경계의 역사적 · 동시대적 연구에 공헌하고, 이 분야의 전문가 양성을 장려하는 연구소이며, 주민을 연구 · 보존 활동에 참가시키거나, 주민 스스로 미래에 관한 여러 문제를 좀 더 파악할 수 있도록 촉구하는 학교다."[17]

그러므로 에코뮤지엄은 지역을 둘러싼 자원과 주민, 기관의 총체적인 연계와 자기정체성의 확립을 담보로 유지되는 다양한 연구의 장이자 무한한 실험의 장이라고 할 수 있다.

지역의 중요한 자원이자 지역의 역사를 담은 전통기술을 보유하고 이를 상품화하고 전수하면서 과거 · 현재 · 미래를 연결하는 식품명인이 에코뮤지엄의 철학과 원리를 실행할 수 있다면 한국의 현실에서 적용 가능한 이상적인 에코뮤지엄 모델을 도출할 수 있을 것이다. 이러한 활동을 위해서는 전통식품명인 스스로 자신의 역사를 소중히 여기고 이를 간직하려고 노력하고, 자긍심을 갖고 방문객에게 삶의 현장을 보여주려는 의지가 선행되어야 할 것이다. 아울러 식품명인을 중심으로 지역자원을 개발하고, 지역공동체를 활성화할 수 있는 방안에 대한 정부와 지자체의 관심도 촉구된다.

* 이 글은 배은석, 「코냑 에코뮤지엄 사례 분석을 통한 전통식품 에코뮤지엄 조성 방안연구」, 『박물관학보』 30호, 한국박물관학회, 2016을 재구성하였다.

1 오하라 가즈오키, 김현정 옮김, 『마을은 보물로 가득차 있다』, 아르케, 2008, 62-64쪽.

2 배은석, 「지속가능한 농촌 발전을 위한 에코뮤지엄 모델 연구—이천 율면 부래미마을을 중심으로—」, 한국외국어대학교대학원 글로벌문화콘텐츠학과 박사학위 논문, 2012, 72쪽.

3 세계환경발전위원회, 조형준·홍성태 옮김, 『우리 공동의 미래』, 새물결, 2006, 223쪽.

4 배은석, 앞의 글, 92쪽.

5 '브랜디'라는 명칭은 브랜디와인(brandywine)의 줄임말이며, 브랜디와인은 네덜란드어로 '불에 태운 포도주(burnt wine)'를 뜻하는 '브란데베인(brandewijn)'에서 유래한 것으로, 어의는 '소주(燒酒)'다. 브랜디는 넓게는 과실에서 양조·증류된 술이지만, 보통 단순히 '브랜디'라고 하면 포도주를 증류한 술을 가리킨다.

6 프랑스어로 '화주', '브랜디'라는 뜻이며, 음료용어로 'Water of Life(생명수)'라는 뜻이다.

7 김지안, 「향토자원의 브랜드화 과정 연구 프랑스 코냑을 중심으로 」, 한국외국어대학교 글로벌문화콘텐츠학과 석사학위 논문, 2012, 37-38쪽 참조.

8 원산지통제명칭(Appellation d'Origine Contrôlée)은 프랑스에서 농산품과 식료품 분야의 명칭을 법규에 의해 통제하는 체계다. 명성이 확립된 것으로 인정받아 생산구역, 품종, 재배방법, 생산방식 등의 요건에 관해 농산부령으로 승인절차가 규정되어 있는 원산지 명칭으로서, 그 승인절차의 세부내용은 INAO(Institut National des Appellations d'Origine)가 정한다.

9 변명식, 「향토사업 육성전략 연구」, 『장안논총』 제25집, 2005, 70쪽.

10 김지안, 앞의 글, 78-79쪽.

11 위니 블랑(Ugni Blanc)은 프랑스에서 재배 면적 2위인 포도 품종. 특히 샤랑트(코냑 지방 포도원의 주품종)와 쉬드웨스트 지방에서 재배된다. 랑그독, 프로방스, 코르스 지방의 일부 화이트와인의 제조에 사용되어 신선함과 산미를 더해준다(21세기외식정보연구소, 『외식용어해설』, 백산출판사, 2010).

12 농림축산식품부, http://www.mafra.go.kr/main.jsp(검색일: 2017년 12월 14일)

13 지정해제(사망): 제3호(이한영), 제4호(지복남), 제5호(이기양), 제8호(송재성), 제15호(박승규), 제31호(김병룡), 제34호(서양원)

14 여선영·배은석, 「대한민국 식품명인제도의 현황과 과제」, 『2015 글로벌문화콘텐츠 춘계학술대회』, 글로벌문화콘텐츠학회, 2015, 225-230쪽.

15 슬로시티 운동은 빠르게 변화하며 살아가는 도시인의 삶과 반대되는 개념으로, 자연환

경 속에서 자연을 느끼며 그 지역의 먹을거리와 독특한 문화를 경험하고 살아가는 삶을 표방한다. 지역 정체성을 찾고 지역민의 삶의 질을 높일 수 있는 동시에 급변하는 도시인에게 마음의 고향을 느끼게 할 수 있는 마을공동체 운동이라고 할 수 있다.

16 에코뮤지엄의 창시자 리비에르는 에코뮤지엄을 1970년, 1976년, 1980년 이렇게 세 번에 걸쳐 정의하는데, 이를 '리비에르의 발전적 정의'라고 한다.

17 오하라 가즈오키, 앞의 책, 24-25쪽 및 www.ecomusee-creusot-montceau.fr 크뢰조-몽소 에코뮤지엄(검색일: 2017년 12월 1일) 참조 정리

▶ 코냑 에코뮤지엄 관련 정보

- 주소: 35 Route des Bessons, 17770 Migron, France
- 전화: +33 (0)5 46 94 91 16
- 홈페이지: https://domaine-tesseron.com/ecomusee-du-cognac
- 관람 안내: 4월에서 10월까지 무료 방문
  11월에서 3월까지 방문 예약

5. 패션 강국의 향수(鄕愁) '텍스타일뮤지엄'

몽타뉴누아르에서 에코뮤지엄을 찾다

연구자 일행이 이곳을 찾은 시기는 2014년 7월 매우 더운 여름날이었다. 툴루즈(Toulouse)에서 출발하여 미디피레네(Midi-Pyrénées)의 몽타뉴누아르(Montagne Noir)를 지나던 중 지역의 역사를 보여주는 박물관이나 에코뮤지엄을 방문하기 위해 관광안내소를 찾았다. 마자메(Mazamet) 관광안내소에는 여느 프랑스 작은 마을처럼 지역의 관광안내 관련 유인물이 배치되어 있었으며, 직원이 매우 친절하게 우리 일행을 맞아주었다. 에코뮤지엄은 모직물을 생산하던 공장 터에 도립 텍스타일뮤지엄으로 자리 잡았으며, 이곳을 찾아가는 길에 에코뮤지엄의 사이트로 직물상점이 있으니 그곳도 꼭 방문하라는 조언을 해주었다.

우리는 관광안내소 직원이 안내한 마자메의 직물상점과 에코뮤지엄을 찾아 길을 재촉했다. 마자메는 몽타뉴누아르의 북쪽 경사면에 위치한 섬유산업 도시로, 방적(紡績)과 플란넬(얇은 모직물), 가죽, 염색 등에 관련된 수많은 시설을 보유하고 있다. 전통적으로 섬유산업이 활발했던 이 지역은 제혁 및 피혁 제품을 아르헨티나, 호주,

뉴질랜드, 우루과이, 남아프리카공화국까지 수출하며 활발한 교역을 해왔다. 산길을 달리다 보니 몽타뉴누아르(검은 산)라는 이름에 걸맞게 깊은 산세를 따라 양떼가 노니는 모습을 쉽게 볼 수 있었다. 한참을 달려서 좁은 골목길을 찾아가다 보니 직물을 판매한다는 간판을 걸어놓은 건물을 발견할 수 있었다.

[그림 2-42] 마자메의 직물 상점

현재는 문이 굳게 닫힌 공장 터를 배경으로 우측에 자리 잡은 매장으로 들어가니 이곳에서 생산된 직물로 만든 다양한 섬유제품과 원단을 판매하고 있었다. 특히 인상적인 것은 과거 섬유산업 활황기에 자신이 디자인한 직물을 자랑스럽게 보여주면서 먼 곳에서 찾아온 고객을 맞이하는 연륜 있는 상점 주인과 직원의 존재였다. 우리는 이 공장이 에코뮤지엄인지 확인했는데, 그는 이곳도 에코뮤지엄 사이트 가운데 하나이며, 바로 앞에 박물관이 있음을 알려주었다. 마침 박물관 폐관 시간이 1시간 정도밖에 남지 않은 상황이어서 먼저 박물관 관람을 하고 올 것을 권했다. 차로 조금 달리니 바로 인근에 박물관 표지판이 보였다. 우리는 조금 비탈진 언덕을 내려가서 드디어 텍스타일뮤지엄을 찾을 수 있었다.

섬유공장의 변신 '텍스타일뮤지엄'

그동안 세계의 패션은 프랑스가 주도해왔다. 그것은 섬유제품의 생산에서 디자인, 패션상품의 제작 등 다양한 각도에서 이루어졌다. 그러나 최근에는 섬유제품의 생산을 대체할 후발국들이 경쟁적으로 출현하면서 프랑스의 섬유원료 생산 증가율은 주춤하여 감소하는 추세다. 이러한 프랑스 패션산업의 동향은 각 지역에 존재하는 섬유공장의 폐쇄를 가져왔다. 프랑스 남부 타른(Tarn) 도(道: department)의 라바스티드루에루(Labastide Rouairoux)에 위치한 도립 텍스타일뮤지엄(박물관은 설립 및 운영 주체에 따라 국립·공립·사립으로 나누는데, 이 경우는 도에서 설립하여 운영하기에 '도립'이라는 수식어를 붙인다)은 이러한 프랑스 패션의 역사를 잘 보여주는 사례다. 19세기 섬유공장에 자리 잡은 텍스타일뮤지엄은 타른의 산업유산을 증거하는 섬유기술과 지식이 집적된 곳이다. 이곳은 또한 프랑스 에코뮤지엄협회에 가입된 에코뮤지엄 가운데 하나이며, 프랑스 정부가 공인하는 박물관 협의체인 뮤제 드 프랑스(Musée de France)의 승인

[그림 2-43] 타른 도립 텍스타일뮤지엄 전경

을 얻은 곳이기도 하다.

경사진 골짜기 깊은 곳에 위치한 이곳은 과거 '골짜기의 섬유공장'이라 불리었다. 섬유산업을 완전히 재해석하여 원료부터 염색과 편물을 거친 완제품까지 소모사의 제작과정을 보여주는 이 산업유산 박물관은 섬유산업의 전문성과 노하우를 소개하면서 2008년 이래로 관람객을 맞이하고 있다. 전시는 섬유예술의 창작과 제작과정에 가치를 부여하여 새로운 시각으로 해석된다. 섬유제조의 전통기술이 어떻게 발전했고, 어떻게 변천했는지, 그리고 오늘날 어떻게 이용되는지를 보여준다. 이 박물관은 지역 섬유산업의 가치와 아름다움에 대한 이해를 제공하며, 이러한 활동을 했고, 또한 계승하고 있는 사람들에게 경의를 표한다.

상설전시실은 미디피레네의 특산품인 소모사 제작과정에 사용되는 편물기, 염색기기, 직조기 등을 바탕으로 한 실물 전시로 구성되었다. 박물관 학예사들은 2년에 걸친 작업을 통해 새로운 기계와 물품, 그리고 아카이브 서류를 집중적으로 수집·연구하여 전시를 구성할 수 있었다. 마침내 1950년대부터 이 지방의 섬유업체들에게 명성을 안겨준 염색과 편물기술을 다룬 새로운 전시실이 개방되었다. 이러한 컬렉션들은 과거 19세기 섬유공장이었던 건물의 특성을 그대로 살리는 데 주안점을 두면서 재해석되었다.

1층은 과거 공장의 분위기를 그대로 살리기 위해 커다란 사암판을 깔았다. 인간과 기계의 관계를 고려하여 제작 과정은 방적, 직조,

[그림 2-44] 1층 전시실에 전시된 편물기와 직조기

마무리(끝손질), 염색 작업장으로 구성되었고, 박물관 직원과 과거 섬유산업 종사자들이 시범을 보여준다.

2층에서는 좀 더 따뜻한 분위기에서 편물 절차를 거친 제작의 다양화와 이 지방에서 만들어진 직물의 상품화를 보여준다. 또한 프레타포르테 의상, 실내장식, 스포츠의류, 유니폼 등을 비롯해 다양한 완제품들이 진열되어 눈을 즐겁게 한다.[1]

[그림 2-45] 2층 전시실에 전시된 프레타포르테 의상

이 박물관은 누구나 섬유산업과 관련된 공정과 어휘들에 익숙해지고, 그 속에서 기술의 노하우를 풍요롭게 발견하기를 권한다. 어린아이부터 어른에 이르기까지 다양한 섬유예술 체험을 할 수 있는 방적, 직물, 염색 프로그램이 마련되어 있다. 뮤지엄 숍에는 이곳에서 생산된 섬유를 재료로 한 다양한 섬유예술 상품을 판매하고 있었다.[2]

[그림 2-46] 뮤지엄 숍에 진열된 패션 소품과 원단

관람을 마친 후 일행 중 한 분이 아내에게 줄 선물을 심사숙고하여 고르고 있었다. 우리는 빛깔이 고운 스카프나 단순하면서 세련된 앞치마 등을 권했으나, 그분은 엉뚱하게도 완제품이 아닌 직물을 선택하여 다섯 마를 구입했다. 소모사 직물이라 고급스럽긴 했지만 갈 길이 먼 우리로서는 매우 짐스러운 선택이었다. 아무도 말릴 수 없어서 지켜보기는 했지만, 과연 그의 아내가 이 선물을 반가워할지 의문이었다.

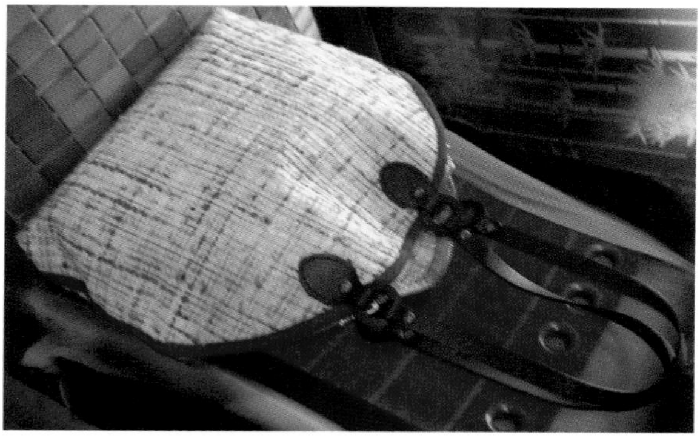

[그림 2-47] 텍스타일뮤지엄에서 구입한 직물로 만든 가방(출처: 황두진)

재미있는 것은 프랑스 답사 후 SNS에 올린 소식에서 그의 아내가 선물을 매우 반겼으며 이를 활용하여 멋진 가방을 만들었다는 내용을 발견했다. '부창부수(夫唱婦隨)'라는 말이 떠오르는 대목이다.

타른 도립 텍스타일뮤지엄은 지역의 경제를 주도해온 섬유산업의 역사와 그 종사자들에 대한 경외감을 주제로 오늘날에도 다양한 활동을 펼쳐 방문객을 유도한다. 일반적으로 에코뮤지엄은 주민에 의해 설립되고 운영되는데, 특이하게도 이곳은 도립 에코뮤지엄이라는 사실이다. 이곳은 중핵박물관의 역할을 하면서 사이트로 직물 판매장을 연결하는 구조다. 즉 타른 도립 텍스타일뮤지엄-마자메의 직물상점-그롤레(Graulhet)의 직물상점이 서로 연계되어 있으며, 지역의 섬유 문화를 알리고 지역에서 생산된 섬유 제품을 판매하는 구조를 갖고 있다. 이는 에코뮤지엄이 지역의 자원을 서로 네트워킹하면서 상승 효과를 추구하는 것을 보여주는 좋은 사례다. 이를 증명이라도 하듯이 박물관 관람을 끝내고 나온 바로 그 시점에 우리에게 박물관의 위치를 알려주고 다시 돌아올 것을 권유했던 마자메의 직물상점 주인이 우리를 맞이하러 박물관 앞까지 찾아와서 만나게 되었다. 이국에서, 그것도 깊은 산골짜기 마을에서 단지 박물관 안내를 해준 인연밖에 없는 이방인을 맞이하러 상점 주인이 직접 나선 것은 매우 이례적인 일이었다. 결국 그의 안내로 다시 찾은 직물상점에서 이 지역의 섬유 제품을 구매하게 되었다. 직선 문양이 단순하면서 세련되었으며, 섬유의 재질이 매우 탄탄한 평직으로 직조되었기에 여행의 기념품으로는 손색이 없었다.

[그림 2-48] 마자메 직물상점에서 구매한 식탁보

[그림 2-49] 마자메 직물상점에 진열된 앞치마

필자는 대학원 석사과정에서 복식을 공부한 탓에 섬유류에 대한 욕심이 많은 편이라 이곳에서 이것저것 구경하는 것이 너무나 즐거웠고, 주머니 사정이 허락한다면 좀 더 많은 소품류를 구입하고 싶었지만, 늘 그렇듯이 여행자의 주머니는 다음 여행지를 대비해야 하기 때문에 매우 금욕적인 선택을 해야 했다. 마음을 가누면서 두리번거리던 중 벽에 걸려 있는 패턴 디자인 도안 액자가 눈에 들어왔다. 매우 인상적이어서 한참 들여다보고 있으려니 매장 주인이 다가와서 과거 자신이 디자인한 패턴임을 설명하는 것이었다. 매우 놀라는 반응을 보이자 그는 실제 직물 패턴을 보여주면서 자랑스러워했다. 젊은 날 열정을 바쳐 섬유산업에 종사한 디자이너를 직접 만나 대화하면서 제품을 구입하는 것은 매우 색다른 즐거움이었다.

주섬주섬 몇 가지 소품을 구매하고 발길을 돌리려니 어쩐지 정이 든 것 같아서 우리 일행은 차를 세우고 그림처럼 아름답고 평화로운 마자메의 풍광을 한참 동안 감상했다.

[그림 2-50] 패턴 디자인 도안

[그림 2-51] 자신이 디자인한 패턴을 보여주는 직물상점 주인

[그림 2-52] 마자메의 시가지 풍경

1 Musée départemental du Textile, *Les Mots Des Musées Du Tarn*, Un Autre Reg'art, 2010, p. 4.

2 *ibið.*, p. 5.

▶ 타른 도립 텍스타일뮤지엄 관련 정보

- 주소: MUSEE DEPARTEMENTAL DU TEXTILE Rue de la Rive 81270 LABASTIDE ROUAIROUX
- 전화번호: +33(0)5 63 98 08 60
- Fax: +33(0)5 63 98 36 14
- 이메일: musee.textile@tarn.fr
- 개관
  3월 1일~4월 30일: 수요일부터 일요일까지, 14시~17시
  5월 2일~6월 30일: 매일(화요일 제외), 10시~12시, 14시~18시
  7월 1일~8월 31일: 매일 10시~12시 30분, 14시~19시
  9월 1일~10월31일: 매일(화요일 제외), 10시~12시, 14시~18시
  11월 2일~12월 23일: 수요일부터 일요일까지, 14시~17시
- 휴관
  1월 1일~2월 28일(또는 29일)
  5월 1일, 11월 1일, 11월 11일, 12월 24일~1월 2일
- 참고 사이트
  http://www.tourisme-tarn.com/fr/organiser/patrimoine-culturel/musee-classe-et-controle-par-la-dmf-eco-musee-metiers-histoire

참고문헌

1. 단행본

21세기외식정보연구소,『외식용어해설』, 백산출판사, 2010.

강경란 외 공저,『프랑스 박물관 기행』, 예림기획, 2008.

배기동,『문화유산과 자연유산: 현실과 미래 비전』, 주류성출판사, 2006.

배은석,『에코뮤지엄: 지속가능한 농촌 희망 프로젝트』, 북코리아, 2013.

서울대학교 불어문화연구소,『프랑스 하나 그리고 여섯』, 강, 2008.

세계환경발전위원회, 조형준 · 홍성태 옮김,『우리 공동의 미래』, 새물결, 2005.

오하라 가즈오키, 김현정 옮김,『마을은 보물로 가득차 있다』, 아르케, 2008.

이재영 외 공저,『세계의 말 문화Ⅴ-유럽』, 한국마사회 말박물관, 2013.

최종호 외 공저,『한국박물관교육학』, 한국박물관교육학회 편, 문음사, 2010.

Fredric Bosc, *Tell Me azbout UNESCO*, UNESCO Publishing, 2002.

Janet Marstine, *New Museum Theory anð Practice*, Australia: Blackwell, 2011.

Musée départemental du Textile, *Les Mots Des Musées Du Tarn*, Un Autre Reg'art, 2010.

Nina Simon, *THE PARTICIPATORY MUSEUM*, California: MUSEUM2.0, 2010.

La S.E.S. du collège Tiraqueau à Fontenay le Comte, *Un Ancien ðe la mine*

se souvient..., Vendée: C.A.U.E., 2001.
Paul F.marty·Katherine Burton Jones, *Museum Informatics*, Routledge, 2008.
Peter Davis, *Ecomuseums A SENSE OF PLACE*, London: Continuum, 2011.
Pierre Beaussant, "Le Site Miner de Faymoreau", Faymoreau, Vendée: Le Centre Minier & La Chapelle des Mineurs, 2011.
Pierre Beaussant et al., "Les Vitraux de la Chapelle des Mineurs", *Faymoreau*, Vendée: Le Centre Minier & La Chapelle des Mineurs, 2001.

2. 논문

권영옥 외 공저, 「향토문화 분류체계와 전자대전 항목구성체계의 접합 방안」, 『인문콘텐츠』 제9호, 인문콘텐츠학회, 2007.
김건희, 「열린 박물관과 열린 사회: 에코뮤제와 지속가능성」, 『문화예술경영 이론과 실재』, 문화예술경영학회, 2008.
김지안, 「향토자원의 브랜드화 과정 연구-프랑스 코냑을 중심으로-」, 한국외국어대학교 글로벌문화콘텐츠학과 석사학위 논문, 2012.
미셸 L. 스테파노, 「무형유산 보호: 잉글랜드 동북부의 박물관들이 처한 다섯 가지 주요 난관」, 『국제저널 무형유산』 4권, 2009.
민유기, 「국가기억 대 민간기억의 갈등과 대안적 기념문화의 모색-프랑스 방데 퓌뒤푸의 경우」, 『사회와 역사』 제78집, 한국사학회, 2008.
배은석, 「기억의 보존과 상처의 치유를 통한 창조적 모험 크뢰조-몽소 에코뮤지엄」, 『박물관학보』 24호, 한국박물관학회, 2013.
_____, 「방데의 페모로 광산 센터를 통해 본 에코뮤지엄의 현재적 의미」, 『글로벌문화콘텐츠』 제20호, 글로벌문화콘텐츠학회, 2015.

______, 「에코뮤지엄의 개념을 활용한 지역의 유산보존과 발전 방안에 대한 연구-익선동 도시형 한옥밀집지구를 중심으로-」, 『글로벌문화콘텐츠』 제15호, 글로벌문화콘텐츠학회, 2014.

______, 「지속가능한 농촌 발전을 위한 에코뮤지엄 모델 연구-이천 율면 부래미 마을을 중심으로-」, 한국외국어대학교대학원 글로벌문화콘텐츠학과 박사학위 논문, 2012.

______, 「코냑 에코뮤지엄 사례 분석을 통한 전통식품 에코뮤지엄 조성 방안연구」, 『박물관학보』 30호, 한국박물관학회, 2016.

변명식, 「향토사업 육성전략 연구」, 『장안논총』 제25집, 2005.

송희영, 「지역의 역사문화자원을 활용한 문화콘텐츠기획 연구」, 『예술경영연구』 제24집, 한국예술경영학회, 2012.

신현요, 「에코뮤지엄의 발전과정에 대한 연구」, 『청주대학교대학원 우암논총』 제28집, 2006.

여선영 · 배은석, 「대한민국 식품명인제도의 현황과 과제」, 『2015 글로벌문화콘텐츠춘계학술대회』, 글로벌문화콘텐츠학회, 2015.

오광호, 「방데전쟁과 '집단학살'」, 『역사와 담론』 제53집, 호서사학회, 2009.

이재영 · 이종오, 「프랑스 에코뮤지엄 개념의 형성과 발전과정 연구」, 『EU연구』 제28호, 한국외국어대학교 EU연구소, 2011.

최재희, 「에코뮤지엄(Ecomuseum) 개념을 도입한 공예박물관 연구」, 경희대학교대학원 석사학위 논문, 2002.

최종호, 「지역사회에 기여하는 박물관의 역할 - 사촌, 학선리, 통일촌 마을박물관 사례-」, 『지역사회에 기여하는 박물관의 역할(제1회 익선동 마을박물관 심포지엄)』, 떡박물관, 2014.

ICOM한국위원회, 「문화유산의 보호와 국제적 공조」, ICOM한국위원회, 2011.

3. 웹사이트

국제박물관협의회 http://icom.museum/the-organisation/icom-statutes

농림축산식품부 http://www.mafra.go.kr/main.jsp

스칸센야외박물관 http://www.skansen.se

에코뮤지엄과 사회적 박물관 연대 www.fems.asso.fr

페모로 광산센터 centreminier-vendee.fr

페모로 광산센터 페이스북 https://www.facebook.com/CentreMinierDe-Faymoreau

코냑 에코뮤지엄 https://domaine-tesseron.com/ecomusee-du-cognac

크뢰조-몽소 에코뮤지엄 www.ecomusee-creusot-montceau.fr

타른 도립 텍스타일뮤지엄 관광안내 http://www.tourisme-tarn.com/fr

배은석

문화콘텐츠학 박사, 한국에코뮤지엄연구소장,

한국외국어대학교 문화콘텐츠 전공 겸임교수

한국외국어대학교 프랑스어과를 졸업했다. 석사는 명지대학교 대학원에서 전통복식을 공부했고, 한국외국어대학교대학원 글로벌문화콘텐츠학과에서 박사학위를 받았다.

2001년에 초전섬유·퀼트박물관 학예사, 2002년부터 떡박물관 개관에 참여하여 학예실장으로 재직해왔고, 2010년 정부유공 학예사 문화체육관광부 장관표창을 받았다. 떡박물관의 개관 학예사로 활동하면서 전통문화와 음식을 결합한 다수의 국내외 전시, 음식을 테마로 하여 축제, 문화원형사업, 식문화교육프로그램 개발, 향토음식 자원화 사업, 한국음식 현지화 사업 등 음식문화콘텐츠를 연구·집성했다. 문화체육관광부 한스타일박람회 한식자문위원, 전통문화산업 육성 진흥방안 연구 포럼위원, 박물관 길 위의 인문학 심사위원, 경기도 맛집 선정위원으로 활동했고, 농협중앙회 쌀박물관을 개념설계했다.

2012년 한국에코뮤지엄연구소를 개소했으며, 본 연구소는 에코뮤지엄의 명명자인 위그 드 바린(Hugues de Varine)이 2017년에 발표한 저서 *L'écolusée singulier et pluriel: Un témoignage sur cinquante ans de muséologie communautaire dans le monde*(에코뮤지엄 하나 그리고 여럿: 세계의 공동체박물관학 50년을 망라한 증언)에 소개된 바 있다.

박사학위 논문 「지속가능한 농촌 발전을 위한 에코뮤지엄 모델 연구- 이천 율면 부래미 마을을 중심으로-」를 필두로 하여 지역문화유산과 에코뮤지엄에 관한 연구를 계속하여 진행하면서 이론을 현실에 적용하는 다양한 실험을 하고 있다. 'Smart Ecomuseum App for Efficient Management of Local Resources', 「에코뮤지엄의 개념을 활용한 지역의 유산보존과 발전 방안에 대한 연구-익선동 도시형 한옥밀집지구를 중심으로-」, 「박물관 고을 영월의 지역자원 현황과 영월 에코뮤지엄 가능성」 등 다수의 논문이 있다. 저서로 『에코뮤지엄: 지속 가능한 농촌 희망 프로젝트』, 『근대 한식의 풍경』(공저), 그리고 세계의 에코뮤지엄 학자들과 함께 집필한 *Ecomuseums and cultural landscapes: State of the art and future prospects*(에코뮤지엄과 문화경관: 예술과 미래 조망 현황)[공저] 등이 있다.

III

송에뤼미에르, 빛과 소리의 축제

임동욱

1. 미디어 파사드의 원조, 송에뤼미에르의 발전사
2. 두 얼굴의 키메라로 살아온 르망의 7천 년 역사
3. 장소의 기억을 살려낸 브르타뉴와 프로방스

영국
벨기에
룩셈부르크
독일
Chartres
샤르트르
파리
Paris
스트라스부르
Strasbourg
렌
Rennes
샹보르
Chambord
퓌뒤푸
Le Puy Du Fou
스위스
대서양
이탈리아
Les Baux-de-Provence
레보드프로방스
스페인
지중해

1. 미디어 파사드의 원조, 송에뤼미에르의 발전사

송에뤼미에르가 태어나기까지

1852년 9월 8일 프랑스 리옹(Lyon) 시내 중심부의 푸르비에르(Fourvière) 언덕 꼭대기에서 기존의 성모상을 보호하기 위한 예배당 건립 기공식이 예정되어 있었다. 그러나 갑작스런 홍수로 인해 행사는 3개월 뒤인 12월 8일로 연기되었는데, 그날도 비바람이 심하게 불어 결국 기공식은 취소되었다. 이를 아쉬워한 시민은 비바람이 잦아든 한밤중에 촛불과 등불을 들고 거리로 나와 행진하기 시작했고, 1889년부터는 당시의 종교적 신심을 기리기 위해 집집마다 창틀에 촛불을 켜고 거리에 등불을 내거는 행사가 시작되었다. 리옹시는 지금도 도시 전역에 조명을 이용한 조형물을 설치하고 건축물에 영상을 비추는 '빛 축제(Fête des Lumières)'를 계속하고 있다.

그러나 이것은 지역민의 종교적 행동이었을 뿐 역사유적을 본격적으로 이용한다거나 단일한 형태의 볼거리를 만든 사례로 여기기는 어렵다. 건축물의 안팎에 불빛을 비춰 볼거리를 만드는 데 시도된 것은 전기를 이용한 조명 기술이 보급되기 시작하면서부터다. 최초의 사례는 발명가, 과학자, 시계제작자이면서 마술사로도 활동한 장 외젠 로베르 우댕(Jean-Eugène Robert-Houdin)이 1863년 루아르 강변의 소도시 생제르베라포레(Saint-Gervais-la-Fôret)의 주택을 실험 삼아 전기 조명으로 간단한 쇼를 선보인 일이다.

[그림 3-1] 전기를 이용한 미디어 파사드의 시조 장 외젠 로베르 우댕 © Wikipedia

기발하고 예술적인 그의 마술은 유럽 전역에서 인기를 끌었다. 훗날 헝가리 출신으로 세계적인 마술사가 된 에릭 베이스(Erik Weisz)는 로베르 우댕에 대한 존경심에서 스스로를 '해리 후디니(Harry Houdini)'라 불렀을 정도였다. 로베르 우댕의 손자 폴(Paul Robert-Houdin, 1894~1978)은 가족으로부터 당시의 사건을 전해 들으며 전기 조명에 대한 관심을 키웠다. 1918년 제1차 세계대전 휴전을 기념해 프랑스

알자스 지역의 스트라스부르 성모대성당(Cathédrale Notre-Dame de Strasbourg)에 군대 서치라이트로 빛을 밝히는 행사를 목격하면서 역사유적에 빛을 밝히는 작업에 관심을 갖게 되었고, 훗날 최초의 '송에뤼미에르' 쇼를 만들어냈다.

20세기에 접어들면서 건축물의 외벽을 밝혀 도시 차원의 야경을 만드는 사례가 잇따라 생겨났다. 그 출발점은 1900년 파리 만국박람회였다. 전기 조명의 아름다움을 제대로 목격한 프랑스 사람들은 '1900년의 종교(la religion de 1900)'라 불릴 만큼 열광적인 관심을 보였고, 빛나는 야경을 '전기 요정(Fée Electricité)'이라고 불렀다. 1937년 다시 열린 파리 만국박람회에서는 "현대 생활 속의 예술과 기술(Arts et Technique de la Vie Moderne)"이라는 주제하에 더욱 발전한 조명들이 앵발리드(Invalides), 팡테옹(Panthéon), 샤이요 궁전(Palais de Chaillot)

[그림 3-2] 1900년 파리 만국박람회에 등장한 '빛의 궁전' © Farradeche Paris

등 시내 곳곳의 건물을 장식하면서 “1937년 박람회의 여왕은 조명 기술”이라는 칭송을 받기도 했다. 당시 파리 센강의 주변 건물을 밝힌 야경 행사는 전기 조명과 더불어 음악, 불꽃놀이, 분수쇼 등을 결합하며 종합적인 볼거리를 만들어냈으며 춤, 꿈, 음악, 국가, 식민지, 봄, 노래 등 총 19개의 테마에 따라 행사를 꾸몄다. 에펠탑을 밝히기 위해 사용된 조명만 해도 700대에 달했다. 이는 최초의 현대적 도시 야경 행사라 부를 만했다. 로베르 우댕의 손자 폴은 이를 통해 수백 대의 조명과 음악 장비들이 박자에 맞춰 동시에 작동하는 동기화(synchronization)의 중요성을 깨달았다.

전기 조명을 사용한 행사는 파리를 벗어나 프랑스 전역에서 시도되었다. 대표적인 행사가 미국 제너럴일렉트릭(GE)이 개발한 마쓰다(松田) 전구를 홍보하기 위해 1937년 4월 30일을 시작으로 프랑스 전역 426개 도시에서 200일 동안 유명 건축물에 조명을 밝힌 ‘빛의 프랑스 일주(Tour de France de la Lumière)’ 캠페인이다. 루르드(Lourdes)와 생트마리드라메르(Sainte-Marie-de-la-Mer)의 종교 행사, 동레미(Donrémy)와 오를레앙(Orléans)의 역사 행사, 브르타뉴(Bretagne)와 앙제(Angers)의 특산품 행사 등이 이어졌다. 캠페인 명칭은 프랑스 전국 자전거 일주대회인 ‘투르 드 프랑스(Tour de France)’에 빗대어 붙였다.

전기 조명을 이용해 역사유적을 밝히는 행사는 계속되었다. 1951년에는 루아르 강변의 여러 궁성을 연결하는 관광루트인 ‘궁성 조명 가도(Route des Châteaux Lumineux)’가 생겨났다. 별다른 효과음이나 음악 없이 조명만 켰을 뿐인데도 그해에만 6만 명의 관광객이 몰려들었다. 환상적인 모습 때문에 ‘밤의 요정극(Féerie Nocturne)’이라는 이름이 회자됐다. 그보다 앞선 1945년에는 야외공연에 전기 장비를 이용한 음향 기술이 시도되었다. 파리 노트르담 대성당 앞뜰에서 진행된 ‘수난의 진정한 신비(Vrai Mystère de la Passion)’라는 음악회였다. 배우와 악단의 소리를 전달하기 위해 92대의 마이크가 사용되었지만, 조명과 음악을 하나로 묶어서 동기화시키는 구성은 아니었다. 관련 기술이 어느 정도 발전하면서 이제는 전기 장비를 이용해 빛과 소리를 하나로 녹여내는 진정한 송에뤼미에르가 등장할 차례였다.

제1세대 송에뤼미에르: 1952년 샹보르

건축가 폴 로베르 우댕은 프랑스 루아르 강변에 있는 샹보르 궁성(Château de Chambord)의 보존책임자로 근무하던 중 루아르에셰르(Loire-et-Cher) 지자체의 지원을 받아 1951년 '역사유적 야경쇼(Présentation nocturne des Monuments)'라는 새로운 형태의 쇼를 기획했다. 궁성에 야간 조명을 비추되 건물 전면에 설치된 스피커에서 빛의 움직임에 따라 음악과 효과음이 동시에 송출되는 아이디어였다. 조명과 음향의 동기화 시스템은 1949년 출범한 프랑스 라디오·텔레비전 방송국(RTF)이 담당했다. 1952년 2월, 늦겨울 추위 속에서 스테레오 음향 송출 테스트를 진행했다. 프랑스에서 야외 행사에 스테레오 음향이 사용된 것은 이때가 처음이었다.

마침내 1952년 5월 30일 밤에 '샹보르의 화려한 나날들(Les Très Riches Heures de Chambord)'이라는 행사가 개막되었다. 장 마르탱 드메질(Jean Martin-Demézil)이 수집한 샹보르의 역사와 전설을 이브 자미악(Yves Jamiaque)이 해설 대본으로 각색하고, 모리스 자르(Maurice Jarre)가 작곡한 음악을 세르주 보도(Serges Bodo)가 지휘하는 오케스트라가 연주했다. 조명 장비는 건축가 미셸 랑자르(Michel Ranjard)와 음향감독 장 빌프리드 가레(Jean-Wilfrid Garret)가 담당했고, RTF에서 파견된 조제 베르나르(José Bernhart)가 전체 시스템을 감독했다. 포스터에는 "샹보르 궁성의 보존책임자 폴 로베르 우댕의 아이디어로 탄생한 야간 행사"라고 명시되었다.

이날 행사는 오후 6시에 인근의 블루아 궁성(Château de Blois)에서 관람객을 맞이하고, 19시 15분에 슈베르니 궁성(Château de Cheverny)으로 출발해 20시부터 야경을 감상하며 저녁식사를 하고, 22시에 샹보르 궁성으로 이동해 22시 45분부터 '샹보르의 화려한 나날들' 쇼를 감상하는 순서로 진행됐다.

행사는 즉각적인 반응을 불러일으켰다. 그해 7월 5일에는 뱅상 오리오(Vincent Auriol) 프랑스 제4공화국 초대 대통령이 관람했고, 베르사유 궁전 보호위원회의 가스통 파플루(Gaston Papeloux)는 "이 행사는 반드시 베르사유에서도 해야 한다"고 기록했다. 1952년 첫 송에뤼미에르가 공개되고 얼마 지나지 않아 인근 지역뿐만 아니라 프랑스 전역에서 성공 비결을 묻는 자문과 제작 요청이 밀려들었다. 역사유적에 빛을 밝힘과 동시에 대사와 음악을 일치시킴으로써 건축물과 장소의 정체성에 몰입시킨다는 전략이 적중했다. 블루아(Blois), 슈농소(Chenonceau), 빌랑드리(Villandry), 아제르리도(Azay-le-Rideau) 등 인근의 궁성뿐만 아니라 베르사유(Versaille), 오를레앙(Orléans), 부아슈뉘(Bois-Chenu) 등으로 퍼져나갔다. 1950년대 후반에는 이집트, 그리스, 튀니지에도 송에뤼미에르 전문가들이 파견되어 역사유적을 배경으로 작품을 만들 정도였다.

당시 신문에는 "조명 장치에서 광채가 비칠 때마다 대사, 음악, 노래가 합쳐지는 이 쇼는 '소리와 빛의 무도극'이라 이름 붙일 만하다"는 기사가 실렸다. 이에 '소리와 빛'이라는 뜻을 지닌 프랑스어 '송에뤼미에르(son et lumière)'라는 명칭이 일반명사처럼 퍼져나갔다. 라루스 프랑스어 사전은 '스펙타클 송에뤼미에르(spectacle son et lumière)'라는 항목을 "음악과 조명 기술을 이용해 오래된 건물의 역사를 추적하는 방식의 야간 쇼"로 규정한다. 영어권에서조차 야간 조명 쇼를 지칭하는 단어로 사전에 등재되어 있다. 옥스퍼드 사전은 "조명

효과와 녹음된 음향을 이용한 오락거리의 한 형태이며, 야간에 역사유적에 상영함으로써 해당 장소에 얽힌 이야기와 감동을 제공하는 행사"로, 미리엄-웹스터 사전은 "빛과 소리의 효과와 더불어 녹음된 해설을 이용해 역사유적에서 실시되는 야외 쇼"로 규정한다. 영어권에서는 뒤에 '쇼'를 붙여 '사운드 앤 라이트 쇼(sound and light show)'로 호칭하기도 하며, 불어권에서도 같은 의미의 '스펙타클'을 앞에 붙여 '스펙타클 송에뤼미에르(spectacle son et lumière)'라고 부르기도 한다. 우리말로는 '조명·음향쇼'로 번역할 수 있다.

[그림 3-3] 지금도 계속되고 있는 샹보르 궁성의 송에뤼미에르 © Château de Chambord

전해지는 소문으로는 폭풍우가 몰아치는 여름날 밤에 로베르 우댕이 맞은편 생미셸호텔(Hotel Saint-Michel) 창문을 통해 샹보르 궁성을 바라보다가 '저곳을 되살려야겠다'는 숭고한 아이디어를 떠올렸다고 전해진다. 그러나 송에뤼미에르가 탄생하기까지는 오랜 기간의 예술적·기술적 노하우와 노력이 축적되어 있다. 어린 시절 할아버지에게서 영감을 얻은 로베르 우댕은 수십 년 동안 기술적 발전을 지켜보았고, 적절한 순간에 혁신적인 아이디어를 실제 행사로 구현해내기 위해 문학가, 음악가, 연출가 등 예술가뿐만 아니라 조명과 음향 분야 전문가와 기술자를 한데 모아 협업을 이뤄냈다.

특히 빛, 소리, 음악의 세 가지를 중심으로 모든 예술적·기술적 요소들을 집중시켜 한 몸처럼 작동하게 만들되 해당 장소가 가진 특성과 어우러지게 하는 것이 몰입의 핵심이었다. 로베르 우댕은 이런 말을 남겼다. "조명, 음향, 음악이 '송에뤼미에르'를 만들어내는 삼위일체다. 대사는 관객이 기대하는 조명효과에 맞추고 음악이 곁들여져야 한다. 조명에 대한 경우의 수는 무수히 많기 때문에 전적으로 연출가의 상상력에 의지해야 하지만, 음악은 쇼가 진행되는 장소를 고려해야 한다. 기술도 당연히 공간마다 서로 다르게 적용해야 한다. 샹보르처럼 넓은 부지와 블루아 궁성 앞뜰처럼 제한된 공간에 동일한 기술을 사용할 수는 없다."

로베르 우댕은 관객의 몰입감을 높이기 위해 시각과 청각을 자극하는 기술요소들을 삽입했다. 살인, 강간, 암살이 난무하던 종교전쟁 당시의 현장을 묘사하는 장면에서는 대형 화재가 발생한 것처럼 건물 뒤편에서 붉은 연기가 피어오르게 했다. 궁성 뒤에서 강렬한 조명을 쏘아 건물의 지붕과 외벽의 실루엣이 드러나게 함으로써 비극적인 느낌을 연출하기도 했다. 당시로서는 혁신적인 스테레오 음향 기술도 한몫을 했다. 여기저기에 설치된 스피커를 통해 소리를 내보내되 상황마다 송출 위치를 이동시켜서 마치 실제 인물들이 숨어 있는 것처럼 들리게 했다. 궁성 왼편에 있는 숲에서 병사들의 노래가 들리기 시작하다가 그 소리가 객석 앞을 지나 오른쪽 숲으로 사라지게 하면 관객은 마치 소리를 보는 것처럼 그에 맞춰 고개를 돌렸다.

송에뤼미에르를 구현해내는 작업은 일반적인 예술공연보다는 좀 더 기술집약적인 성격을 갖는다. 구상에서부터 구현에 이르기까지 전체를 크게 8단계로 구분할 수 있다. ① 작가의 대본 저술, ② 작곡가의 음악 창작, ③ 음향기사가 라디오 드라마 수준으로 만든 대본과 음악 녹음, ④ 대본, 음악, 효과음을 혼합한 최종 테이프 제작, ⑤ 조명 전문가가 테이프를 들어보고 건물의 파사드와 내부의 조명 변화 지시, ⑥ 전문기업이 스피커와 통합 조명조절기 등 기술 장비 설치, ⑦ 야간 반복 리허설 실시 중에 기술담당자들이 무전기로 의견 교환, ⑧ 본 행사 개최 순이다.

각 단계에서는 연극이나 콘서트처럼 즉흥적인 변주가 허용되는 일이 거의 없으며, 모든 요소가 완벽하게 맞물릴 때까지 반복적인 시도를 할 수밖에 없다. 실제 관객에게 보여질 모습을 알기 위해서는 각 기계장치의 정상 작동 여부와 최종 산출물의 모습을 시각적으로 확인해야 한다. 조명 장비의 특성상 리허설은 야간에만 실시할 수 있기 때문에 날씨와 온도를 고려하면 가용시간이 충분치 못하다는 사실을 고려해 사전에 계획을 짜야 한다.

장소의 진정성으로 존재감을 극대화시키다

송에뤼미에르가 야간에 진행됨으로써 얻는 이득은 크게 네 가지를 꼽을 수 있다. 첫째, 해당 건축물 이외의 경관 요소들은 어둠에 가려져 눈에 띄지 않기 때문에 무대에 집중하는 효과가 커진다. 둘째, 일몰 후에는 대부분의 상점과 문화시설이 문을 닫는 프랑스 지방의 특성으로 인해 희귀한 야간행사를 개최할 경우 이목을 집중시킬 수 있다. 셋째, 정상적인 경우라면 야간에는 방문할 일이 없는 고성, 성채, 수도원, 사원, 묘지 등의 역사유적에 관람객을 불러들임으로써 특별한 체험을 각인시킨다. 특히 넷째, 야간에는 관객이 감성적으로 변하므로 역사유적에 얽힌 사건과 이야기에 몰입시킬수록 해당 장소의 특성이 마치 유령처럼 되살아나는 느낌을 주어 공감 가능성을 높인다.

장소의 특성은 그 위치에서 벌어진 역사적 사건과 그에 따른 사람들의 느낌을 그대로 간직하고 있는 존재로 여겨져왔다. 로마시대에는 '게니우스 로키(genius loci)', 독일 민간에서는 '오르트가이스트(Ortgeist)'라 불렀으며 현대에 와서는 '장소성'이라는 개념으로 발전했다. 역사유적을 배경으로 펼쳐지는 송에뤼미에르의 몰입성을 높이려면 장소가 지닌 사건과 인물을 자원으로 활용해 고유의 특성을 부각시키는 것이 효과적이다.

지리학에서는 '공간(space)'과 '장소(place)'의 개념을 구분함으로써 동일한 공간에 부여되는 의미가 달라지는 현상을 설명한다. 공간은 일반적이고 보편적인 개념으로서의 물리적인 위치를 가리키는 반면, 장소는 물리적 공간 위에 주관적이고 개성적인 인간의 경험을 축적시킨 곳을 뜻한다.

인본주의 지리학자 에드워드 렐프(Edward Relph)는 "장소는 행위와 의도의 중심"이라고 규정했으며, 인간의 의식과 경험으로 이루어진 의도성을 눈여겨봄으로써 공간과는 다른 장소의 본질을 파악할 수 있다고 강조했다. 특히 "우리가 어떤 존재와 어디서 어떻게 관련을 맺든 반드시 정체성이 생겨난다"는 철학자 마르틴 하이데거(Martin Heidegger)의 의견에 동조하며 장소 개념의 파악에도 '정체성'이라는 관점을 대입했다. 일반적으로는 정체성을 인간의 고유한 속성으로 여기지만, 렐프는 장소에도 정체성을 접목시켜서 '장소정체성(identity of place)' 개념을 탄생시켰다.

장소정체성은 '장소의 정체성(identity of a place)'과 '장소에 대한 정체성(identity with a place)'으로 구분된다. 광장, 교차로, 골목 등 공적인 장소는 의도적으로 건설된 조형물과 환경 등 평범한 공간보다 더 많은 시선을 끌기 때문에 '장소의 정체성' 관점으로 파악해야 하며, 장소 그 자체가 '장소성(placeness)'을 표출하는 것으로 본다. 반면에 거실, 주방 등 사적인 장소는 물리적 형태가 아닌 누군가의 심상에 의해 의미가 부여되므로 '장소에 대한 정체성' 관점으로 파악한다. 아파트 내부의 공간들은 겉으로 보기에는 큰 차이가 없이 비슷하게 생겼지만 가족들의 생활 터전이 되고 집집마다 완전히 다른 평가를 받기 때문에 특별한 감흥, 즉 '장소감(sense of place)'을 불러일으킨다고 여긴다.

대부분 연구자들이 사용하는 '장소성'이라는 용어는 장소의 성격('장소성')과 사람의 느낌('장소감')을 통칭해서 부르는 개념이라고 볼 수 있다. 장소성과 장소감이 일치하는 장소가 존재한다면 진정성(authenticity)을 가지고 있다고 간주하지만, 일치하지 않는 장소는 진정성이 결여되어 있으므로 '무장소성(placelessness)' 또는 '장소상실'이라는 비판을 받는다.

무장소성 (placelessness)	↔	장소의 정체성 (identity of place)	장소성 (placeness)	=	장소가 가진 정체성 (identity of a place)
			장소감 (sense of place)	=	장소에 대한 정체성 (identity with a place)

[표 3-1] 에드워드 렐프의 장소 정체성 개념

1952년의 첫 번째 송에뤼미에르는 샹보르 궁성에 얽힌 역사적 인물들의 이야기를 풀어냄으로써 관객에게 건축물을 배경으로 시간여행을 체험시켰고, 특별한 '장소'에 와 있는 느낌을 주었다. 장소가 가진 정체성과 장소에 대해 관객이 느끼는 정체성을 일치시킴으로써 장소의 진정성을 획득한 것이다. 이러한 전략은 송에뤼미에르가 이후 2세대, 3세대, 4세대로 발전하는 과정에서도 그대로 적용되어 역사유적의 장소성 극대화의 모범사례로 자리 잡았다.

제2세대 송에뤼미에르: 타블로 비방

송에뤼미에르의 성공으로 인해 기존에는 성당과 수도원 등으로 대표되던 중세 건축물의 이미지가 종교적 경건함을 벗고 세속적 화려함으로 전환되기 시작했다. 조명 장비를 이용해 빛을 비추고 스피커를 설치해 적절한 음악을 곁들이던 초창기의 방식도 인간의 동작과 연기를 적극적으로 덧붙이는 방식으로 탈바꿈했다. 샹보르 궁성에서 시작된 조명, 음향, 음악 중심의 송에뤼미에르를 제1세대로 본다면, 건축물 앞에 진짜 사람들을 배치시켜 '타블로 비방(tableau vivant)', 즉 '살아있는 그림'이라고 불린 장르를 구현해낸 방식은 제2세대에 속했다.

1960년 사르트(Sarthe) 지자체의 프랑수아 브루(François Brou) 관광국장은 뤼드 궁성(Château de Lude)을 배경으로 송에뤼미에르를 기획하는 과정에서 옛 시대의 의상을 입은 배우들을 건축물 앞에 세웠다. 해당 역사적 건축물이 활발히 사용되던 때를 재현하고 이를 수백 년이 지난 지금의 관람객이 들여다보게 해서 시간여행을 떠나는 느낌을 주고 역사유적에도 생기를 불어넣으려는 목적이었다. 일간지 「르몽드(Le Monde)」는 "뤼드 궁성의 쇼는 송에뤼미에르의 공식을 완전히 새롭게 바꿔놓았다"고 극찬했다. 이후 1966년에는 앵드르(Indre) 지역에서, 1968년에는 모레쉬르루앵(Moret-sur-Loing) 지역에서, 1970년에는 생테냥쉬르셰르(Saint-Aignan-sur-Cher)에서 타블로 비방 형식의 송에뤼미에르 쇼가 선을 보였다.

룩셈부르크 출신의 무대연출가 장 클로드 보두앵(Jean-Claude Baudoin)은 제1세대 기술에 인간의 퍼포먼스를 덧붙인 제2세대 송에뤼미에르에 영상까지 가미했다. 그는 배우들의 연기와 해설을 곁들인 영화필름을 건축물 외벽에 영사함으로써 더욱 생동감 넘치는 송에뤼미에르 작품을 만들어냈다. 특히 루아르강 유역 곳곳의 고성과 건축물에 얽힌 역사적 이야기를 영화로 제작해 영사하는 방식은 송에뤼미에르가 지역의 역사를 다시 부각시키는 데 적합하다는 사실을 입증했다. 당시의 작품으로는 '뤼세 이야기(Le Roman de Luçay, 1966)', '탈레랑, 악마는 프랑스인인가?(Talleyrand, ou le Diable est-il Français, 1967)', '잔 다르크의 기마행렬(Le Chevauchée de Jeanne, 1974)', '황금의 감옥 발랑세, 추방된 스페인의 왕자들(Valençay, Prison Dorée ou les Princes d'Espagne en Exil, 1975)' 등이 있다.

제3세대 송에뤼미에르: 역사야외극

1970년대 후반에 이르러 송에뤼미에르는 제3세대로 한 단계 더 진화했다. 지역의 역사유적에 담긴 이야기를 통해 지역정체성을 소개하고, 전문 배우나 기술자가 아닌 지역민이 자발적으로 제작과 출연에 참여하는 방식이었다. 그 출발점은 루아르강 하구의 방데(Vendée) 지역에 위치한 소도시 레제페스(Les Epesses)였는데, 방데 도의회 산하 문화위원회가 자크 드빌리에(Jacques de Villiers) 위원장의 건의에 따라 1977년 인근의 퓌뒤푸 고성(Château du Puy du Fou)과 부속 토지를 매입한 사건이다.

그의 아들 필리프(Philippe)는 뜻을 같이하는 지역민과 함께 지역의 역사적 비극을 다룬 야외극을 준비해 1978년「오늘 밤, 방데(Ce Soir, la Vendée)」를 선보였다. 이듬해에는 '영화'를 뜻하는 시네(ciné)와 '공연'을 뜻하는 세니(Scénie)를 결합하여「시네세니(Cinéscénie)」라는 신조어를 공연 명칭으로 대체했다. 이 장르는 현재 '역사야외극[spectacle historique (en plein air)]'이라 통칭된다.

「시네세니」는 기술력의 수준, 스토리의 완성도, 자원봉사단의 규모를 개선해왔으며 현재 24헥타르 넓이의 무대, 1만 4천 석 규모의 관람석, 1,200명의 지역민 배우, 연 관람인원 1,100만 명이라는 최고기록을 세웠다. 1989년에는 50헥타르의 부지를 추가 확보하여 '그랑파르크(Grand Parc)'라는 이름의 공연형 테마파크를 신설했고, 전체 명칭을 '퓌뒤푸(Puy Du Fou)'로 바꾸었다. 드빌리에는 중앙정부의 도움 없이 지자체가 독자적으로 퓌뒤푸를 운영할 수 있도록 '퓌폴레(Puyfo-lais)'라 불리는 지역민 자원봉사단을 독려하는 한편 지역 내에 기술자와 전문배우를 양성하는 교육기관까지 설립해 지속적으로 구성원을 공급했다.

덕분에 지속적으로 관람객과 매출액이 늘어 현재 프랑스 내에서는 파리 디즈니랜드에 버금가는 수익을 올리고 있다. 2012년에는 테아 클래식 어워드(Thea Classic Award)에서 '세계 최고 테마파크(World Best Theme Park)' 상을 받았고, 2013년에는 파크스마니아 어워드(Parksmania Awards)에서 '유럽 최고의 놀이공원(Meilleur Parc d'Eu-rope)' 상을 받았다.

[그림 3-4] 프랑스의 대표적 역사야외극으로 발전한 「시네세니」 © Puy du Fou

유사한 역사야외극을 추진 중인 프랑스의 여러 지자체들은 1986년 프랑스축제·역사야외극협회(FFFSH, Fédération Française des Fétes et Spectacles Historiques)를 구성해 기술 활용 및 자원봉사단 운영 노하우를 공유하고 있다. 현재 전국 150여 개의 지방단체들이 회원으로 가입되어 있고, 연간 975만 유로가 투자되어 180만 명의 관람객을 끌어들이며, 자원봉사자로서 지역 역사야외극에 참여하는 인원만 전국적으로 3만 5천 명에 달한다. 대표적으로는 제1차 세계대전의 포화를 겪은 파리 인근의 모(Meaux)와 베르됭(Verdun), 루아르 강변의 건축물들을 내세우며 프랑스의 역사적 중심지임을 강조하는 앙부아즈(Amboise)와 상블랑세(Semblançay), 파리 중심의 프랑스에 맞서온 중세 옥시타니아(Occitanie)의 독자적 전통을 강조하는 푸아(Foix)와 그롤레(Grauhlet) 등을 꼽을 수 있다.

왕당파 집안에서 태어난 시인 라마르틴(Alphonse de Lamartine, 1790~1868)은 대혁명으로 인해 온 가족이 시골마을 밀리(Milly)로 이주해 제2의 고향으로 여기며 살아본 경험이 있다. 그 느낌을「밀리 또는 고향(Milly ou la Pays Natale)」이라는 시를 통해 "생기 없는 사물들도 영혼을 가졌을까/우리의 영혼에 달라붙어 사랑하게 만드는 걸 보니(Objets inanimés, avez-vous donc une âme/Qui s'attache à notre âme et la force d'aimer)"라고 찬미했다. 이처럼 프랑스의 역사야외극은 지역민 스스로 고향 또는 거주지에 애착을 가지고 배우 또는 스태프로 참여하며, 실제 역사를 극화하여 해당 역사유적을 무대에서 공연한다는 공통점을 가진다. 이로써 지역정체성의 계승자임을 확인하고 증명하는 경험을 하게 되며, 역사유적의 정체성과 지역민의 정체성이 특별한 관계를 맺는다. 관광객의 눈에는 여느 성벽이나 건물과 다를 바 없는 평범한 유적지라도 지역민에게는 정신적인 유대의 대상이 된다.

제4세대 송에뤼미에르: 프로젝션 파사드

한편으로 배우가 등장하지 않는 조명·음향쇼 중심의 제1세대 송에뤼미에르도 독자적인 발전을 이뤄왔다. 특히 고해상도(UHD) 프로젝션 매핑 기술의 등장으로 높은 품질의 영상 투사가 가능해지면서 규모, 완성도, 창의성 면에서 혁신과 발전을 지속해왔다. 현재 프랑스 각 도시마다 경쟁적으로 조명·음향쇼를 시도하고 있어 '제4세대 송에뤼미에르'라 부를 만하다. 미디어 파사드 장르는 현대의 신축 건물에 LED 조명과 디스플레이를 직접 설치해 구현하는데, 역사유적에 적용하려면 훼손이 우려된다. 프랑스에서는 프로젝션 매핑의 투사 방식을 활용해 건축물에 물리적 피해를 주지 않는 '프로젝션 파사드(projection façade)'를 선택하는 경우가 대부분이다.

예를 들어, 프랑스와 독일의 경계에 위치한 스트라스부르(Strasbourg)는 2015년 성모대성당 건립 1천 주년을 맞이하여 건물의 전면부뿐만 아니라 '버팀도리(flying buttress)'라 불리는 외부 기둥이 가득해 복잡한 표면을 가진 측면부까지 활용해 각기 다른 2개의 프로젝션 파사드를 선보였다. 파리 서부의 중세도시 샤르트르(Chartres)는 '빛 속의 샤르트르(Chartres En Lumière)', 르망(Le Mans)은 '키메라의 밤(La Nuit des Chimères)' 행사를 여름 내내 개최한다. 도심에 위치한 성당, 저택, 궁성, 다리, 성벽 등 수십 개의 건축물과 역사유적에 도시재생형 통합 송에뤼미에르를 실시해 새로운 브랜드 이미지를 구축했다는 평가를 받는다.

버려진 산업유산을 활용해 완전히 다른 공간으로 재탄생시키는 사례도 등장했다. 프랑스 남부의 중세도시 레보드프로방스(Les-Baux-de-Provence)는 문화콘텐츠기업 퀼튀르에스파스(Culturespaces)와 협약을 맺어 인근의 동굴형 채석장을 개조하고, 내부에 100대의 프로젝터를 설치해 2011년 '빛의 채석장(Carrière de Lumière)'이라는 멀티미디어 쇼 공간을 선보였다. 내부공간은 길이 60미터, 높이 14미터 등 투사 면적이 7천 제곱미터에 달하며 고흐, 모네, 샤갈, 클림트, 미켈란젤로 등 유명 화가들의 작품을 디지털로 재가공한 후 음악을 곁들여 30~40분 분량으로 제작된 뮤직비디오 형태의 영상물이 반복 영사된다. 굴곡진 벽면과 바닥면에 이음매 없이 영상을 투사하는 동시에 어디서든 동일한 청각적 감상이 가능한 아미엑스(AMIEX) 시스템을 개발해 연속성(continuity) 기반의 몰입형 전시(immersive exhibition)를 구현해냈다.

[그림 3-5] 2015년에 열린 스트라스부르 대성당의 '1천 주년 기념 쇼'

ⓒ Strasbourg.eu

[그림 3-6] 중세 대성당 외벽에 프로젝션 매핑을 적용한 '빛 속의 샤르트르'
ⓒ Chartres en Lumière

이 과정에서도 역사유적의 정체성을 살리는 작업은 누락되지 않았다. 스트라스부르, 샤르트르, 르망 등 도심의 역사유적을 대상으로 한 프로젝션 파사드에서도 외벽에 투사되는 영상에는 해당 지역이 걸어온 역사를 상징적으로 드러내주는 이미지를 사용하고 있다. 빛의 채석장에서도 영상물의 반복상영 중간마다 전체 조명을 밝히고 벽과 바닥의 재질을 드러냄으로써 현재 장소가 오랫동안 지역민의 생활과 함께해온 채석장임을 분명히 확인시키고 있다.

지금까지 송에뤼미에르 콘텐츠가 발전해온 과정을 정리하면,

1952년 샹보르 궁성에서 시작된 '조명쇼' 장르의 제1세대는 인간의 퍼포먼스를 추가하여 '타블로 비방' 장르의 제2세대로 진화했다. 여기에 지역민의 참여와 지역 고유의 스토리 자원을 활용한 '역사야외극' 장르의 제3세대로 발전했다. 현재는 프로젝션 매핑 기술을 이용해 역사유적의 외벽을 장식하는 '프로젝션 파사드' 장르의 제4세대 송에뤼미에르까지 등장했다.

최초의 송에뤼미에르에 참여한 가레(Jean-Wilfrid Garrett)는 "송에뤼미에르의 주인공이라 할 수 있으며, 무엇보다 우선시되는 것은 역사유적이라는 배경 그 자체"라고 강조했다. 송에뤼미에르의 발전 과정에서 주목할 점은 단순히 건축물에 조명을 비추고 음향과 음악을 곁들이는 데서 그치지 않고 역사유적이 가진 고유의 정체성을 적극적으로 부각시켰다는 데 있다. 이를 위해서는 역사유적과 문화유산에 대한 관심과 이해가 필수적이다. 프랑스 각지에서는 역사유적을 교육과 체험 분야뿐만 아니라 지역 행사와 관광 분야에까지 확대 적용하는 상황이며, 이 바탕에서 탄생한 것이 송에뤼미에르 콘텐츠라고 볼 수 있다.

송에뤼미에르는 제1세대의 '조명·음향쇼'에서 제2세대의 '타블로 비방', 제3세대의 '역사야외극'을 거쳐 제4세대 '프로젝션 파사드'에 이르기까지 역사유적이 지닌 고유의 시·공간적 정체성을 존중하고 장소성을 극대화하는 방식을 택해 지역정체성의 구심점 역할을 해왔다. 퓌뒤푸의 역사야외극을 추적해온 루부탱(Hervé Louboutin)은 "되찾은 고향(C'est le pays retrouvé)"이라는 표현을 사용하며 역사유적과 지역정체성을 결합한 송에뤼미에르가 지역 고유의 문화와 공동체 정신을 되살리고 있음에 동의했다. 이것이 신축 대형 건물에 국적불명의 현란한 컴퓨터그래픽을 덧씌우는 일부 미디어 파사드 사례와 분명히 구별되는 프랑스 송에뤼미에르 콘텐츠만이 가진 특징이다.

2. 두 얼굴의 키메라로 살아온 르망의 7천 년 역사

무섭고도 매력적인 키메라의 전설

괴물의 역사는 오래됐다. 신화와 전설을 만들어내던 고대인은 낯선 것에 대한 지식이 적었기 때문에 온갖 기이한 생명체들을 상상해냈다. 중국인은 『산해경(山海經)』을 지어 산과 바다 곳곳의 전설을 담았고, 그리스의 시인 호메로스는 테오고니아(Θεογονία), 즉 『신통기(神統記)』를 지어 이 세상 것이 아닌 듯한 존재들을 묘사했다. '괴물'이라는 뜻의 영어 단어 몬스터(monster)는 '경고를 보내다'라는 뜻의 라틴어 모네레(monere)에서 유래했다. 고대인은 괴이한 생명체가 나타나는 사건을 불행한 일이 닥치기 전에 신이 인류에게 경고를 보내는 것으로 받아들였다. 지금도 누군가를 '괴물'이라고 부르는 것은 조롱이나 멸시가 아닌 공포와 경외의 대상으로 바라본다는 뜻이 아닌가.

함부로 다가갈 수 없는 괴물 중에서 대표적인 것은 반은 사람이고 반은 짐승인 '반인반수'다. 그리스 신화에는 수많은 반인반수가 등장한다. 사자의 몸통에 여인의 머리가 달려 있고 독수리의 날개를 지닌 스핑크스(Σφίγξ), 거대한 날개와 다리 대신 뱀의 몸통이 달린 퓌폰(Τυφών), 상반신은 인간 남성이지만 아래로 말의 몸통이 달려 있는 켄타우로스(Κένταυρος), 상반신은 인간 여성이지만 하반신은 뱀의 몸통이 붙어 있는 에키드나(Έχιδνα)가 대표적이다.

서로 다른 동물이 결합해 만들어진 괴물도 있다. 오지역은 고대 그리스 시대에 '리키아(Λυκία)'라 불렸는데, 천연가스가 뿜어져 나와 산간지대 곳곳에 불이 피어오르던 곳이어서 괴물만 살 수 있는 땅으로 여겼다. 이곳을 지키던 존재가 키마이라(Χίμαιρα)다. 호메로스는 『일리아드(Illiad)』에서 키마이라를 이렇게 묘사했다. "사자의 머리에 뱀의 꼬리를 지녔고, 몸통은 염소인데 숨을 쉴 때마다 무시무시한 불꽃을 내뿜는 것이 인간 아닌 신이 만든 존재인 듯하다." 프랑스 루브르 박물관이 소장 중인 기원전 4세기의 접시에 키마이라의 모습이 새겨져 있다. 언뜻 보기엔 사자지만 꼬리 끝에 뱀의 머리가 붙어 있고 몸통 중간에 염소의 머리통이 불쑥 솟아나왔다. 3개의 머리가 합쳐진 기이한 모습이다.

[그림 3-7] 세 동물의 머리가 합쳐진 키마이라 © Musée du Louvre

키마이라의 이야기는 사람들의 호기심을 자극했고, 시간이 흐르면서 점점 더 많은 결합 생물의 전설이 만들어졌다. 키마이라는 '키메라(Chimera)'라는 일반명사로 바뀌었고, '히브리다(hybrida)'라는 단어도 생겨났다. 어원이 되는 이브리다(ibrida)는 원래 집돼지와 멧돼지의 교잡종을 가리켰지만, 점차 의미가 확대되어 서로 다른 것이 합쳐진 것들을 통칭하는 단어 '하이브리드(hybrid)'가 되었다. 오늘날 '혼종'이나 '잡종'은 사회의 중심에 서지 못하는 존재들을 낮춰 부르는 말이지만, 반인반수나 키마이라도 일종의 하이브리드로 본다면 보통 사람들은 갖지 못하는 미지의 힘을 가진 존재로 여길 수도 있다.

우리나라는 순혈주의를 선호한다. 단군 이래로 우리는 단일민족이었고 수천 년의 역사 속에 한 핏줄만을 유지했다고 가르치고 배운다. 얼마 전까지만 해도 부모의 국적이 다르면 학교에서 '트기'라는 욕설을 들어야 했다. 지금은 '다문화'라는 단어가 있지만, 그마저도 부정적인 의미로 변질되는 상황이다.

그런데 스스로를 '잡종'이라 부르는 곳이 있다. 두 문화가 섞인 것이 전혀 부끄럽지 않은 듯하다. 자동차 경주로 유명한 프랑스 북서부의 도시 르망(Le Mans)이다.

7천 년을 이어온 르망의 역사

'르망' 하면 30대 이상에서는 "아, 그 자동차?" 하는 반응이 나온다. 독일 오펠이 설계하고 대우자동차가 생산해 1986년부터 1997년까지 10년 남짓한 기간 동안 국내외에서 100만 대 넘게 판매된 승용차다. '르망'이라는 이름은 프랑스의 자동차 경주 '르망 24시(24 heures du Mans)'에서 따왔다.

매년 6월이면 전 세계의 자동차 팬들이 파리에서 서쪽으로 200킬로미터 떨어진 르망의 라사르트(La Sarthe) 경기장으로 모여든다.

르망 24시는 말 그대로 '24시간 동안' 달려서 누가 더 긴 거리를 달렸는지 겨루는 대회다. 속도가 아닌 자동차의 내구성을 시험하는 자리다. 초창기에는 운전자 혼자서 24시간을 달렸지만 요즘은 3명이 한 조가 되어 개인당 14시간을 넘지 않는 범위 내에서 번갈아 운전한다.

자동차 경주를 제외하면 르망이 무엇으로 유명한지 대부분 사람들은 잘 모른다. 하지만 르망의 역사는 생각보다 길다. 도시의 중심 역할을 하는 생쥘리엥 대성당(Cathédrale Saint-Julien)의 외벽에는 '쥘리앵 성인의 돌(Pierre de Saint-Julien)'이 세워져 있다. 말이 돌이지 사실은 신석기시대에 만들어진 선돌(menhir)이다. 겉에는 여러 겹의 옷을 입은 듯 특이한 무늬가 남아 있다.

[그림 3-8] 쥘리앵 성인의 돌 © Wikipedia

르망의 구도심은 사르트(Sarthe)강과 윈(Huisne)강 사이에 불룩 솟은 언덕 위에 지어졌다. 이곳은 고대부터 신성한 곳으로 여겨져 왔기에 그 꼭대기에 세워진 선돌은 세상의 중심이라는 뜻으로 '배꼽(nombril)'이라 불렸다. 선돌의 중간 아래쯤에는 배꼽 같은 작은 구멍이 뚫려 있는데, 여기에 엄지손가락이 들어가는 사람은 자손이 번창한다는 전설이 내려온다.

그러나 기독교가 전래되면서 선돌은 위기를 맞는다. 이단의 유물은 없애야 마땅하다며 흥분한 군중은 망치와 도끼를 들고 선돌 주위로 모여들었다. 그때 나선 것이 4세기에 초대 주교를 지낸 쥘리앵 성인이다. 옛것을 소중히 여길 줄 알아야 한다는 설교에 사람들은 분노를 멈추었고 5천 년 나이를 먹은 선돌은 목숨을 이어갈 수 있었다.

대성당이 건립된 후에도 선돌은 파괴되지 않았지만 그렇다고 융숭한 대접을 받은 것도 아니다. 성당 앞마당에 엎어진 채 천 년을 넘게 살아오는 동안 연설가의 받침대로, 곤장을 때리는 형틀로, 장사꾼의 물건을 올려두는 매대로 사용되었다. 지금은 낮은 한숨을 내쉬는 듯한 모양새로 대성당 한쪽 벽에 기대어 서 있다.

유물 이외에 역사 기록으로 살펴볼 수 있는 르망의 역사는 서기 2세기의 천문학자 프톨레마이오스(Ptolemaios)가 남긴 지리학서『게오그라피아(Geographia)』에서 시작한다. '빈디눔(Vindinum)'이라는 이름의 마을로 기록된 르망은 로마 제국에 정복당한 고대인 올레르크족(Aulerques)의 분파 세노마니족(Cénomani)이 살던 중심도시였다. 카이사르와의 갈리아 전투에서 패배한 뒤로 주민은 강제 이주되었고 로마 군인들이 언덕 주변에 성벽을 쌓아 요새도시가 되었다.

카이사르 사후에는 상업 중심지로서 번성했고 로마 제국 멸망 후 메로빙거 왕조 때에는 서쪽의 요충지로 주목을 받았는데, 그 과정에서 이름이 바뀌었다. 표준 라틴어를 사용할 때는 세노마니족의 도시라는 뜻으로 '케노마누스(Cenomanus)'로 불렸지만 라틴어가 변형되어 지방어로 발전하는 과정에서 '켈망(Celmans)'으로 바뀌었는데, 프랑스어로 '셀(cel-)'이라 발음되는 접두어는 '그것'을 뜻하므로 지금은 정관사 르(le)로 바뀌어 르망(Le Mans)이 되었다.

[그림 3-9] 쥘리앵 성인의 이름을 딴 르망의 생쥘리앵 대성당 © Wikipedia

르망의 본격적인 역사는 이때부터다. 9세기 즈음 북쪽의 바이킹이 남쪽으로 침입하는 일이 잦아지면서 르망도 사르트강과 멘(Maine)강을 따라 거슬러온 노르만족(Normans)의 지배를 받게 되었다. 노르만족은 프랑스 왕으로부터 파리 북쪽과 서쪽의 해안지역을 넘겨받아 '노르망디 공국'을 세웠다. 그런데 노르망디 공작 기욤(Guillame)이 1066년 헤이스팅스(Hastings) 전투에서 승리해 잉글랜드의 정복왕 윌리엄(William the Conqueror)이 되면서 노르망디에 대한 지배력이 소홀해졌다. 이 틈을 타 르망 지역 사람들은 반란을 일으켰고, 노르만족의 영향력에서 벗어나 독자적인 행보를 시작했다. 그 덕분에 등장한 것이 '플랜태저넷' 가문이다.

영국과 프랑스의 절반을 다스린 플랜태저넷의 흥망

당시 르망은 멘 백작령(Comté du Maine)에 속해 있었다. 멘 지역을 다스리는 백작의 영토라는 뜻이다. 노르만족으로부터 독립할 때는 위그 5세(Hughes V)가 백작을 맡았지만, 이후 여러 차례 주인이 바뀌었다.

십자군에 참전했던 멘 백작 풀크 5세(Foulques V)가 1131년 예루살렘 왕의 자리까지 오르면서 멘 백작령은 인근의 앙주 백작령(Comté d'Anjou)과 합병되었다. 그해에 차남 보두앵 3세(Baudouin Ⅲ)가 태어나면서 1113년 르망에서 출생한 장남 조프루아 5세(Geoffrey V)는 앙주와 멘 백작령을 물려받는 데 그쳐야 했다. 그래도 조프루아 5세는 분노하지 않았다. 바른 성품에 잘생기기까지 해서 '미남공', '정의공'이라 불린 인물인지라 여기저기서 혼사가 밀려들었고, 마침내 잉글랜드 국왕 헨리 1세(Henry Ⅰ)의 딸 마틸다(Matilda)와 결혼했다. 패셔니스타이기

[그림 3-10] 플랜태저넷 가문의 시조 조프루아 5세 © Musée d'archéologie et d'histoire du Maine

도 했던 조프루아는 말을 탈 때마다 투구에 금작화(genista)를 꽂고 (planta) 다녔는데, 훗날 대문호 셰익스피어는 그에게 '플랜태저넷(Plantagenet)'이라는 별명을 붙여주었다.

조프루아의 세 아들 중에서 1133년에 태어난 첫째 앙리(Henri)는 아버지와 달리 급한 성격에 상황 판단이 빨라서 국제 정치에서 두각을 나타냈다. 덕분에 프랑스 북서부의 상당 부분을 차지할 수 있었고, 1152년에는 남서부 아키텐(Aquitaine)을 소유하던 알리에노르(Aliénor) 여공작과 결혼하면서 프랑스의 서부 해안 대부분을 영토로 편입시켰다. 앙리의 행보는 여기서 멈추지 않고 이듬해에는 영국으로 건너가 왕좌에 도전했다. 잉글랜드에 노르만 왕조를 개창한 정복왕 윌리엄의 손자 스티븐(Stephen)은 아들 대신에 앙리에게 왕위를 넘겨주기로 약속했고, 마침내 1154년 앙리는 헨리 2세(Henry Ⅱ)로 잉글랜드 왕위에 올랐다. 플랜태저넷 가문은 이때부터 1485년 튜더 왕조(Tudor Dynasty)가 등장할 때까지 330년 동안 잉글랜드 전체와 프랑스 서부에 이르는 광대한 영토를 지배했다.

프랑스의 백작이 잉글랜드의 왕이 되었으니 지금부터는 프랑스어가 아닌 영어로 이름을 불러야 할 것이다. 물론 왕족들은 오랫동안 프랑스어를 사용했고, 이들의 언어는 영어에도 많은 영향을 주었다. 자세한 내용은『영국에 영어는 없었다』에 재미있게 설명되어 있다.

아무튼 헨리 2세의 왕위는 아들 리처드 1세(Richard Ⅰ)에게 전해졌고, 제3차 십자군에 참전해 용맹을 떨친 덕분에 '사자심왕(Lionheart)'이라는 호칭으로 불렸다. 영국 런던의 템스 강변에 세워진 국회의사당 건물 웨스트민스터 궁전(Palace of Westminster)과 대형 시계 빅벤(Big Ben)을 구경하고 뒤뜰 쪽으로 가면 말을 타고 칼을 높이 세운 리처드 1세의 동상을 볼 수 있다.

리처드 1세는 역사적인 인물이 되었지만, 사실 잉글랜드에 머문

기간은 재위기간 11년 중 6개월밖에 되지 않는다. 역마살이 있는 건지 땅 욕심이 많아서인지 십자군에서 돌아온 직후에도 전쟁을 하러 바다를 건넜다가 프랑스 땅에서 전사하고 말았다.

리처드의 왕위는 존, 헨리 3세, 에드워드 1~3세, 리처드 2세로 이어졌지만 사촌 헨리 4세에게 죽임을 당하면서 직계는 끝이 나고 방계인 랭커스터(Lancaster) 가문으로 왕위가 넘어갔다. 하지만 랭커스터 가문도 헨리 5세와 6세로 이어지다가 끝나버렸다. 헨리 6세가 정신이상 증세를 겪으면서 친척인 요크 공작(Duke of York) 리처드가 섭정을 시작했는데, 그는 직계 국왕 에드워드 3세의 손자였기에 왕위 계승권을 주장할 수도 있었다. 이에 왕비가 권력 다툼을 벌이면서 그 유명한 '장미전쟁(War of Roses, 1455~1485)'이 일어난다. 랭커스터 가문은 붉은 장미, 요크 가문은 흰 장미를 문양으로 사용했기 때문이다.

리처드는 전쟁 도중 사망했지만, 그 아들 에드워드 4세(Edward Ⅳ)가 승리를 차지함으로써 1461년부터 요크 가문이 플랜태저넷 왕조를 이어가게 되었다. 에드워드가 40대 초반의 나이에 병으로 숨지자 아들 에드워드 5세가 왕위를 물려받았지만, 삼촌 리처드 3세는 형수 엘리자베스 우드빌(Elizabeth Woodville)의 결혼식이 정식으로 인정받지 못했다고 주장하며 왕위를 강탈한다. 에드워드는 13세의 어린 나이여서 제대로 반항해보지도 못하고 평생을 런던탑에 갇혀 있다가 생을 마감한다.

리처드 3세는 어렸을 때 질병으로 척추가 휘어 '곱추왕'이라 불리기도 했는데, 왕위에 오른 지 2년이 갓 지난 1485년 헨리 튜더(Henry Tudor)와 맞붙었고 전쟁에서 패하여 전사했다. 이로써 331년을 이어온 플랜태저넷 왕조는 막을 내렸다. 헨리 튜더는 랭커스터 가문의 후예였지만 어머니 쪽으로 혈통을 이어받았기 때문에 플랜태저넷 가문으로 인정하지 않는다.

[그림 3-11] 플랜태저넷 왕조의 마지막 잉글랜드 국왕 리처드 3세

플랜태저넷 왕조를 끝낸 리처드 3세의 비운은 여기서 그치지 않았다. 그의 유해는 튜더 휘하의 군사들에게 발가벗겨져 놀림감으로 시내에 내걸렸다. 한참 후 그레이프라이어스(Greyfriars) 수도원에 매장되었지만 60년 뒤 헨리 8세 시대에 종교개혁이 일어나면서 로마가톨릭 수도원들은 줄줄이 파괴되었고 리처드 3세의 묘소도 어디론가 사라져버리고 말았다.

그러고 나서 470년이 더 흐른 2011년 3월, 영국 레스터시의 시의회 건물로 고고학자와 인부들이 모여들었다. 지금은 주차장으로 쓰이는 공터를 파내어 그레이프라이어스 수도원을 복원하기로 결정했기 때문이다. 1년 넘게 발굴이 진행되던 이듬해 8월, 이상한 모습의 유골이 별다른 표식도 없이 홀로 발견되었다. 척추가 S자 모양으로 심하게 굽어 있어 리처드 3세일 가능성이 높았다. 레스터대학교 연구진은 리처드의 어머니와 누나의 직계 자손들을 수소문하여 DNA를 채취할 수 있었는데, 그 결과 '일치'였다.

500년 넘게 땅속에 누워 있던 리처드 3세는 제대로 된 장례식을 치르고 예우를 갖춰 다시 매장되었다. 장례식의 사회는 유명 배우 베네딕트 컴버배치(Benedict Cumberbatch)가 맡았다. 그도 후손의 한 명이었다. 발굴현장은 현재 '국왕 리처드 3세 방문자 센터(King Richard Ⅲ Visitor Centre)'라는 이름으로 꾸며져 수많은 관람객의 추모를 받고 있다.

'플랜태저넷'이라는 제목을 달고 있는 거의 모든 책은 리처드 3세의 초상으로 표지를 장식한다. 신체장애 그리고 왕위에 대한 강렬한 열망 때문에 한때 '괴물'로 불린 그의 인생은 묘한 관심을 불러일으킨다. 리처드 3세를 현대에 되살린 행사가 프랑스에서도 진행된다. 플랜태저넷의 시조 조프루아 5세가 태어난 도시 르망이다.

르망이 자랑하는 송에뤼미에르, '키메라의 밤'

6월 자동차 경주가 끝나면 르망시는 7월부터 시작되는 행사를 준비하느라 분주해진다. 조명과 영상, 음악과 효과음이 어우러진 야간 야외 조명·영상쇼 '송에뤼미에르(Son et Lumière)'다. 매년 여름밤마다 구도심 곳곳이 조명과 영상이 내뿜는 빛으로 물든다. 찾아오는 관광객도 연 15만 명을 넘어섰다. 적용되는 기술도 제4세대 송에뤼미에르에 속하는 고해상도 프로젝션 매핑(projection mapping) 기법으로 세밀하고 사실적인 묘사가 가능하다.

르망의 조명·영상쇼 제목은 '키메라의 밤(La Nuit des Chimères)'이다. 다른 도시들은 랜드마크가 되는 중심 건물에서만 조명을 비추고 영상을 투사하지만, 르망은 시내 여덟 군데에서 동시에 쇼를 벌이는 것이 독특하다. 르망 구도심과 대성당은 언덕 위에 지어져 있다. 언덕 뒤편에 넓게 펼쳐진 자코뱅 광장(Place des Jacobins)에서 제1번 쇼와 제2번 쇼를 동시에 감상하고 대성당 뒤편 계단을 올라 제3번과 제4번 쇼를 본 후, 반대편 강가로 내려가 제5번과 제6번 쇼를 보고 다시 구도심으로 돌아와 마지막 제7번과 제8번 쇼를 보는 코스를 추천한다.

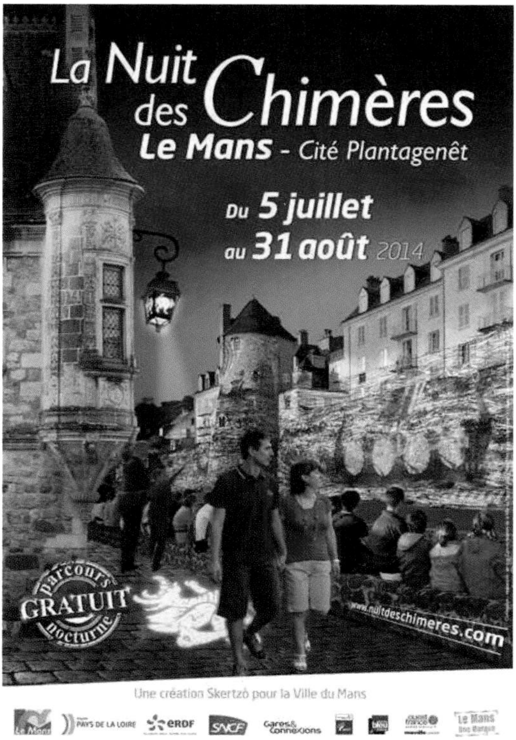

[그림 3-12] 송에뤼미에르 '키메라의 밤' 포스터 © Office du Tourisme du Mans

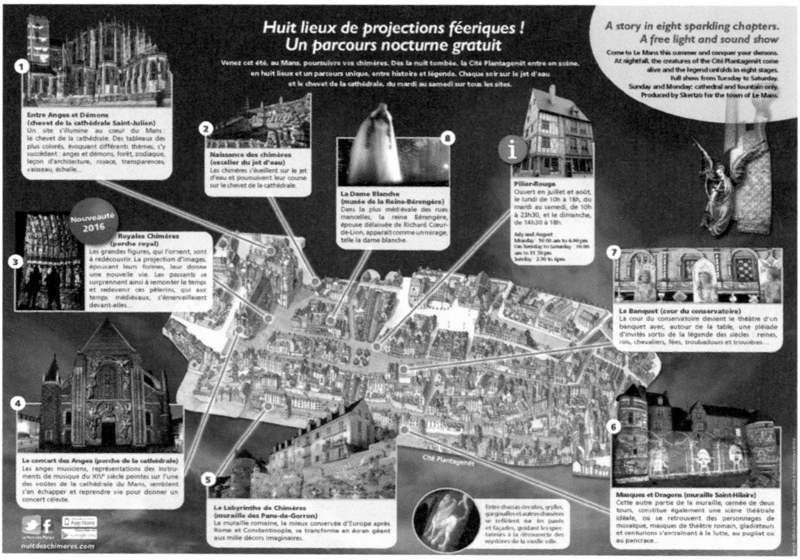

[그림 3-13] 송에뤼미에르 '키메라의 밤' 지도 © Office du Tourisme du Mans

▶ '천사와 악마의 대결(Entre Anges et Démons)'

제1번 조명·영상쇼 '천사와 악마의 대결'은 생줠리앵 대성당의 후면 파사드에서 20분 동안 펼쳐진다. 일반적으로 고딕성당의 뒷면은 높은 벽을 지탱하기 위해 외부에 별도로 세운 버팀도리(flying buttress) 기둥으로 가득하다. 프로젝션 매핑은 기둥, 벽면, 창문의 올록볼록한 표면에 맞춰 영상을 적용시킬 수 있다는 것이 장점이다. 영상의 레이아웃은 중세적 세계관을 기본으로 한다. 건물을 상하로 나누었을 때 윗부분에서는 천사들이 날갯짓을 하며 내려오는 한편, 아랫부분의 담장처럼 높은 기단에서는 악마들이 스멀스멀 기어 올라온다. 천사는 흰색, 악마는 붉은색으로 대비되어 한참 동안 대결을 벌인다.

길이가 134미터나 되는 생줠리앵 대성당은 11세기부터 15세기까지 500년 가까운 시간을 두고 단계별로 지어져서 부분별로 건축양식이 다르다. 날이 어두워지기 전에 성당의 안팎을 구경한 후 조명·영상쇼를 감상하면 건축물과 영상의 연결점을 찾는 재미가 쏠쏠하다. 자코뱅 광장은 예술극장 '레캥콩스(Les Quinconce)'가 지어지고 노면전차 트램 노선이 깔리면서 새 단장을 했다. 레캥콩스 앞의 작은 탑에서 영상을 송출하면 50여 미터 떨어진 대성당 뒷면에 투사된다. 널따란 자코뱅 광장 아무 곳에나 앉아 대성당을 바라보며 감상하다가 트램 노선을 건너면 된다.

[그림 3-14] 제1번 쇼 '천사와 악마의 대결' © Office du Tourisme du Mans

▶ '키메라의 탄생(Naissance des Chimères)'

제2번 조명 · 영상쇼 '키메라의 탄생'은 자코뱅 광장에서 구도심 언덕으로 올라가는 자코뱅 분수대 계단을 배경으로 15분 동안 진행된다. 꿈속을 헤매는 듯한 몽환적인 분위기 속에서 여러 형태의 키메라들이 나타나기 시작한다. 이들은 분수대와 계단 이곳저곳을 돌아다니다가 대성당이 세워진 구도심 언덕을 향해 올라가기 시작한다. 자코뱅 분수대 계단은 건축가 장 바티스트 라쉬(Jean-Baptiste Lassus)가 설계해 1853년에 완공되었다. 화려한 스테인드글라스로 유명한 파리 생트샤펠(Sainte-Chapelle) 성당을 성공적으로 복원한 인물이다. 신고딕양식으로 지어진 계단은 두 갈래로 나뉘었다가 다시 합쳐지는 유려한 곡선을 지녔다. 자코뱅(Jacobins)은 프랑스 혁명기의 급진 정당을 가리키는 말이다. 자코뱅 분수대에는 아픈 전설이 담겨 있다.

[그림 3-15] 자코뱅 분수대 계단 © Wikipedia]

1789년 프랑스대혁명 이후 왕정은 폐지됐으나 시민으로 구성되었다던 정부는 더욱 중앙집권화되었고, 각 지방에서 세금과 병역을 가혹하게 거두었다. 이에 반대해 대서양 연안의 방데 지방에서 농민 반란이 일어났다. 자세한 이야기는 책 앞부분의 '퓌뒤푸(Puy du Fou)' 부분에서 확인할 수 있다. 당시 농민군은 파리를 향해 진군하다가 1793년 12월 이곳 르망에서 정부군과 맞닥뜨렸다. 병력은 2만 명으로 서로 비슷했으나 결과는 엇갈렸다. 정부군은 사상자가 거의 없었지만 농민군은 절반 이상 사망했고 나머지는 포로로 잡혔다. 공화국 정부는 잔인했다. 여자와 아이까지 포함된 포로들을 분수대 자리의 샘물 근처 지하감옥에 가두었다가 결국 모두 처형했고 시체를 방치했다. 결국 샘물이 오염되면서 역병이 번졌고 오래도록 폐쇄되었다가 라쉬의 재건축에 의해 분수대로 재탄생했다.

[그림 3-16] 제3번 쇼 '키메라 왕족' © 임동욱

▶ '키메라 왕족(Royales Chimères)'

계단을 오르면 생미셸 광장(Place Saint-Michel)으로 이어진다. 대성당 옆면의 국왕 출입문(Porche Royal)에서 제3번 조명 · 영상쇼 '키메라 왕족'이 6분 동안 펼쳐진다. 구도심으로 직접 연결되는 이 문은 성당의 출입문 중에서 가장 많은 장식으로 이루어져 있다. 문 위로 조각상이 아치 모양으로 장식된 이 부분을 '팀파눔(Tympanum)'이라 부른다. 예수 그리스도가 가운데에 위치하며 4명의 사도가 구약성경에 등장하는 여러 왕과 함께 그 주변을 호위하고 있다. 중세의 조각들은 본래 여러 색으로 칠해져 있었다. 그러나 세월이 흘러 이제는 원래의 색이 어떠했는지 알아낼 길이 없다. 프로젝션 매핑 기술을 이용하면 건축물에 손상을 입히지 않고도 상상력을 발휘해 화려한 색채로 마음껏 장식할 수 있다. 평소라면 그냥 보고 지나쳤을 장식물도 조명·영상쇼 덕분에 꼼꼼히 들여다볼 수 있게 됐다.

▶ '천상의 연주(Concert céleste)'

대성당의 앞면으로 오면 어두운 골목길에 사람들이 가득하다. 제4번 조명 · 영상쇼 '천상의 연주'를 감상하기 위해서다. 10분 동안 진행되는 이 쇼는 붉은색의 배경을 깔아놓은 것이 특징이다. 이 배경은 14세기 네덜란드 브뤼헤(Brügge)에서 프랑스로 건너온 중세 미술가 장 봉돌(Jean Bondol)의 태피스트리 작품을 모사한 것이다. 묵시록을 소재로 한 그의 작품이 인근 앙제성(Château d'Angers)에 보관되어 있다. 덕분에 낮에는 황토색에 가깝던 건물이 밤에는 강렬한 레드로 변하는 모습이 감탄을 불러일으킨다.

파사드 위에 등장한 것은 악기를 손에 든 천사들이다. 이 천사들은 대성당 내부 예배당에서 19세기에 새로 발견된 프레스코화에서 이미지를 따왔다. 14세기로 추정되는 벽화에는 모두 47명에 이르는 천사가 그려져 있었는데, 모두 악기를 연주하거나 노래를 부르고 있었다. 덕분에 중세에 어떤 악기를 연주했는지 자세히 알게 되었다. 백파이프와 피리를 불 때 양볼이 잔뜩 부풀어 오르는 모습도 발견되었다.

천사들의 이미지는 벽화에서 따왔지만 컴퓨터그래픽 덕분에 마치 살아있는 것처럼 날갯짓이나 손짓을 한다. 나지막한 소리로 천상의 음악을 연주하고 노래를 부른 천사들은 하나씩 하늘나라로 돌아간다. 음악과 색채에 도취된 관객은 영상이 끝난 뒤에도 자리를 뜰 줄 모른다.

[그림 3-17] 제4번 쇼 '천상의 연주' © 임동욱

다음 쇼를 보기 위해 구도심을 걷다 보니 중세풍 주택들이 눈에 띈다. 불어로는 '팡드부아(Pan de Bois)', 영어로는 '포스트앤빔(Post-and-Beam)'이라 불리는 목골조 주택이다. 뼈대가 되는 나무 기둥이 겉면에 노출되어 있는 구조다. 영국, 프랑스, 독일에 걸쳐 유행한 건

축양식이다. 르망의 목골조 주택만이 가진 특징도 있는데, 집 바깥에 띄엄띄엄 놓인 길쭉한 바위들이다. 대성당 옆 선돌과 비슷한 모양의 이 돌의 목적은 크게 세 가지다. 좁은 골목을 마차가 지나갈 때 목골조 벽면에 흠집을 내지 않게 하거나, 말에서 내린 사람이 고삐를 잠시 묶어두거나, 마차가 지나갈 때 몸을 피하기 위해서다. 서울 종로에 양반과 파발이 달리는 말을 피하려 피맛골(避馬-)이 생긴 것처럼 프랑스 르망에는 말을 피하기 위한 피맛돌이 있다.

[그림 3-18] 르망 골목길의 피맛돌 © Wikipedia

▶ '키메라의 미로(Labyrinthe des Chimères)'

이제 계단을 통해 언덕을 내려가 사르트 강가로 갈 차례다. 구도심의 외곽에는 로마인이 세운 기다란 성벽과 중세의 망루 12개가 그대로 남아 있는데, 여기에 10분 분량의 제5번 조명·영상쇼 '키메라의 미로'가 상영된다. 3세기 디오클레티아누스(Diocletianus) 황제 시대에 처음 지어진 이 성벽은 길이가 180미터에 달해 한눈에 담기 어려울 정도다. 원래는 9만 제곱미터에 달하는 르망의 구도심 언덕 전체를 휘감는 방어형 성벽이었다. 많은 부분이 사라졌지만 그래도 강가의 성벽은 현재 남아 있는 로마 제국의 유적 중에서 가장 완벽하게 보존되어 있다는 평가를 받는다.

이 거대한 파사드에 온갖 종류의 생명체들이 지나가며 덧없는 빛의 발자취를 남긴다. 때로는 물고기 같고 때로는 개구리처럼 보이다가 잠시 후에는 용을 떠올리게 하는 모습의 키메라들이 뒤엉킨다. 돼지가 되어 뒹굴기도 하고, 염소와 뱀이 합쳐져 들판을 뛰어가기도 한다. 난장판이 따로 없지만 상상력 가득한 모습에 눈을 뗄 수 없다. 저 형상들은 실제로 존재한 적이 있을까? 왜 사람들은 괴물에 호기심을 보일까? 겉으로는 순수함을 지향하지만 내면에는 온갖 욕심이 뒤얽힌 인간의 양면성을 보여주는 것은 아닐까? 키메라의 행렬이 끝나자 사람들은 박수를 치고 아까 본 괴이한 형태들에 대해 이야기를 나눈다.

[그림 3-19] 제5번 쇼 '키메라의 미로' ⓒ Wikipedia

▶ '가면과 드래곤(Masques et le Dragon)'

남북으로 흐르는 사르트강을 등지고 성벽을 따라 오른쪽으로 걸어가면 시끄러운 소리가 들리고 또 다른 성벽이 나타난다. 마찬가지로 나지막한 로마 제국의 성벽 위에 중세의 망루와 현대의 저택이 서 있다. 여기에 20분짜리 제6번 조명·영상쇼 '가면과 드래곤'이 펼쳐진다. 도시가 생겨나 번성했던 로마시대와 중세시대를 테마로 했다. 고대에서는 웃통을 벗은 고대인이 레슬링을 벌이다가 그대로 타일 벽화가 되고, 사람의 팔다리가 달린 거대한 가면 모양의 몸통이 춤을 추다가 사라진다. 중세의 기사는 불 뿜는 용의 날갯짓을 이겨내고 승리를 쟁취하고, 갖가지 동작을 펼치는 사람의 그림자가 음악과 함께 벽면을 장식한다.

[그림 3-20] 제6번 쇼 '가면과 드래곤' © 임동욱

문득 성벽 위의 저택 창문으로 시선이 갔다. 저 집에는 누군가 살고 있을 텐데 여름밤마다 빛공해와 소음공해에 시달리는 건 아닐까. 해가 지기만 하면 모든 가게가 문을 닫는 프랑스에서 이런 행사가 열

리는 것도 신기하지만, 이런 소란을 견뎌내는 주민도 대단하다 싶었다. 도시를 알리는 일이니 꾹 참고 있는 걸까. 행사를 열기 전에 시청과 주최 측에서 충분한 양해를 구한 덕분일까. 어쨌든 관광객은 빛의 축제에 신이 나기만 한다. 가족 단위 또는 연인끼리 도시 곳곳에서 밤 산책을 다니는 풍경은 길지 않은 여름에만 가능하니 말이다.

▶ '연회(Banquet)'

[그림 3-21] 제7번 쇼 '연회' © 임동욱

성벽 오른쪽 계단을 이용해 언덕 위 구도심으로 올라오니 골목 안쪽 작은 공터에 좌석이 마련되어 있다. 이곳에서 1시간 10분에 이르는 제7번 조명 · 영상쇼 '연회'가 펼쳐진다. 기다란 탁자 뒤로 등받이가 긴 의자들이 놓여 있고, 다섯 명의 왕과 왕비들이 만찬을 즐기고 있다. 이들은 플랜태저넷 왕조를 빛낸 인물들이다. 커플은 잉글랜드의 왕위를 차지해 플랜태저넷 왕조를 연 헨리 2세와 프랑스 남서부 아키텐을 결혼 지참금으로 가져온 알리에노르 왕비다. 다른 쪽에는 두 명의 여인이 앉아 있다. 베랑제르(Bérengère)와 카상드르(Cassandre)다. 가운데 앉은 인물이 플랜태저넷 왕조의 마지막 왕 리처드 3세다.

이들은 기나긴 플랜태저넷 시대에 벌어진 사건을 각자의 입장에서 평가하고 변명한다. 각자 할 말이야 많겠지만 본래 왕조란 것은 황금기를 맞이하더라도 결국 어느 순간에 갑자기 끊기기 마련 아니던가. 영국의 남쪽 절반과 프랑스의 서쪽 절반을 다스린 거대한 플랜태저넷 왕조도, 그들이 벌인 수많은 연회도 시간의 흐름 속으로 빨려 들어가 버렸다.

▶ '흰옷의 여인(Dame Blanche)'

다시 골목으로 나오자 사람들이 웅성웅성 모여 있다. 창살 안쪽으로 물소리가 들리고 그 안을 뚫어져라 바라보고 있다. 워터스크린에 새겨진 마지막 조명·영상쇼 '흰옷의 여인'이다. 아무 소리도 없이 그저 잠깐 등장해서 사람들을 쳐다봤다가 다시 슬며시 사라진다. 총 길이도 5분이 채 되지 않는다. 그녀는 프랑스와 스페인의 경계를 이루는 피레네산맥의 나바르(Navarre) 왕국 공주로, 사자심왕 리처드 1세와 혼인한 베랑제르 왕비다.

남편 리처드 1세는 왕이 되자마자 십자군 원정을 떠났고, 재위 11년 동안 궁궐에 복귀한 시간은 6개월도 되지 않는다. 그동안 베랑제르는 수많은 세월을 독수공방하며 외로움을 삭여야 했다. 1229년 르망에 에포 수녀원(Abbaye de l'Epau)을 세웠고 사후 그곳에 묻혔다. 아직 영혼이 이 땅에 남아 있다면 저 영상에서처럼 말없이 걸음을 옮기며 수녀원을 돌아다닐지도 모른다.

서로 다른 동물을 합쳐서 만든 키메라는 역사 속에서 제대로 된 평가를 받아본 적이 거의 없었다. '이도저도 아닌 잡종' 취급을 받으며 괴이하고 흉측한 모습으로 천대의 시선을 견뎌냈을 뿐이다. 그러나 르망시는 선입견을 깼다. 르망의 송에뤼미에르는 고대와 중세의 이미지들을 뒤섞어 구도심 곳곳을 빛으로 장식한다. 덕분에 관광객은 꿈같은 여름밤을 보내고 그렇게 도시는 다시 살아나 새로운 아침을 맞이할 힘을 얻는다.

[그림 3-22] 제8번 쇼 '흰옷의 여인' © 임동욱

르망이라는 도시는 언제나 양면성을 지녀왔다. 석기시대의 유물은 중세의 성당에 기대어 서 있고, 로마 제국에 항거한 세노마니족의 마을은 오히려 제국이 쌓은 성벽 덕분에 번성할 수 있었다. 이곳에서 출발한 왕조는 프랑스가 아닌 영국 땅에서 왕관을 얻어냈고, 관광객은 프랑스 사람뿐만 아니라 영국인도 꽤 섞여 있다. 초여름이 자동차의 굉음과 배기가스로 뒤덮인다면 늦여름은 색채와 음악의 향연으로 저물어간다. 고대와 중세의 건축물은 굳건히 서 있고 현대의 최첨단 영상기술이 그 위에 빛의 태피스트리를 새긴다. 르망은 예나 지금이나 키메라다.

[그림 3-23] 르망의 골목길에 등장한 키메라 © 임동욱

3. 장소의 기억을 살려낸 브르타뉴와 프로방스

문화유산에 대한 프랑스인의 자부심

프랑스는 문화유산에 관한 국가적인 관리조직을 세계 최초로 설립한 국가로서 현재 문화재 관리·활용 분야는 문화통신부(MCC)가 담당하고 있다. 중앙정부에서는 '건축 및 문화재 관리국(DAPA)'과 '박물관국(DMF)'만을 두고 있을 뿐 기타의 산하 실무조직은 대부분 지방자치단체에 속해 있다. 프랑스의 전국 행정단위 중 가장 큰 레지옹(Région)에는 문화사무국(DRAC)이, 그보다 작은 데파르트망(Département) 단위에는 '건축 및 문화재국(SDAP)'이 설치되어 문화재 관리·활용에서도 지방분권화 원칙이 적용된다.

이에 따라 프랑스 각지의 문화유산에 대한 소유권도 중앙에서 지자체로 이양되는 움직임이 나타났다. 2003년 르네 레몽(René Rémond) 국립정치과학재단(FNSP) 이사장을 의장으로 한 '역사유적 미래위원회(Commission sur l'Avenir Patrimonial des Monuments Historiques)'는 프랑스 전역의 역사유적을 검토하고 그중 지자체로 소유권을 이양하는 것이 바람직한 것들의 목록을 작성했다. 이듬해인 2004년 8월 13일「지방의 자유와 책임(Libertés et Responsabilités

Locales)」 법안이 통과되면서 지역에 산재한 176건의 역사유적에 대한 소유권이 중앙에서 지자체로 공식 이양되기 시작했다.

역사유적의 소유권 이양은 중앙정부의 문화재 관리 정책뿐만 아니라 지자체의 문화재 활용 측면에서도 큰 의미가 있다. 매스미디어의 보급과 세계화의 유행으로 인해 지역의 고유한 문화와 유산들을 평준화하고 균질화하는 움직임이 번져가면서 지방 문화는 중앙에 비해 열등한 것으로 인식되는 일이 빈번해졌기 때문이다. 지방의 민속성이 폄하되고 무시되면서 지역의 특수성과 고유의 전통을 담은 문화요소들은 폐기 대상으로 간주되는 경향도 두드러졌다.

수도를 중심으로 방사형의 교통망을 가진 중앙집권형 국가일수록 국토를 중심지와 주변으로 나누고 그 기능과 지위에 대해 계급차별적인 시각을 가지기 쉽다. '중앙(central)'과 '지방(local)'이라는 어휘의 사용이 대표적이다. 지방화(localization)는 "중앙집권적 사회구조를 지역 또는 지방에 분산시켜 지역의 자율성과 독립성을 높이는 것"으로 규정된다. 이에 반대해 지역별로 자체적인 중심지를 둠으로써 중앙과 지방의 수직적 구도가 아닌 각 지역이 수평적인 관계를 맺도록 시각을 바꿔야 한다며 '지역(region)' 개념이 제기되기 시작했다. 지역주의(regionalism)는 "지역 공동체의 고유성이나 지역적 정체성을 국가적 동질성에 흡수당하거나 종속되는 것으로부터 방어하거나 보호하려는 지향"으로 설명 가능하다. 동일하게 '지역'이란 단어가 들어갔어도 지역화(regionalisation)라고 표현하면 지방화와 마찬가지로 중앙정부가 권한을 쥐고 있는 일종의 하향식 체계를 가리킨다.

프랑스는 국가 차원의 통일된 가치와 목표를 지향하는 중앙집권형 국가이지만 한편으로 여러 인종과 언어로 이루어진 다문화 국가이기 때문에 역사적으로 지방자치단체의 권한을 점차 증대시킬 수밖에 없었다. 그 결과 프랑스 제5공화국의 헌법 제1조는 "프랑스는 분리할 수 없는 비종교적 사회민주주의 공화국"이라는 표현으로 시작하는 동시에 "프랑스의 조직은 지방분권화되어 있다"고 문장의 끝을 맺게 되었다. 19세기 말부터 시작된 지역주의 움직임과 지방분권에 대한 요구 덕분에 프랑스에서는 지역의 특색과 전통을 소중히 여겨야 한다는 주장이 여전히 큰 힘을 발휘하고 있다.

특히 지역 고유의 역사적 사건을 통해 지역정체성 형성의 역할을 담당해온 역사유적의 활용은 지역애착과 자부심을 나타내는 주된 소재로 여겨지고 있다. 이에 프랑스 각지에서는 역사유적을 교육과 체험 분야뿐만 아니라 지역 행사와 관광 분야에까지 확대 적용하는 상황이며 이 바탕에서 탄생한 것이 송에뤼미에르다. 특히나 2~4세대에 해당하는 프로젝션 파사드(Projection Façade)가 등장하면서 프랑스 각 지역은 자신의 특성을 한껏 드러내는 송에뤼미에르 콘텐츠 개발에 경쟁적으로 뛰어들고 있다. 그중 대표적인 지역 두 곳을 살펴보자.

브르타뉴의 수도 렌에서 만난 여왕 안

브르타뉴 레지옹의 수도인 렌(Rennes)은 브르타뉴의 중심지이자 다수의 국내·외 유학생들이 거주하는 대학 도시다. 파리에서 서쪽으로 350㎞ 지점에 위치한 대도시이며 중심지 인구는 20만 명 수준이지만 광역시 전체는 68만 명에 달한다. 제2차 세계대전 당시 독일군이 주둔하면서 1943년 연합군의 대규모 폭격을 받았고, 수많은 건축물과 문화유산이 파괴되는 바람에 도시 전체가 재정비되어 현대적인 모습으로 탈바꿈했다.

렌시는 2014년 7월 11일부터 8월 25일까지 여름 바캉스 기간 동안 매일 밤 의회 건물에 20분 분량의 송에뤼미에르 작품 '약속장소는 의회 광장(Rendez-vous Place du Parlement)'을 상영했다. 작품은 '1720'과

'1994'라는 연도가 잇따라 불타오르며 건물 전체를 덮는 장면으로 시작한다. 의회 건물이 두 번이나 화재를 겪은 장소적 경험을 나타낸다. 이후 시대별로 바뀌어온 건물의 모습을 차례로 보여주다가 막이 걷히면서 책을 읽는 여인, 안 드 브르타뉴(Anne de Bretagne)의 모습이 등장한다. 이후 여러 액자에 담긴 초상화를 배경으로 500개의 초가 켜지고 생일 축하 노래가 흘러나온다. 건물 오른쪽 벽면에는 프랑스 왕가의 상징인 백합꽃이 크게 걸려 있다.

작품 속에서 안 드 브르타뉴는 시대의 흐름에 따라 다양한 이름으로 변화한다. 1789년에는 프랑스대혁명의 3색 어깨띠를 두르고 나타나 '안(Anne)'이라는 이름 앞에 '마리(Marie)'를 붙여 프랑스를 상징하는 여성상 '마리안(Marianne)'이 된다. 1880년에는 요리사 복장을 한 채 앞에 '퀸 암(Queen Am)'을 붙여 19세기 말에 개발된 브르타뉴 고유의 파이 쿠인아만(Kouign-amann)의 이름이 된다. 1920년에는 화려한 머리장식을 한 무희로 분장해 이름 앞에 '샤를레스트(Charlest)'를 붙여 당시 유행하던 춤 찰스턴(Charleston)을 표현한다.

1945년 연합군이 독일군에 점령당한 렌을 수복했을 때는 이름 앞에 '아메릭(Americ)'을 붙여 미국인을 뜻하는 아메리칸(American)이 된다. 1969년에는 우주복으로 등장해서 이름 뒤에 '스트롱(Strong)'을 붙여 최초로 달 착륙에 성공한 우주인 닐 암스트롱(Neil Armstrong)을 연상시킨다. 1980년에는 펑크족 차림새로 변신하고 이름 뒤에 '아르시(Archie)'를 붙여 무정부주의(anarchie)를 대변한다. 2024년에는 미래의 복장을 하고 이름 뒤에 '아더 월드(other world)'를 붙여 '어나더 월드(another world)', 즉 또 다른 세계로의 발전을 표현한다. 브르타뉴에서 출발한 안 드 브르타뉴의 진취성과 예술혼이 프랑스 전체로 또 인류의 기억 차원으로 확장된다는 이야기를 펼친 것이다.

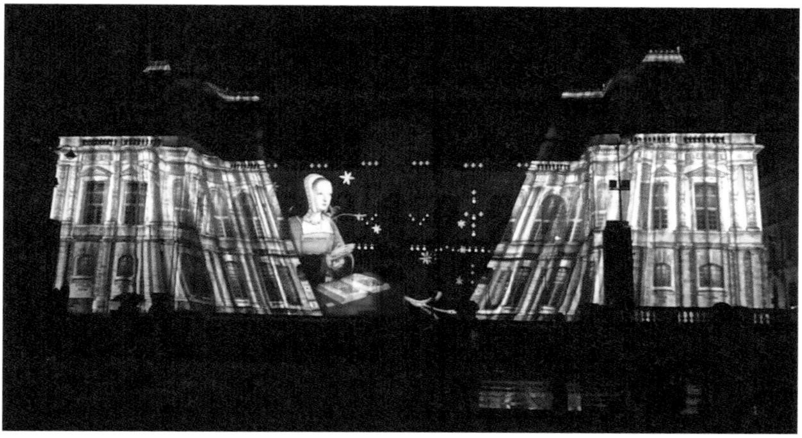

[그림 3-24] 렌 의회 건물의 송에뤼미에르에 등장한 안 드 브르타뉴 © 임동욱

이 작품은 2개의 상징을 통해 쉽게 이해할 수 있다. 첫째는 브르타뉴 출신으로 두 명의 프랑스 왕과 결혼한 인물 안 드 브르타뉴이고, 둘째는 백합꽃을 나타내는 플뢰르드리스(Fleur-de-Lys) 문양이다.

'브르타뉴 출신의 안'이라는 뜻의 안 드 브르타뉴(Anne de Bretagne, 1477~1514)는 프랑스의 왕비를 두 번이나 지낸 여인이다. 아버지는 브르타뉴 공작 프랑수아 2세(François II de Bretagne)이고 어머니는 프랑스 남서부 피레네산맥 지역을 다스리던 푸아 공작 가스통 4세(Gaston IV de Foix-Béarn)와 나바라 왕국의 여왕 엘레오노르 1세(Eléonore Ier) 사이에서 태어난 공주 마르그리트 드 푸아(Marguerite de Foix)다.

안 드 브르타뉴는 1477년 브르타뉴 남부 도시 낭트(Nantes)의 브르타뉴 공작 궁성(château des ducs de Bretagne)에서 태어났다. 고급 가정교육과 선천적인 총명함 덕분에 프랑스어와 라틴어뿐만 아니라 브르타뉴어, 그리스어, 히브리어까지 익혔다. 예술에도 재능이 있어서 춤, 노래, 연주, 회화, 자수 등 다양한 분야에서 두각을 나타냈다.

열 살도 되지 않은 1486년에 어머니가 죽고 1488년 아버지까지 사망하면서 안은 열두 살의 나이로 1489년 브르타뉴 공작 직위를 물려받아 통치하게 되었다.

1490년에는 렌에 머물던 합스부르크 가문의 오스트리아 공작 막시밀리앵(Maximilien)과 약혼을 했다. 그러나 렌을 공격한 프랑스의 왕 샤를 8세(Charles VIII)가 결혼을 조건으로 전쟁의 종결을 약속하자 어쩔 수 없이 약혼을 취소하고 샤를 8세와 결혼했다. 이로써 10세기에 시작된 브르타뉴 공작령은 프랑스 영토로 편입됐다. 샤를 8세와는 샤를르, 프랑수아, 안 등 3명의 아이를 낳았지만 모두 어린 나이에 세상을 떠났다.

1489년 샤를 8세 사후 브르타뉴 지역으로 돌아온 안은 왕위를 물려받은 루이 12세(Louis XII)와 낭트의 브르타뉴 공작 궁성에서 1499년 재혼을 했다. 첫아들 클로드는 출생 중에 사망하고 1510년 둘째아들을 낳았다. 두 번의 결혼생활 동안 안은 다양한 재능으로 남편들에게 예술적 위안을 주었고 브르타뉴 지역의 예술 진흥에도 많은 노력을 쏟았다. 37세 때인 1514년 루아르 강변의 블루아 왕성(château royal de Blois)에서 숨을 거두었다.

안 드 브르타뉴 사망 500주년을 기념해 브르타뉴에서 루아르 지역에 이르는 프랑스 북서부의 여러 도시들은 2014년 연중 내내 갖가지 행사를 공동으로 진행했다. 안이 태어난 루아르강 하류 낭트시의 브르타뉴 공작 궁성, 이후 거처로 사용되었던 루아르강 중류의 랑제 궁성(château de Langeais)과 로슈 왕도(cité royale de Loches), 앙부아즈의 클로뤼세 궁성(château du Clos-Lucé), 앙부아즈 왕성(château royal d'Amboise), 안 드 브르타뉴가 사망한 블루아 왕성에 이르기까지 6개의 성채가 연계 행사를 진행 중이다.

[그림 3-25] 안 드 브르타뉴 사망 500주년 포스터 © Anne de Bretagne 2014

전체 프로그램은 '안 드 브르타뉴'의 이름으로 진행되지만 각 성에서는 나름의 행사를 기획해 실천한다. 랑제성에서는 4~12월 중 전시회 '안 드 브르타뉴와 채색화—여왕의 이미지(Anne de Bretagne et l'enluminure, images d'une reine)'가 열린다. 클로뤼세성에서는 음악 공연 '안 드 브르타뉴 기도실 음악회(Mise en Musique de l'Oratoire d'Anne de Bretagne)'가 1년 내내 이어지고, 연중 방문객에게는 영·불 2개국어 채색화 안내책자 '클로뤼세 궁성의 안 드 브르타뉴(Anne de Bretagne au château du Clos-Lucé)'가 배포된다. 로슈 왕도에서는 4~9월 중 건축물 복원 자료 전시회 '여왕 기도실에 내린 빛(Lumières sur l'Oratoire d'une Reine)'과 중세 의상 전시회 '역사를 입는다(Costumer l'Histoire)'를 진행하고, 4~12월 동안 테마해설관광 '로슈 시절의 안 드 브르타뉴(Anne de Bretagne à Loches)' 프로그램을 진행한다.

브르타뉴 레지옹 전역의 도시들이 연계해 행사를 진행할 정도로 안 드 브르타뉴는 이 지역을 대표하는 인물로 자리 잡았다. 그뿐만 아니라 브르타뉴의 남동쪽에 인접한 페이드라루아르(Pays-de-la-Loire) 레지옹의 앙부아즈 왕성 앞뜰에서 진행되는 역사야외극 형태의 송에뤼미에르「프랑수아 1세의 궁정에서(A la Cour du Roi Français)」에도 등장한다. 프랑스 남서부 스페인 국경에 인접한 미디피레네(Midi-Pyrénées) 레지옹의 푸아성(château de Foix)에서 펼쳐진 역사야외극「카타리파 영혼의 전설(La Légende des Ames Cathares)」에서도 부모님의 연관성으로 인해 상당 분량을 할애해 안 드 브르타뉴를 언급할 정도로 프랑스 역사에서 빼놓을 수 없는 위치와 인기를 차지하고 있다.

브르타뉴 지역은 프랑스의 여러 지방 중에서도 특히나 독립적인 정체성을 가진 곳이다. 영국과 아일랜드처럼 켈트 문화를 보존하고 있는 점이나 프랑스어와는 유래가 다른 브르타뉴어(Breton)를 사용한다는 사실로도 알 수 있다. 레지옹 명칭인 '브르타뉴'는 대영제국을 뜻하는 '그레이트 브리튼(Great Britain)'과 동일한 뿌리를 갖는다. 로마제국 때는 영국과 프랑스 북서부 해안지대를 '브리튼족이 사는 곳'이라는 뜻의 라틴어 '브리타니아(Britannia)'로 불렀다. 영화로 제작된 만화 원작「골족의 영웅 아스테릭스(Asterix le Gaulois)」의 배경이 되는 마을과 로마제국에 대항해 싸움을 벌이는 등장인물들도 브르타뉴를 소재로 만들어졌다.

그러나 18세기까지도 중앙정부에 대항하여 브르타뉴 고유의 정체성을 주장하는 뚜렷한 움직임은 보이지 않았다. 19세기 초반 낭만적 민족주의 사조가 전 유럽에 확산되면서 '브르타뉴 운동(Mouvement Breton)'이 본격화되기 시작했다. 이들은 지배자가 아닌 민중에게 초점을 맞춘 역사를 부르짖었고, 천시되고 경시되던 지역의 풍습을 재평가해야 한다는 주장이 설득력을 얻었다.

당시의 프랑스는 대혁명의 가치를 소중히 여기며 전국의 언어와 문화를 표준화시키는 가치관을 국가 차원에서 채택하고 있었다. 이에 브르타뉴 운동은 '구체제'라 불리는 대혁명 이전의 가톨릭 중심 중세 봉건제의 복고를 목표로 삼았다. 더불어 지역의 언어로 쓰인 설화와 민요 등 구전 문화의 기록이 진행됐다.

[그림 3-26] 브르타뉴의 깃발 '그웬하두' © Wikipedia

제1·2차 세계대전을 지나면서 브르타뉴는 극심한 인적·물적 피해를 입었다. 지방 출신 병사를 최전방으로 보낸 군의 계획에 의해 20~30대 남성 인구의 절반 이상이 전쟁터에서 목숨을 잃었다. 따라서 브르타뉴 운동도 침체기를 겪을 수밖에 없었다. 그러나 1923년 렌 동쪽의 소도시 비트레(Vitré) 출신의 건축가 모르방 마르샬(Morvan Marchal, 1900~1963)이 기존의 브르타뉴 문장을 이용해 브르타뉴 깃발 '그웬하두(Gwenn-ha-Du)'를 제작하는 등 지역주의의 명맥은 끊이지 않고 계속되었다.

깃발의 왼쪽 윗부분 사각형 안에 담긴 문양은 1316년부터 브르타뉴 지역의 문장에서 차용했다. 브르타뉴 공작(Duc de Bretagne)이 채택한 이 문장은 회색다람쥐(vair) 또는 흰담비(héraldine)의 꼬리털을 여러 개 나열해놓은 모양이다. 이렇게 흰색 바탕에 검은 문양을 새긴 형태를 '에랄딘(héraldine)'이라는 명칭으로 부른다. 꼬리털의 윗부분의 세 갈래로 벌어진 부분은 브르타뉴 공작의 집안인 카페(Capet) 왕조가 프랑스 왕가의 상징으로 사용한 백합꽃(Fleur-de-Lys)이다. 브르타뉴 곳곳의 건축물 장식에서 에랄딘 문양을 쉽게 찾아볼 수 있으며, 지역 행사와 기념품 판매장에서 지금도 그웬하두 깃발을 수없이 마주치게 된다.

레보드프로방스의 프로젝션 동굴, '빛의 채석장'

일반적으로 '송에뤼미에르'라는 표현은 '파사드(façade)'라 불리는 역사유적의 정면과 외벽에 조명과 영상을 비출 때 사용한다. 반면에 최근에는 건물 내부에 유사한 기술을 적용한 콘텐츠가 등장하기 시작했다. 대표적으로 '카리에르 드 뤼미에르(Carrières de Lumières)'를 꼽을 수 있다.

'빛의 채석장'이라 번역되는 카리에르 드 뤼미에르는 프랑스 남부 소도시 레보드프로방스(Les Baux-de-Provence)의 버려진 채석장을 재활용해 만들어졌다. 아비뇽에서 남쪽으로 30㎞ 떨어진 레보드프로방스는 험준하고 척박한 환경의 알피유산맥(Massif des Alpilles) 내에 위치해 있다. 암석 지대라서 농작물을 재배할 수 없는 불모지가 대부분이며 풍화작용을 겪은 골짜기 내 암석의 기괴한 형상 때문에 '지옥의 계곡(Val d'Enfer)'이라 불려왔다. 지금도 곳곳에 바위산을 파들어가 석재를 채굴하던 동굴형 채석장이 남아 있다.

채석장은 올리브 농업과 더불어 2천 년 가까이 레보드프로방스의 경제를 담당해왔다. 1861년 이 채석장에서 발견된 광물이 '보크사이트(bauxite)'라는 이름을 얻게 된 것도 보(Baux)라는 지명 덕분이다. 이 지역 고유의 언어인 옥시타니아어로는 '언덕(bauç)'이라는 뜻이다. 지금도 레보드프로방스 마을 입구에는 커다란 보크사이트 원석이 놓여 있다. 그러나 대량생산 시대에 접어들면서 채산성이 맞지 않게 되었고, 결국 1935년을 마지막으로 이 지역의 모든 채석장이 문을 닫았다.

[그림 3-27] 레보드프로방스 인근에 남아 있는 동굴 형태의 채석장 © Wikipedia

동굴처럼 남아 있는 여러 채석장들의 빈 공간을 활용하려는 시도가 있었다. 프랑스 문학가이자 영화감독인 장 콕토(Jean Cocteau)는 1959년 「오르페우스의 유언(Le Testament d'Orphée)」이라는 영화를 이곳에서 찍었고, 1977년부터 채석장 내부에 조명을 설치하고 이미지를 영사하는 행사들이 시작되었다. 20세기 최고의 무대연출가라 불리는 체코의 요세프 스보보다(Josef Svoboda) 스타일을 적극적으로 도입하여 음악과 이미지가 어우러진 조명쇼를 진행해서 '이미지의 성당(Cathédrale d'Images)'이라는 명칭으로 불렸다. 지금도 한쪽에 그 공간이 남아 있다.

그러다가 2011년에 와서야 문화콘텐츠기업 퀼튀르에스파스(Culturespaces)가 지자체로부터 사용권을 얻어냈고 '카리에르 드 뤼미에르(Carrières de Lumières)', 즉 '빛의 채석장'이라는 이름의 멀티미디어 쇼 공간으로 탈바꿈시켰다. 빛의 채석장은 석재를 캐내느라 네모와 직각으로 자국이 나 있는 여러 개의 동굴형 채석장 내부에 조성되었다. 여러 개의 공간 중 디지털 전시가 진행되는 단테 룸(Dante Room)은 내부공간이 길이 60미터, 높이 14미터에 달해 총 6,000제곱미터의 면적에 영상을 투사한다. 사용되는 영상은 유명 화가들의 작품을 디지털로 재가공한 후 음악을 곁들여 30~40분 분량으로 제작된 뮤직비디오 형태로서 오전과 오후 시간에 반복 영상한다.

영상 작품은 2012년부터 지금까지 매년 새롭게 옷을 갈아입었다. 2012년 3월에는 첫 작품으로 '고갱, 고흐, 색채의 화가들(Gauguin, Van Gogh... Painters of Colour)'이 만들어졌다. 고흐는 빛의 채석장과도 인연이 깊은 화가다. 네덜란드에서 작품활동을 하다가 우울증이 심해지자 의사는 "햇볕이 잘 드는 남쪽에 가서 요양 치료를 하라"고 권했고 고흐는 남프랑스의 요양원으로 거처를 옮겼다. 채석장에서 자동차로 5분 거리에 있는 곳이다. 이곳에서 고흐는 저 유명한 올리브 나무 그림 연작을 그렸고 이후 더 남쪽의 아를(Arles)로 한 번 더 이주한다. 영상물에서는 고흐의 인생을 내레이션과 함께 보여주었고 동생 테오와 주고받은 편지 속 글씨들, 까마귀가 날아가는 밀밭의 풍경들이 벽과 바닥을 가득 메웠다.

2013년 3월부터는 '모네, 르누아르, 샤갈… 지중해 여행(Monet, Renoir, Chagall... Journeys around the Mediterranean)'이 진행되었다. 지

중해에서 가까운 지역적 특성상 인상파 화가들의 지중해 그림을 집중적으로 소개했다. 이때부터는 내레이션을 제거하고 순수한 이미지와 음악만으로 영상물을 구성하는 뮤직비디오 방식이 시작되었다. 남프랑스의 뜨거운 햇살과 지중해의 잔잔한 파도가 동굴 전체를 가득 메우며 장관을 연출했다.

2014년 3월에는 '클림트와 비엔나… 황금과 색채의 세기(Klimt and Vienna... a century of gold and colours)'가 공개되었다. 비엔나를 배경으로 활동한 분리파(Secession) 예술가들과 관련된 음악과 미술로 영상물을 채웠다. 과거의 예술양식에서 분리하여 생활과 기능을 연결한 새로운 조형예술의 창조를 목표로 삼았다. 화가로는 구스타프 클림트(Gustav Klimt), 에곤 쉴레(Egon Schiele), 프리덴스라이히 훈데르트바서(Friedensreich Hundertwasser)가 선정되었고 배경음악으로는 분리파에게 큰 영감을 준 바그너와 베토벤의 곡이 주로 쓰였다.

2015년 3월부터는 '미켈란젤로, 레오나르도 다빈치, 라파엘… 르네상스의 거인들(Michelangelo, Leonardo da Vinci, Raphael... Giants of the Renaissance)'이 진행되었다. 로마 바티칸의 베드로 대성당의 풍경에서 은은한 종소리와 함께 시작되는 영상물은 로마의 화려한 건축물과 더불어 거장들의 회화와 조각물을 보여주었다.

2016년 3월부터는 '샤갈… 한여름 밤의 꿈(Chagall... Midsummer Night's Dream)'이 상영되었다. 우리가 알고 있는 샤갈의 작품들은 신부, 염소, 물고기, 십자가 등의 이미지가 빨갛고 파란 배경색과 섞인 것들이지만, 이번 영상물은 서커스와 관련된 이미지들을 한곳에 모아서 해학적이면서도 다이내믹한 샤갈의 의외의 모습들을 보여주었다.

2017년 3월부터는 '보스, 브뤼헐, 아르침볼도(Bosch, Bruegel, Arcimboldo)' 전시회가 진행되었다. 히에로니무스 보스(Hieronymus

Bosch)는 15세기에 활동한 네덜란드의 화가로서 기괴하고 낯선 그림 스타일로 인해 20세기 초현실주의에까지 영향을 끼친 인물이다. 피터르 브뤼헐(Peter Bruegel)은 벨기에와 네덜란드의 경계에 위치한 브라반트 공국에서 16세기경에 활동했으며 서민의 생활을 주로 묘사했다. 주세페 아르침볼도(Giuseppe Arcimboldo)는 16세기 이탈리아에서 활동했으며 여러 과일로 사람의 얼굴을 묘사한 그림으로 유명하다.

[그림 3-28] 채석장 내부 벽면과 바닥 전체에 영상이 이어진다. © Carrière de Lumière

매년 15만 명의 관람객을 끌어들이는 빛의 채석장의 강점은 '아미엑스(AMIEX) 시스템'에서 드러난다. 시각적으로는 70대의 프로젝터를 사용해 일정하지 않은 각도로 이어져 있는 벽면과 곳곳의 기둥 그리고 바닥 전체에 시야각을 넘어서는 프로젝션 매핑 영상물을 투사한다. 청각적으로는 내부를 19개 구역으로 나누고 일정한 면적에만 소리가 전달되는 지향성 스피커를 설치해 어디서든 동일한 음악을 감상할 수 있게 한다. 시·청각적 연속성(visual-auditory continuity)을 제공하는 이 시스템은 고글처럼 착용하는 가상현실(VR) 기기와 유사한 몰입 효과를 발휘해 '몰입형 전시(immersive exhibition)'로 분류된다.

영상 속 그림들은 특정 부분을 확대하고, 여러 작품을 하나로 이어붙이고, 시퀀스별로 테마와 색채가 통일되고, 적합한 음악과 더불어 화면 내용이 움직이는 등의 역동적인 편집으로 재구성되었다. 덕분에 관람객은 박물관을 방문해 실제로 명화를 보는 것보다 더 강렬하고 지속적인 감상을 할 수 있다. 또한 영상물이 반복 상영되는 중간의 휴식시간에는 돌과 모래로 이루어진 벽면과 바닥에 조명을 비추어 이곳이 실제 채석장으로 쓰인 장소라는 점을 인식시킨다.

역사유적이 세워진 곳은 특정한 사건이 발생하고 이를 후세에 전달하는 고유한 장소가 된다. 프랑스 각 지역은 조명·영상과 음악을 이용하는 송에뤼미에르를 통해 역사유적 자체가 가진 장소성과 방문객이 느끼는 장소감을 하나로 결합시키는 방식으로 진정성을 확보해왔다. 최근 시도되는 디지털 전시는 장소성과 장소감의 불균형으로 인해 관람객의 몰입을 제대로 유도하지 못하는 문제가 있다. 빛의 채석장은 시·청각적 연속성 기반의 전시콘텐츠를 해당 장소 자체의 특성과 결합함으로써 기존의 송에뤼미에르 전통을 이어감과 동시에 새로운 멀티미디어 전시 장르의 돌파구를 마련하고 있다.

참고문헌

1. 미디어 파사드의 원조, 송에뤼미에르의 발전사

송희영 · 배은석 · 임동욱,「문화콘텐츠를 통한 비극적 지역사의 다크투어리즘 활용 전략: 프랑스 방데를 중심으로」,『예술경영연구』 제34호, 2015.

임동욱,「조명 · 영상쇼 '송에뤼미에르'에 나타난 프랑스의 지역정체성과 상징물: 브르타뉴 렌느의 사례」,『2014 글로벌문화콘텐츠학회 추계학술대회 논문집』, 2014.

______,「프랑스 송에뤼미에르 전통을 계승한 몰입형 미술 전시: 레보드프로방스의 '빛의 채석장'을 중심으로」,『박물관학보』 제28호, 2015.

Baudoin, J.-C. & Pailley-Katz, A., *Lorsque le Théâtre Rejoint la Fête*, Les Presses d'Ile de France, 1980.

Beltran, A., "La Fée Electricité, Reine et Servante," *Vingtième Siècle: Revue d'Histoire*, no. 16, 1987.

Boucher, J. J., Chambord, Fernand Lanore, 1980.

Daure, P., "La Féerie Nocturne des Châteaux de la Loire," *L'officiel de la Mode*, no. 377-378, 1953.

Fillaud, B., *Les Magiciens de la Nuit: Son et Lumière*, Sides, 1993.

Fillaud-Meeus, J.-L., "Historique et Evolution du Spectacle Son et Lumières," *Vivre l'Histoire*, no. 3, 2001.

Garrett, P.-F., *Les Premiers Son et Lumière (1952-1961)*, Ecole Nationale Supérieure de Bibliothécaires, 1990.

Gieseking, J. J. et als. (eds.), *The People, Place, and Space Reader*, Routledge, 2014.

Im, D.-U. & Lee J., "Construction of Immersive Exhibition with Active and Passive Audiovisual Continuity Using Projection Mapping Technology," *Advanced Science Letters*, 23, 2017.

Lundberg, I., "Zeitgeist, Ortgeist, and personalities in the development of Scandinavian psychology," *International Journal of Psychology*, Vol. 36 No. 6, 2001.

Prestwich, M., *Plantagenet England 1225-1360: New Oxford History of England*, Oxford University Press, 2007.

Relph, E., *Place and Placelessness*, Pion, 1976.

Robert-Houdin, P. et als., *La Féerie Nocturne des Châteaux de la Loire*, Librairie Hachette, 1958.

Schrijver, F., *Regionalism After Regionalisation: Spain, France and the United Kingdom*, Amsterdam University Press, 2006.

2. 두 얼굴의 키메라로 살아온 르망의 7천 년 역사

김동섭, 『영국에 영어는 없었다: 영어와 프랑스어의 언어전쟁』, 책미래, 2016.

김현수, 『이야기 영국사』, 청아출판사, 2004.

김혜리, 『중세 영어: 역사, 문법, 문헌』, 한국문화사, 2013.

윌리엄 셰익스피어, 강태경 옮김, 『리처드 2세』, 지식을만드는지식, 2014.

찰스 디킨스, 민청기 외 옮김, 『찰스 디킨스의 영국사 산책』, 옥당, 2014.

하마모토 다카시, 박재현 옮김, 『문장으로 보는 유럽사』, 달과소, 2004.

Aurell, M., *L'empire des Plantagenêt*: 1154-1224, Perrin, 2004.

Bates, D. & Curry, A., *England and Normandy in the Middle Ages*, Hambledon Press, 1994.

Baudry, M.-P., *Les Fortifications des Platagenêts en Poitou (1154-1242)*, Editions du CPHS, 2001.

Bouton, E., *Histoires secrètes de la Cité Plantagenêt: Le Mans*, Libra Diffusio, 2015.

Chauou, A., *L'idéologie Plantagenêt*, Presses Universitaires Rennes, 2001.

Coll., *L'empire des Plantagenêts: D'Aliénor à Richard Coeur de Lion*, L'histoire Editions, 2013.

Favier, J., *Les Plantagenêts: Origines et Destin d'un Empire, XIe-XIVe Siècles*, Fayard, 2004.

Ferré, J., *Le Dictionnaire des Mythes et des Symboles*, J'ai Lu, 2010.

Genet, J.-P., *Les Iles Britanniques au Moyen Age*, Hachette, 2005.

Gheerbrant, A. & Chevalier, J., *Dictionnaire des Symboles*, Robert Laffont, 1997.

Hallam, E., *Four Gothic Kings: The Turbulent History of Medieval England and the Plantagenet Kings*, Grove PR, 1987.

Hallam, E., *The Plantagenet Encyclopedia: an Alphabetical Guide to 400 Years of English History*, Tiger/Crescent, 1996.

Hamilton, J., *The Plantagenets: History of a Dynasty*, Continuum, 2010.

Hericher, A. M. F. & Gazeau, V., 1204, *la Normandie entre Plantagenêt et Capétiens*, Publications Du Crahm Caen, 2007.

Im, D.-U., "Actantial Combination of Human and Technology Examined through the Development of Media Façade," *Advanced Science and Technology Letters*, 143, 2017.

Im, D.-U., "Combining Old Downtown Regeneration with City-Wide Me-

dia Façade Show," *Advanced Science Letters*, 23, 2017.
Jones, D., The Plantagenets: *The Kings Who Made England*, Harper Press, 2012.
Le Luel, N., *Dictionnaire des Symboles*, Gisserot Editions, 2016.
Wenzler, C., *Le Guide de l'Héraldique: Histoire, Analyse et Lecture des Blasons*, Editions OUEST-FRANCE, 2002.
Wilson, D., *The Plantagenets: The Kings That Made Britain*, Quercus, 2014.

3. 장소의 기억을 살려낸 브르타뉴와 프로방스

르네 고시니 & 알베르 우데르조, 오영주 · 성기완 옮김, 『골족의 영웅 아스테릭스』, 문학과지성사, 2001.
이동범, 『문화재 통합관리체계 구축방안 연구보고서』, 문화재청, 2013.
임동욱, 「이미지 스토리텔링을 통한 장소 정체성 부여: 오사카, 사가, 다케오의 미디어 파사드 쇼」, 『일어일문학연구』 99집 1권, 2016.
______, 「조명 · 영상쇼 '송에뤼미에르'에 나타난 프랑스의 지역정체성과 상징물: 브르타뉴 렌느의 사례」, 『2014 글로벌문화콘텐츠 추계학술대회 논문집』, 2014.
한승준, 「프랑스 문화재정책 유형화에 관한 연구」, 『한국행정학회 학술대회 발표논문집』 제6호, 2010.
Chotard, P., *Anne de Bretagne: une Histoire, un Mythe*, Somogy Editions d'Art, 2007.
Cornette, J., *Histoire de la Bretagne et des Bretons*, Points, 2015.
Dumont-Castelles, A., *Les Baux et Leur Vallé: Xe-XVe siècles (Tome 1 & 2)*, Jean-Marie Desbois-Geneprovenc, 2014.

Ferré, J., *Le Dictionnaire des Mythes et des Symboles*, J'ai Lu, 2010.

Gheerbrant, A. & Chevalier, J., *Dictionnaire des Symboles*, Robert Laffont, 1997.

Im, D.-U. & Lee J., "Construction of Immersive Exhibition with Active and Passive Audiovisual Continuity Using Projection Mapping Technology," *Advanced Science Letters*, 23, 2017.

Kernalegenn, T., *Drapeaux Rouges et Gwenn-ha-du: l'Extrême Gauche et la Bretagne dans les Années 1970*, Editions Apogée, 2005.

Lesage, M., *Anne de Bretagne: l'Hernine et le Lys*, Editions Télémaque, 2011.

Lukas, Y., *Dictionnaire Insolite de la Bretagne*, Cosmopole, 2015.

Minois, G., *Anne de Bretagne*, Fayard, 1999.

Rémond, R. (dir.), *Etat - Collectivite Territoriales: un Engagement Commun en Faveur du Patrimoine*, Ministère de la Culture et de la Communication, 2004.

Schrijver, F., *Regionalism After Regionalisation: Spain, France and the United Kingdom*, Amsterdam University Press, 2006.

Tourault, F., *Anne de Pretagne*, Tempus, 2014.

Wenzler, C., *Le Guide de l'Héraldique: Histoire, Analyse et Lecture des Blasons*, Editions OUEST-FRANCE, 2002.

임동욱
문화콘텐츠학 박사
한국외대 글로벌문화콘텐츠학과 BK연구교수

한국외대 프랑스어과를 졸업하고 글로벌문화콘텐츠학과에서 박사학위를 받았다. 한국외국어대학교에서 BK연구교수로 재직 중이며 KCI 등재학술지 '글로벌문화콘텐츠'의 편집이사를 맡고 있다. MPP '온미디어' 방송작가와 과학일간지 '사이언스타임스' 기자를 거치며 스토리텔링을 기반으로 인문예술과 과학기술을 결합한 융합콘텐츠 개발을 시도해왔다. MCN '제다이'에서 SF토크쇼를 진행하고 있으며, 과학기술 전문 칼럼니스트로도 활동 중이다. 더불어 2005년부터 지금까지 총 365일이 넘는 유럽 답사를 통해 역사문화자원과 장소정체성의 결합에 기반을 둔 문화콘텐츠 분석에 노력해왔다. 한국외대 세계문화예술경영 융합전공의 문화미디에이션 책임강사이자 문화체육관광부 인문활동가양성 기획위원으로서, 국내 지자체의 브랜드 구축 및 문화콘텐츠 기반 도시재생을 컨설팅하고 있다.

학위논문으로 「비극적 역사의 동일시와 정체성화를 통한 지역 관광지의 장소성 확보 전략: 프랑스의 옥시타니아 문화부흥 운동을 중심으로」를 썼다. 국내 학술논문으로는 「빛과 소리의 쇼를 통한 역사유적의 장소성 극대화: 프랑스 '송에뤼미에르' 콘텐츠의 발전 과정」, 「이미지 스토리텔링을 통한 장소 정체성 부여: 오사카, 사가, 다케오의 미디어 파사드 쇼」가 있다. 해외 학술논문으로는 「Combining Old Downtown Regeneration with City-Wide Media Facade Show」, 「Construction of Immersive Exhibition with Active and Passive Audiovisual Continuity Using Projection Mapping Technology」, 「Actantial Combination of Human and Technology Examined through the Development of Media Facade」, 「A Semiotic Narratological Approach to the Facilitation of Persona Method for Enhancing User Experience」, 「Development of the Walking Trail Applications on GPS-based Smartphone Utilizing the Local Narrative」, 「Mission-type Education Programs with Smart Device Facilitating LBS」 등이 있다. 공동 저서로 『새로운 문화콘텐츠학』, 『문화예술 미디에이션의 이해』, 『지역거버넌스 속의 미디에이션』, 『문화콘텐츠와 트랜스미디어』, 『글로컬문화콘텐츠 어떻게 그리고 왜』 등을 펴냈다.